高职高专"十二五"规划教材

药品营销
第二版

王成业　邹旭芳　编

化学工业出版社

·北京·

本书以我国医药行业和医药市场的发展态势为背景,全面地阐述了药品营销相关理论以及操作实务。针对近年来的医药市场变革,本次修订主要包括三个方面:一是案例的更新;二是理论的更新;三是实践环境和背景的更新。修订后的内容共十一章,在介绍了药品市场和营销理论发展背景的基础上,首先阐述药品营销活动开展的环境因素分析方法,并以此为基础,分别阐述了市场调查、市场细分与目标市场选择、产品策略、价格策略、流通渠道、促销策略、营销模式、财务管理与购销合同及营销团队建设等方面的理论和实务内容。

本教材适合医药类相关专业学生使用,同时也可用于医药企业和相关职业培训机构对新员工进行入职培训。

图书在版编目(CIP)数据

药品营销/王成业,邹旭芳编. —2 版. —北京:
化学工业出版社,2015.8(2024.2 重印)
高职高专规划教材
ISBN 978-7-122-24397-3

Ⅰ.①药… Ⅱ.①王…②邹… Ⅲ.①药品-市场营销学-高等职业教育-教材 Ⅳ.①F763

中国版本图书馆 CIP 数据核字(2015)第 138906 号

责任编辑:于 卉　　　　　　　　　　　文字编辑:赵爱萍
责任校对:边 涛　　　　　　　　　　　装帧设计:关 飞

出版发行:化学工业出版社(北京市东城区青年湖南街 13 号　邮政编码 100011)
印　　装:北京盛通数码印刷有限公司
787mm×1092mm　1/16　印张 13¾　字数 584 千字　2024 年 2 月北京第 2 版第 6 次印刷

购书咨询:010-64518888　　　　　　　售后服务:010-64518899
网　　址:http://www.cip.com.cn
凡购买本书,如有缺损质量问题,本社销售中心负责调换。

定　　价:30.00元　　　　　　　　　　　　　　　　　　　版权所有　违者必究

第二版前言

市场营销作为一门社会科学，对于社会经济发展和商品市场的发展具有极大的依赖性。也正是源于市场营销学科的这种特殊性，使得其一直处于不断发展和创新的趋势之中，以适应不断发展变化的市场和经济形势。市场营销是一门实用性非常强、内容体系非常庞大的社会学科，不仅形成了具有一般意义的市场营销理论基础，而且在实践环节具有非常强的因地制宜性和行业差异性。可以说，对于特定商品的市场营销工作来说，理论联系实践这一环节特别重要。

药品市场营销是市场营销学体系的主要分支，它既满足于一般性的市场营销理论要求，同时又具有非常强的产品和行业特殊性。药品是特殊的商品，它本身既具有市场经济条件下的商品属性，要满足于市场经济条件下的价值规律，同时，又有不同于其他商品的特性。药品，与人们的生命健康密切相关，在世界各国均受到特殊管理，其生产、流通、使用、销售的管制都有别于一般的消费品和工业用品。药品市场营销的研究以不断发展完善的现代市场营销研究理论和方法为基础，立足于医药行业的特殊性和医药产品的特点，有针对性地进行市场营销实践工作的研究，以此对药品市场营销活动切实起到归纳、总结、指导和提高效率的作用。我国医药行业一直处于高速发展的状态，并且已经形成了具有鲜明特点的发展模式。当然，医药行业在快速增长的同时也存在着很多亟待解决的问题。从20世纪90年代至今，我国医药产业政策一直处于调整状态，这必然决定了医药行业市场环境处于不断变动的过程中，由此要求药品企业必须不断地调整自身的市场行为，以适应不断变化的市场形势要求。在2006～2008年的大幅调整改革之后，2009年我国又开展了医疗体系的重大改革。这对于当前的药品营销活动来讲，无疑是新的课题和挑战。

本教材正是在新的医疗体制环境下，为适应学习者和使用者对于药品营销理论学习和实践经验借鉴的需要，在经过多方面的调查与咨询，深入分析药品营销环境的变动，了解药品的市场需求和药品企业自身发展的基础上，对原《药品营销》进行了改版和修订。本次教材修订遵循系统性、时代性和实效性原则，在保留了第一版教材的优势的基础上，既积极吸纳了市场营销领域的最新研究成果，同时也充分考虑到了当前的药品营销环境变化。

《药品营销》第一版出版后，得到了行业内广大读者和使用者的积极认同和反映。本次教材修订工作，我们主要做了以下几个方面的工作。

一是，尽力将药品营销领域的最新制度和最新数据融入教材，以此保证本教材的时代性和实效性。

二是，在理论阐述环节，充分吸纳市场营销理论体系的最新研究成果，进一步补充和完善了药品营销理论的相关内容。

三是，在实践指导方面，新增加了"资料库"、"知识窗"、"案例链接"和"小试牛刀"等版块。以此提高学习者和使用者的理论与实践的融会贯通效率，进而有利于读者药品营销能力和水平的提高。

四是，在药品营销相关理论体系之外，将一些拓展性知识和信息补充到教材内容当中，以利于学习者和使用者参考。以此，进一步提高本教材的理论借鉴性和实践应用性。

本次修订由王成业和邹旭芳共同完成，王成业对全书进行总体调整，并修订第一章，第二章到第十一章由邹旭芳修订。

由于编者水平有限，书中难免存在疏漏之处，恳请广大读者与同行给予批评指正，促进本教材日后的进一步完善。

编 者
2015 年 5 月

目 录

第一章 概论 ... 1

第一节 药品行业基本情况 ... 1
一、药品的特性 ... 1
二、药品行业发展现状 ... 2
三、我国药品行业存在的主要问题 ... 4

第二节 药品市场基本情况 ... 6
一、药品市场的含义与分类 ... 6
二、药品市场的特点 ... 7

第三节 市场营销学概述 ... 7
一、市场与市场营销 ... 8
二、市场营销学的发展 ... 9
三、营销与推销的区别 ... 11
四、营销组合 ... 12

第四节 药品市场营销学的新进展 ... 14
一、整合营销 ... 14
二、事件营销 ... 14
三、绿色营销 ... 16
四、网络营销 ... 18
五、关系营销 ... 20
六、体验营销 ... 20

知识窗 ... 20
资料库 ... 35
案例链接 ... 38
小试牛刀 ... 38
复习思考题 ... 40

第二章 药品市场营销环境 ... 41

第一节 环境分析概述 ... 41
一、市场营销环境的概念及其分类 ... 41
二、市场营销环境的特点 ... 42

三、研究市场营销环境的意义 ·· 42
　　案例链接 ·· 43
第二节　药品市场营销宏观环境分析 ·· 43
　　一、政治法律环境 ·· 44
　　二、人口环境 ·· 45
　　三、经济环境 ·· 46
　　四、科学技术环境 ·· 47
　　五、自然地理环境 ·· 48
　　六、社会文化环境 ·· 49
第三节　药品市场营销微观环境分析 ·· 50
　　一、药品经营企业内部环境 ··· 50
　　二、供应商 ··· 51
　　三、药品营销中介机构 ·· 52
　　四、客户 ·· 52
　　五、竞争者 ··· 53
　　六、社会公众 ·· 53
资料库 ·· 54
知识窗 ·· 55
案例链接 ··· 55
小试牛刀 ··· 56
复习思考题 ·· 57

第三章　药品市场调查　58

第一节　市场调查概述　58
　　一、药品市场调查的含义 ··· 58
　　二、药品市场调查的必要性 ··· 58
　　三、药品市场调查的方法 ··· 58
　　四、药品市场调查的内容与类型 ··· 59
　　五、药品市场调查的步骤 ··· 61

第二节　市场调查方法　62
　　一、文案调查法 ··· 62
　　二、实地调查法 ··· 62
　　三、抽样调查法 ··· 63

第三节　市场调查问卷设计　64
　　一、问卷设计的概念 ··· 64
　　二、问卷设计的结构 ··· 65
　　三、问卷设计的原则 ··· 66
　　四、询问技术 ·· 66
　　五、答案设计 ·· 68

小试牛刀 ··· 69

案例链接 ··· 71
　　小试牛刀 ··· 72
　　复习思考题 ··· 72

第四章　药品市场细分与目标市场选择　　　　　　　　　　　　　　　73

第一节　市场细分 ··· 73
　　一、药品市场细分的含义 ··· 73
　　二、药品市场细分的作用 ··· 74
　　三、药品市场细分的要求 ··· 74
　　四、药品市场细分的依据 ··· 75
　　五、药品市场细分的方法 ··· 77

第二节　药品目标市场选择 ··· 77
　　一、药品目标市场概述 ··· 78
　　二、选择目标市场的条件 ··· 78
　　三、进入目标市场的策略 ··· 78
　　四、药品市场定位 ··· 80
　　复习思考题 ··· 82

第五章　药品营销产品策略　　　　　　　　　　　　　　　　　　　　　83

第一节　产品概述 ··· 83
　　一、药品的定义 ··· 83
　　二、药品的分类 ··· 85

第二节　药品组合策略 ··· 87
　　一、药品组合相关概念 ··· 87
　　二、药品组合的变化因素 ··· 88
　　三、药品组合策略 ··· 88

第三节　药品生命周期及其经营策略 ··· 89
　　一、药品生命周期 ··· 89
　　二、药品生命周期各阶段的经营策略 ··· 90

第四节　药品品牌与包装策略 ··· 92
　　一、药品品牌策略 ··· 92
　　二、药品商标策略 ··· 94
　　三、药品包装策略 ··· 95

第五节　新药注册分类与开发策略 ··· 96
　　一、相关定义 ··· 97
　　二、新药的分类 ··· 97
　　三、新药批准文号 ··· 98
　　资料库 ··· 99
　　四、新药品的开发策略 ··· 100

资料库 …………………………………………………………………… 102
知识窗 …………………………………………………………………… 103
小试牛刀 ………………………………………………………………… 104
复习思考题 ……………………………………………………………… 105

第六章　药品价格策略　　106

第一节　药品价格体系中的基本概念 …………………………………… 106
一、药品价格 ………………………………………………………… 106
二、药品定价机制 …………………………………………………… 106
三、药品价格的构成要素 …………………………………………… 107

资料库 …………………………………………………………………… 108

第二节　药品定价策略因素 ……………………………………………… 110
一、药品企业定价目标 ……………………………………………… 110
二、药品需求弹性 …………………………………………………… 112
三、药品供给弹性 …………………………………………………… 113
四、产品组合策略以及产品组合定价策略 ………………………… 113

第三节　药品定价的基本策略 …………………………………………… 114
一、成本驱动定价策略 ……………………………………………… 114
二、竞争对手驱动定价策略 ………………………………………… 114
三、消费者驱动定价策略 …………………………………………… 115

第四节　新药品定价策略与方法 ………………………………………… 116
一、新药定价策略 …………………………………………………… 116
二、成本导向定价法 ………………………………………………… 117
三、需求导向定价法 ………………………………………………… 119
四、竞争导向定价法 ………………………………………………… 120

案例链接 ………………………………………………………………… 120
小试牛刀 ………………………………………………………………… 120
复习思考题 ……………………………………………………………… 122

第七章　药品营销渠道　　123

第一节　药品营销渠道概述 ……………………………………………… 123
一、药品营销渠道的概念与流程 …………………………………… 123
二、药品营销渠道的类型 …………………………………………… 124
三、渠道权力与种类 ………………………………………………… 125

第二节　渠道的选择因素与策略 ………………………………………… 127
一、医药营销渠道的发展与变革 …………………………………… 127
二、影响药品营销渠道的因素 ……………………………………… 128
三、药品营销渠道策略与维护 ……………………………………… 129

第三节　药品流通渠道分类与经销商评价 ……………………………… 130

一、医药流通渠道的细分 …………………………………………………… 130
　　二、药品经销商评价 ………………………………………………………… 133
　　三、药品商业公司所关心的问题 …………………………………………… 134
　　四、渠道的维护 ……………………………………………………………… 135

资料库 …………………………………………………………………………………… 136
小试牛刀 ………………………………………………………………………………… 136
复习思考题 ……………………………………………………………………………… 137

第八章　药品促销策略　　　　　　　　　　　　　　　　　　　　　　　138

第一节　促销概论 ……………………………………………………………………… 138
　　一、药品促销的含义 ………………………………………………………… 138
　　二、药品促销的作用 ………………………………………………………… 138
　　三、药品促销的组合策略 …………………………………………………… 139

第二节　人员推销 ……………………………………………………………………… 140
　　一、人员推销的定义 ………………………………………………………… 140
　　二、人员推销的特点 ………………………………………………………… 141
　　三、推销人员应该具备的基本素质 ………………………………………… 141
　　四、人员推销的方式 ………………………………………………………… 142
　　五、人员推销的基本过程 …………………………………………………… 143
　　六、人员推销的组织结构 …………………………………………………… 144

第三节　广告 …………………………………………………………………………… 144
　　一、广告的概念 ……………………………………………………………… 145
　　二、药品广告管理 …………………………………………………………… 145
　　三、药品广告范围和内容 …………………………………………………… 146
　　四、广告的种类 ……………………………………………………………… 147
　　五、广告策略 ………………………………………………………………… 148

第四节　营业推广与公共关系 ………………………………………………………… 149
　　一、营业推广的定义 ………………………………………………………… 149
　　二、医药企业常用的营业推广方式 ………………………………………… 150
　　三、促销评估 ………………………………………………………………… 151
　　四、公共关系 ………………………………………………………………… 152

资料库 …………………………………………………………………………………… 153
知识窗 …………………………………………………………………………………… 157
案例链接 ………………………………………………………………………………… 159
小试牛刀 ………………………………………………………………………………… 159
复习思考题 ……………………………………………………………………………… 160

第九章　药品营销模式　　　　　　　　　　　　　　　　　　　　　　　161

第一节　基本营销策略模式 …………………………………………………………… 161

一、广告导向型 ……………………………………………………… 161
　　二、品牌导向型 ……………………………………………………… 162
　　三、临床导向型 ……………………………………………………… 163
　　四、战略导向型 ……………………………………………………… 163
　　五、不同营销策略模式适用性的比较 …………………………… 164
第二节　非处方药营销 …………………………………………………… 164
　　一、非处方药的含义 ………………………………………………… 164
　　二、非处方药的遴选原则 …………………………………………… 165
　　三、非处方药市场的特点与推广模式 …………………………… 165
　　四、销售终端的选择 ………………………………………………… 166
　　五、药店店员培训 …………………………………………………… 167
第三节　处方药销售 ……………………………………………………… 169
　　一、处方药的含义和分类 …………………………………………… 169
　　二、处方药市场的特点 ……………………………………………… 169
　　三、处方药营销现状 ………………………………………………… 170
　　四、处方药需把握卖点有效沟通 ………………………………… 171
　　五、学术推广 ………………………………………………………… 172
　　六、重视处方药向非处方药的转换 ……………………………… 174
知识窗 …………………………………………………………………………… 174
案例链接 ………………………………………………………………………… 176
复习思考题 ……………………………………………………………………… 176

第十章　药品营销财务管理与购销合同 …………………………… 177

第一节　药品经营企业财务管理的概述 ……………………………… 177
　　一、药品经营企业财务管理的对象 ……………………………… 177
　　二、药品经营企业财务管理的意义 ……………………………… 178
　　三、药品经营企业财务管理的内容与任务 ……………………… 178
　　四、药品经营企业财务管理的工作步骤 ………………………… 179
第二节　药品营销环节的财务指标应用 ……………………………… 182
　　一、药品经营企业评价经济效益的标准与步骤 ………………… 182
　　二、药品经营企业评价经济效益的原则和方法 ………………… 183
　　三、药品经营企业评价经济效益的指标体系 …………………… 184
　　四、提高药品经营企业经济效益的途径 ………………………… 186
第三节　购销合同 ………………………………………………………… 187
　　一、药品购销合同的概述 …………………………………………… 188
　　二、签订药品购销合同的原则与程序 …………………………… 188
　　三、药品购销合同的条款与文本格式 …………………………… 189
　　四、药品购销合同的代订与无效 ………………………………… 191
　　五、药品购销合同的变更、解除与仲裁 ………………………… 192

小试牛刀 ………………………………………………………………………… 195

复习思考题 ……………………………………………………………………… 197

第十一章　药品营销团队建设　198

第一节　药品营销团队概述 …………………………………………… 198
　　一、团队的概述 ……………………………………………………… 198
　　二、团队的特点 ……………………………………………………… 198
　　三、团队建设的步骤 ………………………………………………… 199
　　四、团队成员的定位与类型 ………………………………………… 199

第二节　药品营销团队的建设 ………………………………………… 200
　　一、药品营销组织结构 ……………………………………………… 200
　　二、药品营销团队的建设 …………………………………………… 201

第三节　团队沟通 ……………………………………………………… 202
　　一、沟通的概念 ……………………………………………………… 203
　　二、沟通的类型 ……………………………………………………… 203
　　三、沟通的内容层次 ………………………………………………… 204
　　四、提高沟通质量的技巧 …………………………………………… 205

复习思考题 ……………………………………………………………………… 206

参考文献　207

第一章
概 论

第一节 药品行业基本情况

市场营销学从其诞生到发展到今天，经历了多个历史时期，不仅学科单元越来越丰富完整，研究角度也越发多元化。但是，有一点始终贯穿着本学科的始末——产品（服务）。产品与影响企业提供某种形式产品的众多因素，是市场供需双方的连接纽带。企业所能提供的相关产品与服务基本特征，以及企业以何种方式满足市场需求的基本特征是市场营销学所研究的重要课题。

现代营销思想倡导以市场需求为核心，满足、引导、开发市场的营销理念，这也是生产过剩、竞争加剧的必然结果。如何作出更加科学的市场决策是企业面临的重大问题，涉及产品、行业、市场环境等众多因素。

药品对于人们的生产与生活至关重要，为人类的繁衍生息作出了不可磨灭的贡献。无论古今还是中外，药品（包括保健品与器械）存在的形式虽然不同，但是与其他一般生活消费品相比较，都具有明显的特殊性。

一、药品的特性

药品除具有一般商品的属性，更具有作为特殊商品的属性。

药品的一般商品属性，是指其具有商品的使用价值和价值，可按价值规律进行调节，企业生产和经营的药品可通过市场竞争，获取合理利润，实现产业化发展。

药品的特殊商品属性，主要表现为以下六个方面。

1. 不可或缺性

药品对于人类的生存和延续是不可或缺的，是人类防病治病，康复保健的必备物质，对人类的健康和生命安全极其重要。人类缺了普通商品，可以用其他商品替代；一旦缺了药品，生存与健康就会受极大影响。

2. 专属性

即人们经常说的"对症下药"、"药到病除"。药品是用来治病救人的，能够专门针对某些疾病发挥出效能，如青霉素对革兰阳性菌有显著的抑杀作用。

3. 质量的严格性

任何商品都强调质量，但一般商品远不能和药品的质量要求相比，药品只有符合国家法定质量标准才允许在市场上流通。因此，药品只能区分为合格品或不合格品，而不能像其他商品一样可分为一级品、二级品、等外品或次品。

4. 时效性

一般情况下药品的终端购买者"不用不买，买则急需"，有关部门必须有应急储备，例如，急救药品未在规定的时间内保证供应，就有可能带来生命的损失。另一方面，药品是有效用期的，在规定的时间内，质量可以得到保证。反之，质量则难以保证。

5. 使用的被动性

多数患者多数情况下对药品的功效不能拥有充分的信息，处于被动接受的状态，选择权集中在处方医生或药店药师手中，其只有在专业医生或药师指导下正确地服用后，经过规定的疗程才能获得充分的信息。

6. 副作用和毒性

俗语讲"是药三分毒"。药品使用不当或使用过量，会产生副作用。药品在预防、诊治、调节患者的某些病理性生理过程时，总是会同时影响着其他功能，产生一定的不良反应。例如，吗啡、安钠咖、强痛定等麻醉药品和精神药品，用之得当，可以治疗疾病，减轻患者痛苦，用之不当就会酿成瘾癖，起毒害作用。青霉素显著抑杀革兰阳性菌的同时，也可产生过敏反应，严重时可置患者于死地。

二、药品行业发展现状

（一）行业发展的历史

人类对天然药物的使用可以追溯到自身的进化时期，甚至是更久远的时代。人们发现非洲森林里的大猩猩会有意识的咀嚼木炭治疗胃病，这是高等动物对天然药物使用的一个具体表现。天然药物成为医药产品也有大约三千年的历史，我国医药生产行业的发展主要经历了以下几个重要历史时期。

1. 中医药独立发展时期

我国中医、中药（包括其他民族药品）的发展一直是不可分割的，相辅相济的。在长期的历史发展中形成了自身独特的、具有一定的科学体系的理论。在20世纪之前，处于一个相对独立的社会环境中独立发展，药品的制作工艺与现代制药工艺相比较显得尤为粗糙，药品的形式一般以中药饮片的形式出现。药品的销售模式，一般以中医坐堂提供诊断服务的同时，进行饮片销售；或患者凭药方自行到"药铺"购买使用。

2. 中西医药相互冲击时期

20世纪初期到中期，西方的现代科技与理念不断涌入我国，1900年开始有中国人自己开办的化学制药厂，也有世界一些跨国制药公司，如拜耳、默沙东、武田等。至1949年，全国有制药厂150家左右，规模都很小，共生产原料药40余种，批量也很少，当时的西药主要是靠进口。此时的西药以其独到的优势对部分传统中医药形成了强大的冲击，西医西药在我国的市场认可程度也越来越高。另一方面我国中医药的发展也得到了很大的促进，不但借鉴了一些西药的生产方式与方法，而且出现了规模化生产、社会化营销的基本模式——前店后厂。我国传统老字号"同仁堂"、"世一堂"等均在这一历史时期扩大或巩固了自身的品牌影响力。中西医药在不断冲击中，相互促进发展。

3. 中西融合，打造绿色产业

中华人民共和国成立后我国化学制药工业取得了很大成就，为我国人民的健康生活提供了基本保障。特别是20世纪90年代涌现出了"哈药"、"华北制药"、"上药"等大型医药集团，西药在我国历史上得到了空前的发展。另一方面，我国中医药也不断得到世界各国的广泛认可，中医药也被很多人誉为中国的第五大发明，在世界范围内对天然药物的不断推崇的形势下，我国现代中医药得以不断参与国际医药市场竞争。随着科技不断进步，特别是基因生物技术的发展，使得中药现代化的速度不断提高，中西药之间的距离在拉近。"高效、安全、无毒、无副作用"的绿色医药是人们的共同要求。

目前我国医药市场上企业成分复杂，有诸如"强生"、"葛兰素·史克"等大型国际医药企业，也有诸如"哈药"、"上药"这类以传统国有大型医药发展起来的医药集团，还有依靠我国传统医药不断进行现代化发展的民族品牌企业，如"同仁堂"、"九芝堂"等，各类营销策略均有不同，但是经过WTO的初步洗礼与2008年我国药品监管体制、医疗保险体制等重大改革之后，实施低成本、高学术、宽流通、大品牌的"绿色营销"策略是适时发展的基本保证。

（二）行业现状

1. 行业规模

中华人民共和国成立以来，我国制药工业迅速发展，形成了门类齐全的药品生产体系，从20世纪80年代后，在改革开放的方针指导下，我国经济高速发展，制药工业是工业部门中发展最快的行业之一，行业整体规模不断扩大。20世纪90年代，制药工业总产值以年均21%的速度递增，远远高于一般其他行业增长，并在1995年突破1000亿元人民币，2004年突破4000亿元人民币，2007年突破6000亿元人民币，占到国民生产总值的1.5%以上。中国产业信息网（http://www.chyxx.com）发布的《2014—2019年中国医药制造业市场竞争态势及投资战略咨询报告》中显示：2009～2013年，中国医药工业总产值呈现平稳增长趋势（图1-1），由2008年的8382亿元增至2013年的22297亿元。

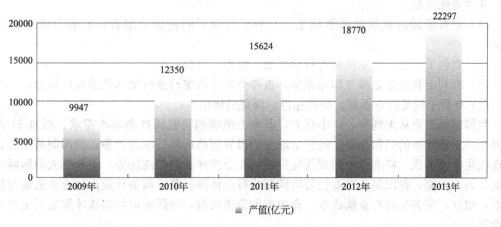

图1-1 2009～2013年我国医药工业总产值分析
（数据来源：CFDA南方医药经济研究所《2014年度中国医药市场发展蓝皮书》）

我国是全球最大的新兴医药市场，已成为全球新兴药品市场的重要代表。未来十年我国医药工业总产值将以复合年增长率22%的速度增长，并于2020年有望成为全球第二大药品市场。可见，相对于其他新兴产业的周期性和波动性，医药行业将平稳增长，抗周期性特征较明显。

2008～2013年医药工业总产值增量表见表1-1。

表 1-1　医药工业总产值增量表

项　目	2008年	2009年	2010年	2011年	2012年	2013年
工业总产值/亿元	8382	9947	12350	15624	18770	22297
比上年增长率/%	24.75	18.68	24.16	26.50	20.13	18.79

（数据来源：CFDA 南方医药经济研究所《2014年度中国医药市场发展蓝皮书》）

2. 产品技术规模

目前，制药工业能生产的原料药共 24 大类、1500 多种，化学原料药总产量居世界前列，其中包括脑血管药物、解热镇痛药、抗感染与抗肿瘤药物等头孢类抗生素原料、疫苗的生产均居世界前列。生产的制剂品种规格共有 4000 多种，中成药品种、规格近 8000 种，居世界之首。先进的制剂生产技术如控、缓释技术、靶向技术、微束技术、透皮吸收技术、基因生物技术等已在生产中应用。

我国制药企业要不断增加其销售额，扩大其市场份额，只有生产能力是远远不够的，还要不断地进行产品与技术的不断创新，研制、推广新的药品，新药的开发能力是制药企业的核心竞争力，新药品种的储备是企业未来增长的保证。随着科技体制改革和市场经济的发展，我国对新药研究开发能力逐步提高，特别是要在天然药物与中药现代化领域不断创新，充分发挥我们在这一行业中的独到优势。

3. 企业数量

与制药工业整体规模不断扩大的趋势相比较，行业中的企业数量却不断减少，这也是我国产业政策不断调控的良性结果。

1995 年，我国医药生产企业数量将近 8000 家，到 2001 年，我国有药品生产企业 6731 家，其中包括大约 2000 家的中药企业，2008 年，国家药监总局公布的通过 GMP 认证的医药生产企业数量约为 4500 家，其中中药生产企业约 1200 家。截止到 2014 年年底，国家药监总局在册药品生产企业有 7154 家，国家对行业中企业数量的压缩调整，事实证明是正确的，其主要优点是：

（1）是市场经济发展的必然结果，有利于行业不断的优化组合，提高行业整体发展质量；

（2）有利于企业、行业资源的科学规划、管理、投放；

（3）有利于我国企业参与国际竞争，也符合发达国家行业历史同期的发展规律；

（4）有利于规范行业管理，提高标准，降低营销成本。

我国制药工业从无到有，从小到大，基本上能够满足我国社会基本需求。面对 21 世纪世界制药工业发展的朝阳趋势、经济全球化中世界药品市场的激烈竞争，我国制药工业正加快现代化建设步伐，特别是中药现代化进程，充分发挥我们传统优势，争取更大的国际市场份额。另一方面，我国制药工业仍需继续深化行业体制改革，调整行业内的企业数量与质量关系，建立、完善医药行业低成本、高效率的营销机制，与国际市场接轨才能实现更好的国际竞争。

三、我国药品行业存在的主要问题

1. 缺乏医药航母

虽然全面实施 GMP 和 GSP 认证，淘汰了一批落后企业，但医药企业多、小、散、乱的问题仍未根本解决，具有国际竞争能力的企业仍然十分缺乏。2013 年全国有医药工业企业 6525 家左右，其中小型企业占 80% 以上，其中，医药工业百强企业主营业务收入占全行业的比重只有 45.1%。其销售收入概况如表 1-2 所示。

表 1-2　2013 年我国医药企业规模数量一览表

销 售 收 入	医药企业数量/家	销 售 收 入	医药企业数量/家
超过 200 亿元	4	50 亿~100 亿元	14
100 亿~200 亿元	11	9 亿~50 亿元	75

（数据来源：中国医药保健品进出口商会）

相比较而言，强生 2013 年的营业收入达 713 亿美元，罗氏 2013 年营业收入达到 522.2 亿美元，而葛兰素·史克的 2013 年营业收入则达到了 265 亿英镑。而我国的医药企业发展状况与这些跨国医药企业相比较，实在是不能与之相提并论。

2. 市场集中度不足

据中国医药保健品进出口商会的研究表明，2012 年，我国前三甲医药商业份额占比不到 30%，而前十大医药商业公司占比也还不到 45%。相比较美国排名前三的公司占据近 90% 份额的状况来讲，我国医药商业的集中度显然是非常低的。

3. 产品、技术结构不合理

国内厂家仍集中生产一些比较成熟、技术要求相对较低的仿制药品或传统医疗器械产品，同品种生产企业数量众多，产能过剩，重复生产严重，缺乏品种创新与技术创新，专业化程度低，协作性差，市场同质化竞争加剧。

4. 创新能力弱

企业研发投入少、创新能力弱，一直是困扰我国医药产业深层次发展的关键问题。2005 年我国整体医药行业研发投入占销售收入比重平均仅为 1.02%，除个别企业在 5% 以上外，大部分企业的研发投入比重处于非常低的水平。

目前，我国医药研发的主体仍是科研院所和高等院校，大中型企业内部设置科研机构的比重仅为 50%。同时，在以市场为导向的制药企业中，科研人员主要从事的是技术改造工作，由于人才评价机制和激励机制不健全，在经济利益的驱使下，还存在科研人才向经营领域分流的现象，使精心培养的科研人员未能成为新药开发和技术创新的中坚力量。

由于缺乏专业技术人才和科研配套条件，大部分企业无法成为医药研发的主体，使一些关键性产业化技术长期没有突破，制约了产业向高技术、高附加值下游深加工产品领域延伸；产品更新换代缓慢，无法及时跟上和满足市场需求。由此造成我国的医药产品在国际医药分工中处于低端领域，国内市场的高端领域也主要被进口或合资产品占据。

5. 医疗卫生体制改革滞后

目前我国的基本医疗保险制度改革、医疗体制改革和药品流通体制改革尚未形成可操作的协调与持续发展机制，医保无法对医院用药发挥制约作用，致使用药不合理，市场竞争无序；同时，在目前医药不分家、处方外放难的情况下，医院药房仍然绝对占据药品消费市场的垄断地位。

6. 缺乏国际认证的产品和国际市场运作的经验

医药是特殊的产品，各国政府对此类产品的市场准入都有非常严格的规定和管理，我国的大部分化学原料药产品没有取得国际市场进入许可证。在药品生产过程管理和质量保证体系方面，我国与国际发达国家仍有一定的差距，通过国际认证的厂家和产品寥寥无几。国内医药企业普遍缺乏国际药品市场运作经验的专业人才，国际化能力薄弱。

虽然我国化学原料药的出口额较大，但是通过国际市场注册和认证的产品却不多，据中国医药保健品进出口商会消息，截至 2010 年 3 月，我国原料药行业已获得 274 个欧洲药典适用性证书（CEP 证书），成为欧洲 CEP 证书的第 4 大持有国。但是，与中国原料药的主要竞争对手印度相比，中国企业有效 CEP 证书的比例还有待提高。如我国大量出口到印度的青霉素工业盐,是经过印度进一步深加工后,才以药品身份进入欧美市场。

由于东西方文化背景、中西医理论体系的差异,中药产品缺乏国际通行标准,尚未建立起一整套符合中药特色、符合国际规则的质量检测方法和质量控制体系,中药资源没有充分发挥。

7. 能耗大、污染重以及资源浪费等问题突出

医药行业是环保治理的12个重点行业之一,三废处理、环境保护的压力不断加大。我国大部分化学原料药生产能耗较大、环境污染严重、附加值较低。中药资源保护相关法规建设滞后,中药材的种植及生产方式较落后,缺乏必要的组织,没有形成一定的规模,生产种植过程中缺乏必要的市场信息引导,致使中药材的开发利用处于无序状态。一方面野生药材资源的过度开采,导致部分品种达到濒危的程度,甚至将要灭绝;另一方面因为盲目种植,导致大量积压,造成巨大的资源浪费。大量的中药材以初级产品形式,极低的价格出口,损害了国家利益,不利于中药材行业的健康发展。

8. 国际化程度低,出口结构不合理,国际竞争能力差

目前我国绝大部分医药企业的生产基地和市场,还仍然在国内,虽然有少数企业已经在向国际化方向发展,但是因为缺乏自主性研发产品,所以,其国际化发展仍然被限制在提供原料或承接委托加工的阶段,能够在国外进行仿制药注册、购买或新建渠道、建立工厂的企业的数量则是非常少的。

我国医药产品出口结构的不合理表现在两个方面。一是以原料药为主,制剂比重较低。据统计2013年西药出口中原料药占比高达82.2%,而且以低端大宗原料药为主,特色原料药比重过低。241种出口原料药品种,均价每千克超过1000美元的只有14种,超过100美元/千克的只有48种,占比只有19.92%,45.64%的品种是在10美元/千克以下。二是,出口制剂中以仿制药为主体。据统计我国出口的制剂中97%是仿制药,具有自主知识产权的医药产品比例非常低。

除此之外,能够直接参与到国际竞争当中的我国外贸医药企业,也还同样存在着出口额小、竞争力弱等问题。相关统计数据证明,2013年,我国三万多家医药出口企业中,出口额超过1000万美元的只有935家,占比仅为3%,超过1亿美元的企业41家,超过2亿美元的企业15家,超过3亿美元的企业6家,而这些企业中出口额最大的也只有7.84亿元。

第二节　药品市场基本情况

医药产业是国民经济的重要组成部分,与人民群众的生命健康和生活质量等切身利益密切相关,是全社会关注的热点,同时也是构建社会主义和谐社会的重要内容。改革开放以来,我国医药行业一直保持较快的增长速度,1978~2007年,医药工业产值年均递增16%以上,属于我国增长较快的几个行业之一,2007年全国医药工业总产值突破6000亿人民币大关,2008~2013年的5年来,我国医药工业产值平均增速20.1%,位居全国工业增速的首位。经济运行质量与效益不断提高。然而,我国医药行业在快速发展的同时,长期积累的结构性不合理、创新能力弱、环保治理不善、资源浪费严重等问题日益突出。

一、药品市场的含义与分类

药品是特殊商品,其既具有一般商品的属性,又具有自身独特的特点。药品市场是药品现实购买者和潜在购买者需求的总和。与其他商品相比较,药品的潜在顾客广泛,人们几乎

都会面临生老病死，药品的使用也几乎会涉及每一个人；另一方面，药品属于指导需求产品，绝大多数产品的消费由医生、药剂师给予指导或购买者按专业人员给予的长期的知识积累自行购买。

药品市场按照产品的基本类别可以划分为：药品市场（中药、西药），保健品市场，原料药市场。按营销渠道划分可以分为：处方药市场，非处方药市场（OTC），第三终端市场（农村市场与城市边缘市场）。药品市场的细分涉及诸多因素，比如，产品的适应证、适用人群、地域、消费能力等，进一步的市场细分需要根据具体情况而定。

二、药品市场的特点

1. 药品市场需求弹性较大

药品市场交易的品种繁多，既有中药饮片、中成药又有西药，既有国产药又有进口药，品种、规格、质量、价格非常复杂。同一品种，可能同时有多家制药企业生产，即药品的成分相同，通用名称相同，商品名不同；有的品种在功能上可能相互替代等，这些因素决定了药品市场的需求弹性较大，即药品价格的变化对该药的需求变化影响较大。

2. 药品市场需求的多样化和差异性

从药品需求者的消费习惯来看，由于消费者之间存在民族、居住地区、受教育程度、用药习惯等明显差异，因而药品市场的购买差异大，消费层次多。同时，随着社会生产力的提高和国际化倾向的日益增强，药品市场的流动性不断加强，药品需求结构总是不断地在动态发展中融合、变化。

民族药品如藏药、蒙药、苗药等，是我国传统医药体系中的重要组成部分，由于地域、药材、使用方法的不同，在某些地域或领域能够发挥出独到的治疗作用。奇正药业立足于我国青藏高原，发扬藏药风湿、消痛的优势，产品"奇正消痛贴膏"深受市场欢迎。

3. 药品市场被动消费现象突出

药品的使用受到知识与专业性的限制比较明显，购买者不一定是使用者，使用者大多情况下受医生、药剂师的专业影响，大多没有选择用药品种的能力；另一方面，对于医药的消费一般是在身体情况不得已的情况下才进行的，在身体健康的情况下人们一般对医药有排斥心理。因此药品市场一般不是主动消费而是被动消费。

4. 药品市场专业性强

药品作为特殊商品，关系到人民群众的身体健康，药品市场具有较强的专业性。不但生产、经营药品必须具备一定的资质，而且产品的流通、存储必须具备一定的条件，比如对于某些血液制品必须在冷库内存储。

5. 药品市场竞争激烈

我国药品的品种繁多，但是具有较高科技含量的产品很少，产品同质化竞争严重。同一个化学成分的药品，生产厂家多达几百家，因而竞争激烈。这就促使其对药品的质量、功效、价格等指标进行认真比较。另一方面，随着科学技术的不断进步，新的产品不断涌现，有些消费者不可能全面、及时地了解新药品的特性，因而其消费行为常受广告和其他信息的影响。

第三节　市场营销学概述

市场是一种社会、经济活动，产生于人类生产的交换行为。随着人类经济活动不断发展，市场的含义也不断地产生变化。现代科技的发展，使得人类的经济活动越来越频繁、复杂,"市场"逐渐发展成为一门实用性很强的学科。特别是生产能力的大大提高,使得企业的竞争激烈程度加剧,如何做好市场营销成为企业普遍面临的战略性问题。

一、市场与市场营销

1. 市场

市场属商品经济范畴,哪里有社会分工和商品生产,哪里就有市场,市场也是一定条件下商品交换的总和,市场的定义有多种说法,比如较早的一种定义是"市场是商品交易的场所",这是对市场的解释,现在亦常用,如(河北)安国药材市场、(安徽)太和药品市场等。被国内外专家、专著广泛认可的定义为:市场是指商品供求关系的总和,是交易双方为维持再生产,通过商品的形式进行的劳动交换,体现为商品供求关系,从而构成了市场。

市场的众多含义并不矛盾,随着社会环境的不断变化,对于学科有不同的要求,对市场认识也会不断补充和完善。

2. 市场营销

市场营销学是由英文"marketing"一词翻译而来的,也有人把它译为:"市场营销"、"市场行销"等。美国著名的营销学大师菲利普·科特勒这样定义营销学:营销是个人和集体通过创造产品和价值,并通过交换满足人们的需求与欲望,以获得其所需所欲之物的一种社会和管理过程。

菲利普·科特勒的营销定义至少包括以下多方面因素:消费者需求、商品供应、交换及交换媒介、顾客满意度、营销主体等。

(1) 消费者需求 消费者需求是市场营销的最原始动力,也是市场营销的出发点,不管这种需求是现存的或潜在的,只要有需求,从营销学角度来讲,都可以通过各种手段,将消费者的需求挖掘出来并提供相应的商品满足消费者的需求。但是,从经济学的角度来看,并非所有的需求都是有效需求。只有在消费者具备购买能力的情况下,潜在需求才可能转变为现实需求。药品的潜在市场需求极其巨大,几乎每个人都具有对于健康的维护需求,但是现实的经济能力制约了很多人对药品的购买行为。在有些不得已的情况下会出现因无力购买,而放弃治疗的情况。从我国目前的新医药消费总量上看,发达地区,北京、浙江、上海、广东、江苏等省市一直排在前列。

(2) 商品供应 商品供应是市场营销中的一个重要环节,也是关系到企业存亡的关键所在。营销学上的商品一般有两个部分。一是提供给消费者的具体的物质形态;可以分为有形的和无形的,有形的实物,如药品、保健品、食物、饮品等;无形产品包括医生为患者提供的服务、专业意见等;还要根据不同人群的不同需求,选择不同的满足市场的方式,例如患病时,有人可能会选择用中药来进行治疗,而有人则可能会选择用西药进行治疗。二是由商品本身衍生出来的服务和价值。对消费者来说,获得商品本身自然重要,而更重要的却是由商品而衍生的服务和价值,因为这可能正是消费者需要的。药品更是如此,其医疗价值是不能够单纯的用价格来衡量的,药品是用以维系健康与生命的,健康与生命的价值是无法从经济学的角度去衡量的,"黄金有价药无价"这一俗语讲的就是这个道理。

(3) 交换及交换媒介 交换是在市场经济存在的情况下,实现资源合理配置的有效实现方式。从经济学的角度来看,营销的存在是因为交换活动中存在交易缺口,即交换的一方想让渡自己的使用价值以获得另外一种使用价值,而另一方也想让渡自己的使用价值去获取另外一种使用价值,交换活动的越发复杂,越社会化,越需要促进活动。社会分工和专业化的发展为市场营销带来了巨大的发展空间,营销的发展也相应促进了营销媒介的发展,尤其是随着市场经济的发展，交易的媒介也越来越多，除了传统交易市场之外，还包括因特网、电视、电话和经贸洽谈会等，既方便了消费者购买，也极大地促进了商品的销售。

(4) 顾客满意度　所谓顾客满意度是指顾客在购买商品后从中能得到的效果和期望值进行比较后，所形成的愉悦或失望的感觉状态。药品购买后满意度的高低主要来源于两个方面：即对于药品价值的期望值和药品的实际价值。一般来说，药品价值的期望值与宣传、推广和理性有很大的关系，如果将药品的价值期望定位定得很低，而实际价值很高，虽然实际消费的顾客可能很满意，但这样很难吸引到足够多的目标客户；如果营销者将期望值定得很高，就很容易让消费者失望，甚至破坏该商品在消费者心目中的可信度，会造成误导，或虚假宣传，收到相关处罚。

(5) 营销主体　市场营销的实现，最终还是要靠营销的主体去实现，所谓营销主体就是在市场上积极主动进行市场销售活动的相关个人或集体，而另一方则被称为顾客。目前，一般情况下营销学的营销主体指的是卖方。我国大多数医药生产企业自行完成产品的营销工作，药品的生产企业一般作为行业的营销主体，涉及客户的范围也相当广泛，包括代理商、医药公司、医疗机构、患者等。营销主体也可以是买者，判断谁是营销主体的关键就是看哪方更加主动，在供小于求的市场上，商品购买者就成了另一种意义上的营销者，尤其是在药品短缺的年代或特殊时期，购买者为了买到自己想要的药品，往往都要费尽心思。

二、市场营销学的发展

市场营销学的产生根源是生产效率的提高，市场营销学始终随着社会经济环境的发展而变化，特别是营销观念与思想，是在一定的经济基础上产生和形成的，并且随着商品经济的发展和市场形势的变化而发展变化，始终处于不断发展与变化的过程中。从 19 世纪末至今，营销观念的演变大体上经历了以下几个阶段。

1. 生产与产品观念

19 世纪末至 20 世纪初，西方资本主义国家的生产效率还不很高，产品相对不足，商品供应还不能充分满足市场需要，市场基本上是供不应求的"卖方市场"，企业可以埋头生产，而不用担心产品没有销路，基本上是蜘蛛觅食式的等客上门的经营方式，形成了"我能生产什么，我就出售什么"的以生产为中心，以产品为出发点的"以产定销"的经营指导思想。工商企业把营销管理的重点放在抓生产、抓货源上，即以生产为导向。

所谓生产观念，是指企业的一切活动都是以生产为中心，注重于大量生产产品，并"以产定销"。生产观念的假设前提是：消费者喜爱那些可以随处得到的、价格低廉的产品，因而生产企业的主要任务就是努力提高生产效率，降低成本，扩大生产和广泛的销售覆盖面，很少考虑生产出来的产品是否能使消费者满意。这种观念产生和适用的条件是：市场商品供不应求，卖方竞争较弱，买方争购，选择商品的余地不大；或因产品成本较高，只有提高生产效率，降低成本，降低销价，才能扩大销路。随着科学技术和社会生产力的发展以及市场供求形势的变化，生产观念的适用范围愈来愈小，以至完全被取代。

产品观念是指企业的一切活动都是以生产为中心，在提高产品质量的前提下大量生产产品，并"以产定销"。它与生产观念相类似，其区别在于：产品观念不仅注重于大量生产产品，而且在同价的情况下，把提高产品质量和增加产品的功能及使产品具有某些特色作为企业的主要任务，借此吸引顾客购买。认为只要产品好，不怕卖不了，只要产品有特色，自然顾客盈门。在我国广泛流传的"酒好不怕巷子深"、"一招鲜，吃遍天"等商谚就是这种产品观念的反映。在商品比较缺乏的情况下，这种观念尚能适应市场需求，并找到产品的销路。但随着市场形势的发展，供求关系的变化，产品观念逐渐成了企业生存与发展的障碍。

2. 推销观念

20世纪20年代末,西方国家的市场形势发生了重大变化,特别是1929年开始的资本主义世界经济大危机,使许多产品供过于求,销路困难,竞争加剧,企业担心的已不是生产问题,而是销路问题。于是推销技术受到企业的特别重视,推销观念便成为企业营销的指导思想。由此可见,所谓推销观念,是指企业的一切活动都以推销为中心,注重于大量销售产品,通过各种推销手段来刺激购买,解决产品销路,并从中获取利润。推销观念认为,企业只有大力刺激消费者的兴趣,消费者才能买它的产品,否则,消费者将不买或少买。因此,当时许多企业纷纷聘请一些推销专家,培训推销人员,建立专门的推销机构,采取蜜蜂式的推销方式,大力开展高压式推销工作。奉行这种观念的企业强调它们的产品是被"卖出去的"而不是被"买去的"。这种建立在强化推销基础上的营销是有着高度的风险的。

销售导向与生产导向的区别是:前者是以推销为重点,通过开拓市场、扩大销售来获利;后者是以生产为重点,通过增加生产、提高质量、降低成本来获利。从生产导向转变为销售导向,是指导思想上的一大变化,但仍属"以产定销"的范畴。

3. 市场营销观念

以市场为先导的市场营销观念的形成大约在20世纪50年代以后。前面所述的两种观念,实际上是把企业已经生产出来的产品销售出去。其出发点是企业的生产能力,即我有什么生产能力,就生产什么产品,推销什么产品。但是,当企业所生产出来的产品不能适销对路时,即使花大力气去宣传推销,也将是事倍功半或无济于事。加上当时一些企业采用强迫推销、欺骗宣传、虚假广告等不合理的手段,引起了广大消费者的不满。顾客在受骗上当后,就不可能产生重复购买行为,结果使许多企业仍然陷入滞销的困境。此外,第二次世界大战后,不少军事工业迅速转为民用工业,生产量成倍增长,发达的资本主义国家的市场已经变得名副其实的供过于求了,卖者之间竞争非常激烈,买方处于优势。这样,终于使企业界逐步认识到产品的生产必须适应用户的需要,将产品简单地向市场推销的做法是行不通的。在这样的形势下,西方企业经营的指导思想终于转向了以消费者为中心的市场导向阶段。

美国通用电气公司的约翰·麦克金特立克在1957年首先提出市场营销这一概念,是指企业的一切活动都以市场为中心,以顾客的需要和欲望为出发点,通过实行整体营销来取得顾客的满意,并从中实现企业的长期利益。简言之,市场营销观念是"发现需要并设法满足它们",而不是"制造产品并设法销售出去";是"制造能够销售出去的产品",而不是"推销已经生产出来的产品"。因此,"顾客至上"、"顾客是上帝"、"顾客永远是正确的"、"爱你的顾客而非产品"、"顾客才是企业的真正主人"等口号,就渐渐成为了现代企业家的信条。

市场营销观念是企业经营思想上的一次根本性变革。传统的经营思想都是以生产为中心,把企业及其利益放在第一位,着眼于把已生产出来的产品变成货币;市场营销观念则是以市场即以顾客为中心,把顾客放在第一位,市场需要什么就生产什么,销售什么,实行按需生产,"以销定产"。并且,在产品出售以后,还要了解顾客对产品有什么意见和要求,据以改进产品的生产和经营。同时,还要为顾客提供各种售后服务,以求比竞争对手更有效、更充分地满足顾客的需要,通过满足需求来获取顾客的信任和自己的长远利益。

4. 以社会长期利益为先导的市场营销观念

市场营销观念的理论基础是"消费者主权论",即决定生产何种产品的主权不在于生产者,也不在于政府,而是在于消费者。消费者是起支配作用的一方,生产者应当根据消费者的意愿和偏好来安排生产。生产者只要生产出消费者所需要的产品,企业就能生存与发展。20世纪70年代,西方国家市场环境发生了许多变化,如在美国,能源短缺、人口爆炸、消费者主义运动盛行、失业人数增加等。在这种背景下，人们纷纷对市场营销观念提出了怀疑和指责。认为这种观念在美国没有真正付诸实施，即使某些企业真正实施了市场营销观念，但它们却忽视了满足消费者个人需要同社会福利、消费者暂时利益与长远利益之间的矛盾，造成了资源大量浪费和环境污染等社会弊端。如一些企业，为了攫取高额利润，不顾社会公德，拼命竞产竞销，以致大量掠夺资源，严重污染城市空气、生活用水，危害社会公众的身体健康，事故不断发生，这就引起了消费者、社会公众的不满与反抗。这样，企业就不得不考虑如何防止空气污染、水污染、精神污染等。针对这种情况，一些市场学者提出了新的观念来修正、补充市场营销观念，如"人类观念"、"明智消费观念"、"生态强制观念"等。美国市场学家菲利普·科特勒把这些归纳为"社会市场营销观念"。

所谓社会市场营销观念，就是企业不仅要满足消费者短期的需要和欲望并由此获得利润，而且要符合消费者的长远利益和社会福利，要正确处理消费者欲望、消费者利益和社会长远利益之间的矛盾。总的来说，社会市场营销观念认为，企业的主要任务是创造顾客的满意度以及消费者和社会的长期利益，并以此为达到企业目标和履行职责的关键。因此，企业在制订其市场营销方案和做决策时，要考虑以下四个因素。

① 消费者的需要和欲望。
② 消费者的短期和长期利益。
③ 企业的利益。
④ 社会的利益。

企业不仅要适应和迎合消费者的需要，还要考虑生态平衡、净化环境、社会福利等问题。同时，要主动参与社会生活方式的设计，不能单纯根据消费者需要什么，企业就生产经营什么，不恰当地去迎合消费者过分的欲望，而是运用现有的生产能力、现有的科技，根据消费者的现有生活观、价值观和幸福观等变化趋势，主动地为消费者设计出新的生活方式。比如，抗生素的使用使得人们对疾病的治疗能力大大增强，但是普遍存在的问题是在世界范围内抗生素被滥用，使得有害菌群的耐药性增强，更加难以治疗；另一方面，用药人群不得不承受毒副作用之害；所以人们对天然药物的开发与使用越发成为一种社会风尚。

以上生产观念、产品观念、销售观念、市场营销观念、社会市场营销观念的区别，主要表现在重点、手段、目标的不同（表1-3）。

表1-3 各种营销观念的区别

市场观念	关注核心	拓展方法
产品观念	产品与生产	提高生产效率，增加产量
推销观念	产品与顾客	推销和促销，增加宣传、广告
营销观念	顾客与社会	营销组合，多种手段满足客户需求

三、营销与推销的区别

在一段时间内有些人把营销与推销混为一谈，认为市场营销就是推销，推销就是市场营销。从观念顺序上看，市场营销是企业通过交换满足消费者现实需求或潜在需求的整体性活动，销售的是根据需求组织生产出来的产品，而推销是推销企业已经生产出来的产品。菲利普·科特勒认为："市场营销的最重要部分不是推销，推销仅仅是营销的一个职能之一，而且不是最重要的一个，市场营销的目标是使推销成为多余。"

在我国计划经济体制时期及社会主义市场经济体制确立的初期，因为产品的缺乏，以生产为导向的市场观念是企业经营思想的主体。在当时的企业管理中很少有市场营销的概念，就连"营销"一词也是我国社会主义市场经济体制相对完善之后才开始广泛使用。从这一点上看，就不难理解为什么在很长一段时间内人们把"营销"和"推销"混为一谈了。

四、营销组合

1. 4Ps 理论

4Ps（产品、价格、渠道、促销）营销策略自 20 世纪 50 年代末由美国管理学家杰罗姆.麦卡锡（Jerome Mccarthy）提出以来，对市场营销工作产生了十分重要的影响。该理论以"产品（Product）、定价（Price）、渠道（Place/Distribution）、促销（Promotion）"为核心理论框架，在市场营销理论和实践产生了深刻的影响，被营销经理们奉为营销理论中的经典。而且，如何在 4Ps 理论指导下实现营销组合，实际上也是公司市场营销的基本运营方法。我们在现实中可以看到，几乎每份营销计划书都是以 4Ps 的理论框架为基础拟订的，很多营销教科书与营销课程都把 4Ps 作为教学的基本内容，4Ps 理论对于解决现实市场中所存在的问题具有很强的实际意义。

在今天的市场营销工作中大家已经形成了 4Ps 解决实际问题的习惯，4Ps 已经成为我们市场营销人员的常用理论工具。但是我们更应该关注该理论的局限与适用基础，即 4Ps 属于战术层面，只有在对 STP 进行战略决策的前提下进行才是更加科学的，STP 即市场细分（Segmentation）、目标市场选择（Targeting）、定位（Positioning）。没有 STP 的基础市场战略工作的基础，只有 4Ps 对市场工作的战术指导，市场营销工作仍然是不成体系的。

2. 4Cs 理论

（1）主要内容 随着经济的发展，市场竞争日趋激烈，我们满足市场的方式也在随之变化，同时以 4Ps 理论来指导企业营销实践某些领域已经暴露出一些适用性问题，4Ps 理论越来越受到挑战。到 80 年代，美国人劳特朋针对 4Ps 存在的问题提出了 4Cs 营销理论：4Cs 分别指代 Customer（顾客）、Cost（成本）、Convenience（便利）和 Communication（沟通）。

在具体市场工作中主要是指以下内容。

① 瞄准消费者需求 首先要了解、研究、分析消费者的需要与欲求，而不是先考虑企业能生产什么产品。

② 成本不单是企业的生产成本，它还包括顾客的购买成本，同时也意味着产品定价的理想情况，应该是既低于顾客的心理价格，亦能够让企业有所盈利。此外，这中间的顾客购买成本不仅包括其货币支出，还包括其为此耗费的时间、体力和精力消耗，以及购买风险。

③ 便利，即所谓为顾客提供最大的购物和使用便利，4Cs 理论强调企业在制订分销策略时，要更多的考虑顾客的方便，而不是企业自己方便。要通过好的售前、售中和售后服务来让顾客在购物的同时，也享受到了便利。便利是客户价值不可或缺的一部分。

④ 与消费者沟通 以消费者为中心实施营销沟通是十分重要的，通过互动、沟通等方式，将企业内外营销不断进行整合，把顾客和企业双方的利益无形地整合在一起。

（2）主要不足 4Cs 营销理论注重以消费者需求为导向，能够更加适应某些领域内的客户竞争，但从企业的营销实践和市场发展的趋势看，4Cs 依然存在以下不足。

① 4Cs 是以顾客为导向，而市场经济要求的是竞争导向，中国的企业营销也已经转向了市场竞争导向阶段。顾客导向与市场竞争导向的本质区别是：前者看到的是新的顾客需求；后者不仅看到了需求，还更多地注意到了竞争对手，冷静分析自身在竞争中的优、劣势并采取相应的策略，在竞争中求发展。

② 随着 4Cs 理论融入营销策略和行为中，经过一个时期的运作与发展，虽然会推动社会营销的发展和进步，但企业营销又会在新的层次上同一化，不同企业至多是程度的差距问

题，并不能形成营销个性或营销特色，不能形成营销优势，保证企业顾客份额的稳定性、积累性和发展性。

③ 4Cs 以顾客需求为导向，但顾客需求有个合理性问题。顾客总是希望质量好，价格低，特别是在价格上要求是无界限的。只看到满足顾客需求的一面，企业必然付出更大的成本，久而久之，会影响企业的发展。所以从长远看，企业经营要遵循双赢的原则，这是 4Cs 需要进一步解决的问题。

④ 4Cs 仍然没有体现既赢得客户，又长期地拥有客户的关系营销思想，没有解决满足顾客需求的操作性问题，如提供集成解决方案、快速反应等。

⑤ 4Cs 总体是充分适应、满足客户的需求，没有对市场需求的有效引导以及对潜在市场需求的开发与创造，被动适应顾客需求的色彩较浓。根据市场的发展，需要从更高层次以更有效的方式在企业与顾客之间建立起有别于传统的新型的主动性关系。如互动关系、双赢关系、关联关系等。

3. 4Rs 营销理论

20 世纪 90 年代美国的舒尔茨教授（Don E. Schultz）提出的整合营销理论，不同于以往的营销要素 4Cs 以及传统的 4Ps 要素，突破传统的营销以厂商为中心的思考模式，更加丰富了以市场、消费者为中心的营销模式，强调了各种营销因素的互动与关联性。

(1) 主要内容　舒尔茨教授提出了营销新理论——4Rs，即关联（Relevance）、反应（Reaction）、关系（Relationship）、回报（Reward），4Rs 阐述了一个全新的营销四要素，它既从厂商的利益出发又兼顾消费者的需求，是一个更为实际、有效的营销理论。

① 与顾客建立关联　在竞争性市场中，顾客具有动态性。顾客忠诚度是变化的，他们会转移到其他企业。要提高顾客的忠诚度，赢得长期而稳定的市场，重要的营销策略是通过某些有效的方式在业务、需求等方面与顾客建立关联，形成一种互助、互求、互需的关系。

② 提高市场反应速度　在今天相互影响的市场中，对经营者来说最现实的问题不在于如何控制、制订和实施计划，而在于如何站在顾客的角度及时地倾听顾客的希望、渴望和需求，并及时答复和迅速做出反应，满足顾客的需求。

③ 关系营销越来越重要　在企业与客户的关系发生了本质性变化的市场环境中，抢占市场的关键已转变为与顾客建立长期而稳固的关系，从交易变成责任，从顾客变成用户，从管理营销组合变成管理和顾客的互动关系。沟通是建立关系的重要手段。从经典的 AIDA 模型："注意—兴趣—渴望—行动"来看，营销沟通基本上可完成前三个步骤。

④ 回报是营销的源泉　对企业来说，市场营销的真正价值在于其为企业带来短期或长期的收入和利润的能力。

(2) 4Rs 理论有四大特点

① 4Rs 营销理论的最大特点是以竞争为导向，在新的层次上概括了营销的新框架。4Rs 根据市场不断成熟和竞争日趋激烈的形势，着眼于企业与顾客互动与双赢。

② 4Rs 体现并落实了关系营销的思想。通过关联、关系和反应，提出了如何建立关系、长期拥有客户、保证长期利益的具体操作方式，这是一个很大的进步。

③ 反应机制为互动与双赢、建立关联提供了基础和保证，同时也延伸和升华了便利性。

④ "回报"兼容了成本和双赢两方面的内容。追求回报，企业必然实施低成本战略，充分考虑顾客愿意付出的成本，实现成本的最小化，并在此基础上获得更多的顾客份额，形成规模效益。这样，企业为顾客提供价值和追求回报相辅相成，相互促进，客观上达到的是一种双赢的效果。

当然，4Rs 同任何理论一样，也有其不足和缺陷。如与顾客建立关联、关系，需要实力基础或某些特殊条件，并不是任何企业可以轻易做到的。但不管怎样，4Rs 提供了很好的思路，是经营者和营销人员应该了解和掌握的。

无论是 4Ps、4Cs 还是 4Rs，都是我们在解决实际市场工作中常用的营销指导理论，三者之间有相关之处，但是对实际的市场指导意义的出发点与关注的层面是大不相同的。三者之间不是取代关系而是完善、发展的关系。由于企业层次不同，情况千差万别，市场、企业营销还处于发展之中，所以至少在一个时期内，4Ps 还是营销的一个基础框架，4Cs 也是很有价值的理论和思路。因而，两种理论仍具有适用性和借鉴性。4Rs 不是取代 4Ps、4Cs，而是在 4Ps、4Cs 基础上的创新与发展，所以不可把三者割裂开来甚至对立起来。所以，根据市场的外部发展环境与企业的实际，去选择某种指导理论或把三者结合起来指导营销实践，会取得更好的效果。

第四节　药品市场营销学的新进展

我国医药行业一直处于高速发展的状态当中，但是药品生产经营企业面临的生存压力一直很大，企业除了面临国家压缩行业企业数量的政策影响，还要更加现实地面对激烈的市场竞争。药品企业面临的生存发展环境相对来说比较动荡，环境变化较快，为了适应这种相对特殊的市场环境，企业需要不断地调整市场营销策略，不断实现在营销领域突破创新，不断以多种营销方式满足不同的市场需求，积极探索新的营销方式、方法；另一方面，科技的发展，信息化时代到来，网络技术的不断成熟，药品企业也充分利用这些现代资源完善营销方法与职能。

一、整合营销

市场营销管理的不断细化使很多管理者更加习惯把相关问题模块化，具体集中地分解问题，特别是在营销组合理论指导下的工作细化更容易出现这类问题，而整合营销从营销的着眼点上侧重于以顾客为核心，更加系统的解决市场问题。

整合营销的开展，是 20 世纪 90 年代市场营销界最为重要的营销理论发展，整合营销传播理论也得到了企业界和营销理论界的广泛认同。整合营销传播理论作为一种实战性极强的操作性理论，兴起于商品经济最发达的美国。在经济全球化的形势下，近几年来，整合营销传播理论也在中国得到了广泛的传播，并一度出现"整合营销热"。

整合营销就是使各种营销作用力统一方向，形成合力，共同为企业的营销目标服务。是一种系统化的营销方法。整合营销传播一方面把广告、促销、公关、直销、CI、包装、新闻媒体等一切传播活动都涵盖到营销活动的范围之内；另一方面则使企业能够将统一的传播资讯传达给消费者。所以，整合营销传播也被称为 Speak With One Voice（用一个声音说话）即营销传播的一元化策略。

药品企业经过初级激烈的市场竞争之后，逐渐意识到整合营销对于企业营销效果的提升，品牌建设具有很强的促进作用。特别是新产品的上市推广，想要建立一个长效品牌，只是从广告、促销等方面入手是不够的，还要提高消费者认知度、学术推广等多方面的系统营销。

二、事件营销

1. 事件营销的含义

事件营销，是指营销者在真实和不损害公众利益的前提下，有计划地策划、组织、举行和利用具有新闻价值的活动,通过制造热点新闻效应的事件吸引媒体和社会公众的兴趣和注意,以达到提高社会知名度,塑造企业良好形象和最终促进产品或服务销售的目的的手段和方式。

从这个定义可以看出,事件营销的着眼点在于制造或者放大某一具有新闻效应的事件以期让传媒竞相报道进而吸引公众的注意。

事件营销根据事件的不同分为"借势"和"造势",所谓借势,是指企业及时地抓住广受关注的社会新闻、事件以及人物的明星效应等,结合企业或产品在传播上欲达到之目的而展开的一系列相关活动。可分为:明星策、体育策、新闻策、节日策等;所谓造势,是指企业通过策划、组织和制造具有新闻价值的事件,吸引媒体、社会团体和消费者的兴趣与关注。可分为:舆论策、概念策和活动策。无论是借势还是造势,都必须基于一定的事件,离开了事件,事件营销也就失去了灵魂。

2. 事件营销的特征

事件营销的特征表现在以下三个方面。

(1) 对外部事件的依托性　无论是借助已有的事件,还是自行策划的事件。事件营销自始至终围绕着同一个主题运作,敏锐地抓住了公众关注的热点,并进行创造性的对接,从消费者利益和社会福利的角度出发,从而实现营销的目的。在营销过程中,营销者要通过事件进行有新闻价值的传播活动,把产品、服务和创意的优秀品质传递给已有的和潜在的顾客,从而建立品牌美誉度和企业良好的形象。

(2) 第三方公正性　比广告更具隐蔽性和持久性。事件营销的砝码在于能够抓住亮点、热点和记忆点,从而带动卖点。一个品牌的推广带有极强的功利性,其目的在于吸引消费者的眼球,刺激购买欲望。但这种眼球经济的泛滥导致的信息失真,扰乱了消费者的视线,企业只有借助第三方公正组织或权威个人,将其理念、产品与服务质量传播给目标市场,而事件营销正具有这一优势。

(3) 双重目的性　事件营销的目的表现在产品或服务销售和形象塑造两个方面,借助一个事件进行有针对性的营销传播,能够避开媒体多元化而形成的噪声干扰,从而提升企业品牌的注目率;同时,以新闻事件的方式进行宣传和销售促进,能够避开媒体的高收费,从而获得较高的利润;注目率的上升和成本的下降,必然更有利于拓宽利润空间,产品或服务销售的上升应当是理所当然的。

比起产品或服务销售的提升,形象塑造具有长远意义。事件营销作为品牌提升的一把利器,能够扩大品牌的知名度,提升美誉度。

事件营销是近年来国内外十分流行的一种公关传播与市场推广手段,它作为一种崭新的获取倍增效应的市场营销战略方式,正越来越被国内外企业所采用。比如海尔的张瑞敏利用砸冰箱事件将产品过硬的质量和良好的服务推向社会;蒙牛凭借"神五升空"与"超级女声"的事件,创造了品牌神话;广州白云山药业利用"非典"特殊时期打造了板蓝根品牌。

事件营销在医药企业中应用不胜枚举,充分利用社会热点、借势扬名、聚焦等行为在药品行业比较普遍。2006年德国世界杯的召开成为了世界性的关注焦点,吸引了世界各地众多的球迷,在国内,虽很多赛事在北京时间的零点举办,但依然挡不住众多球迷的观看热情。与此同时,很多商家也都瞄准了这次机会,在哈尔滨最繁华的中央大街上的某医药商家,打出了请合理膳食并选择有效的功能食品的关怀性保健品促销标语。某医药连锁店(洛阳中州路)更是不甘落后。某报报道:

以往的"壁式电脑字幕"上显示的都是特价药品信息或者用药、保健小知识,笔者发现,今天却是密密麻麻的"2006世界杯赛程时间表",按照1/8决赛、1/4决赛、半决赛的时间表滚动播出,吸引了许多顾客纷纷驻足观看。在所有赛程滚动播出一遍后,屏幕上忽然跳出几行醒目的标语:"世界杯精彩,健康更值钱。鉴于部分精彩赛事将在凌晨举行,为了不透支您的健康。本店强力推出的'世界杯保健饮品'如下……"这些饮品的价位不高,多在几元到几十元钱之间,策划者苦心经营,对顾客的心理把握如此到位,再吝啬的顾客恐怕也要禁不住掏"腰包"了。借助世界杯搞一场保健品对抗赛,如:洛阳的一些药店,在货架中间的空旷区域开辟出一定空间,摆出大展柜,所有知名保健品统一从货架走上展柜,按品名和主治功能进行"岛式"摆放,给人的视觉冲击非常强烈。

为了突出世界杯的氛围,店方还在展柜上设置了醒目的"赛事安排"。像补钙赛事,乐力 VS 新盖中盖,19.8元 vs16.5元;减肥赛事,曲美 vs 大印象减肥茶,买三赠一;送礼赛事,黄金搭档 VS 脑白金,九折优惠(上附"礼品打折,健康不打折"的口号,十分引人注目)。诸如此类,还有"降压赛事"、"补肾赛事"、"祛斑赛事"等。

三、绿色营销

随着全球环境保护意识的增强,世界各国经济都在实施可持续发展战略,强调经济发展应与环境保护相协调。作为绿色保护运动的一个重要组成部分——绿色营销业正成为社会和企业认真研究的热门课题。

绿色营销是指企业以环境保护为经营指导思想,以绿色文化为价值观念,以消费者的绿色消费为中心和出发点的营销观念、营销方式和营销策略。它要求企业在经营中贯彻自身利益、消费者利益和环境利益相结合的原则。因此,绿色营销管理包括以下五个方面的内容。

1. 树立绿色营销观念

绿色营销观念是在绿色营销环境条件下企业生产经营的指导思想。传统营销观念认为,企业在市场经济条件下生产经营,应当时刻关注与研究的中心问题是消费者需求、企业自身条件和竞争者状况三个方面,并且认为满足消费者需求、改善企业条件、创造比竞争者更有利的优势,便能取得市场营销的成效。而绿色营销观念却在传统营销观念的基础上增添了新的思想内容。在药品行业这三方面的矛盾是比较突出的,一方面人们普遍感到"看病难,看病贵",并错误地认为药价虚高是最主要因素,消费者对药品生产经营企业认识产生了错觉。另一方面企业间的竞争方式不当,低价策略,多方面支付销售佣金使得企业利润大大缩减,而且给行业形象造成不良影响。

企业生产经营研究的首要问题不是在传统营销因素条件下,通过协调三方面关系使自身取得利益,而是与绿色营销环境的关系。其中包括净化营销环境,反对商业贿赂,以及商业广告的投入比例,进而使得企业与消费者之间的利润与成本关系更加趋于合理、和谐;同时有利于节约能源、资源和保护自然环境,企业市场营销的立足点发生新的转移。

对市场消费者需求的研究,是在传统需求理论基础上,着眼于绿色需求的研究,并且认为这种绿色需求不仅要考虑现实需求,更要放眼于潜在需求。

企业与同行竞争的焦点,不在于传统营销要素的较量、争夺传统目标市场的份额,而在于最佳保护生态环境的营销措施,并且认为这些措施的不断建立和完善,是企业实现长远经营目标的需要,它能形成和创造新的目标市场,是竞争制胜的法宝。与传统的社会营销观念相比,绿色营销观念注重的社会利益更明确定位于节能与环保,立足于可持续发展,放眼于社会经济的长远利益与全球利益。

2. 设计绿色产品

产品策略是市场营销的首要策略,企业实施绿色营销必须以绿色产品为载体,为社会和消费者提供满足绿色需求的绿色产品。所谓绿色产品是指对社会、对环境改善有利的产品,或称无公害产品。这种绿色产品与传统同类产品相比，至少具有下列特征。

（1）产品的核心功能既要能满足消费者的传统需要，符合相应的技术和质量标准，更要满足对社会、自然环境和人类身心健康有利的绿色需求，符合有关环保和安全卫生的标准。

（2）产品的实体部分应减少资源的消耗，尽可能利用再生资源。产品实体中不应添加有害环境和人体健康的原料、辅料。在产品制造过程中应消除或减少"三废"对环境的污染。

（3）产品的包装应减少对资源的消耗，包装的废弃物和产品报废后的残物应尽可能成为新的资源。

（4）产品生产和销售的着眼点不在于引导消费者大量消费而大量生产，而是指导消费者正确消费而适量生产，建立全新的生产美学观念。

3. 制定绿色产品的价格

价格是市场的敏感因素，定价是市场营销的重要策略，实施绿色营销不能不研究绿色产品价格的制定。一般来说，绿色产品在市场的投入期，生产成本会高于同类传统产品，因为绿色产品成本中应计入产品环保的成本，主要包括以下几方面。

（1）在产品开发中，因增加或改善环保功能而支付的研制经费。

（2）在产品制造中，因研制对环境和人体无污染、无伤害的产品而增加的工艺成本。

（3）使用新的绿色原料、辅料而可能增加的资源成本。

（4）由于实施绿色营销而可能增加的管理成本、销售费用。

但是，产品价格的上升会是暂时的，随着科学技术的发展和各种环保措施的完善，绿色产品的制造成本会逐步下降，趋向稳定。企业制定绿色产品价格，一方面应当考虑上述因素，另一方面应注意到，随着人们环保意识的增强，消费者经济收入的增加，消费者对商品可接受的价格观念会逐步与消费观念相协调。所以，企业营销绿色产品不仅能使企业盈利，更能在同行竞争中取得优势。

4. 绿色营销的渠道策略

绿色营销渠道是绿色产品从生产者转移到消费者所经过的通道。企业实施绿色营销必须建立稳定的绿色营销渠道，策略上可从以下几方面努力。

（1）启发和引导中间商的绿色意识，建立与中间商恰当的利益关系，不断发现和选择热心的营销伙伴，逐步建立稳定的营销网络。

（2）注重营销渠道有关环节的工作。为了真正实施绿色营销，从绿色交通工具的选择，绿色仓库的建立，到绿色装卸、运输、贮存、管理办法的制订与实施，认真做好绿色营销渠道的一系列基础工作。

（3）尽可能建立短渠道、宽渠道，减少渠道资源消耗，降低渠道费用。

5. 搞好绿色营销的促销活动

绿色促销是通过绿色促销媒体，传递绿色信息，指导绿色消费，启发引导消费者的绿色需求，最终促成购买行为。绿色促销的主要手段有以下几种。

（1）绿色广告 通过广告对产品的绿色功能定位，引导消费者理解并接受广告诉求。合理使用广告资源，减少营销对广告的依赖程度，广告内容合理、艺术、不虚夸、不误导，有利于社会进步，合理激发消费者的购买欲望。

（2）绿色推广 通过绿色营销人员的绿色推销和营业推广，从销售现场到推销实地，直接向消费者宣传、推广产品绿色信息，讲解、示范产品的绿色功能，回答消费者绿色咨询，宣讲绿色营销的各种环境现状和发展趋势，激励消费者的消费欲望。同时，通过试用、馈赠、竞赛、优惠等策略，引导消费兴趣，促成购买行为。

（3）绿色公关 通过企业的公关人员参与一系列公关活动，诸如发表文章、演讲、播放影视资料，参与社交联谊、环保公益活动、赞助等，广泛与社会公众进行接触，增强公众的专业知识水平，树立企业的社会责任形象，为绿色营销建立广泛的社会基础，促进绿色营销的发展。

人们的健康消费意识与日俱增，对于药品的绿色需求越来越多，涉及药品的疗效，毒副作用，使用方式，使用成本，甚至包装设计等诸多方面。在欧美某些发达国家有些环保主义者对于取材于某些珍贵动植物的药品或生物制剂是不受欢迎的，这些产品不但不利于环保，而且产品形象不良。绿色营销是在消费者绿色需求的条件下产生的，所以，绿色需求是绿色营销的动力。因此企业应当注重培养绿色文化意识，从而形成绿色营销的文化环境；在药品设计、制造和服务的源头与过程中，不断研究和创造有利于消费者身心健康，保护生态环境的科学技术产品，以是否能最佳地满足消费者的绿色需求作为企业间竞争的焦点。专家预测药品行业的绿色营销必将成为 21 世纪市场营销的主流意识。

四、网络营销

1. 网络营销的涵义

网络营销是企业整体营销战略的一个组成部分，是为实现企业总体经营目标所进行的，以互联网为基本手段营造网上经营环境的各种活动。这是目前被广泛接受的网络营销的定义，被多种营销书籍、论文广泛引用。

网络营销具有很强的实践性特征，从实践中发现网络营销的一般方法和规律，比空洞的理论讨论更有实际意义。因此，如何定义网络营销其实并不是最重要的，关键是要理解网络营销的真正意义和目的，也就是充分认识互联网这种新的营销环境，利用各种互联网工具为企业营销活动提供有效的支持。这也是为什么在网络营销研究中必须重视网络营销实用方法的原因。

与网络营销相关的概念还有：网上营销、互联网营销、在线营销、网络行销等。这些词汇说的相关含义基本相同，简单地说，网络营销就是以互联网为主要手段开展的营销活动。

2. 网络信息传播特点

国际互联网的诞生与发展从根本上改变了人们的沟通与信息传播方式，网络营销之所以被商务领域深入研究，也是因为其营销信息传播方式与传统营销有很大不同。

在网络营销的信息传播中，经常要涉及搜索引擎、网络广告、E-mail、信息发布、网页、网站等，企业所采用的不同的传播手段，所能沟通的潜在的客户也不相同。网络营销信息传递构成了网络营销的核心内容。

网络营销中的信息传播主要具有以下特点。

（1）网络营销信息传播效率高　网络营销信息源主要表现为企业网站上的各种文字、图片、多媒体信息、网络广告信息、搜索引擎信息等，由于这些信息本身已经是数字化，通过计算机直接作为信号来传输，编码和译码瞬间完成，减少了信息传递的中间环节，使得信息传递更为直接，信息接收者与发送者之间甚至可以进行即时的，直接的交流，这也使得网络营销的信息传递效率大为提高。

（2）网络营销信息传播方式多样化　在网络营销中，信息传递有多种方式，传递的资料包括图像、文字、声音等。从信息发送和接收的主动与被动关系来看，有通过电子邮件等方式向用户发送信息的主动传递方式，或者将信息发布在企业网站上等待用户来获取信息的被动传递方式；从信息发送者和接收者之间的对应关系看，可以是一对一的信息传递（如一对一电子邮件、即时信息等），也可以是一对多的信息传递（如邮件列表、网络广告等）。

（3）网络营销信息传递渠道多样化　网络营销信息传递方式多样化，同时也决定了网络营销信息传递渠道的多样化。网络营销信息的传递具有多种渠道，如企业网站、搜索引擎、供求信息平台、电子邮件、即时信息等，不同渠道传递信息的方式有所区别，因此只有在充分了解各种网络营销信息传递渠道特性的基础上，才能有效地应用各种网络营销策略。

（4）网络营销中的信息传递是双向的　与一般的信息只能从信息发送者向接收者传递不同，网络营销信息可以是双向传递的，或者说具有交互性，这种交互性对于企业和用户双方都是有利的，企业将正确的信息传递给了正确的用户，用户则得到了自己需要的有助于购买决策或者正确的产品使用的信息。

3. 网络信息传播策略

目前国内外关于网络营销的系统实践指导理论十分不完善，重在建立网络营销的实务与实效。在网络信息传播时，总体把握以下策略。

（1）提供尽可能详尽而有效的网络营销信息源　因为无论是企业通过各种手段直接向用户所传递的信息，还是用户主动获取的信息，归根结底来源于企业所提供的信息源，只有当有效信息尽可能丰富，才能为网络营销信息有效传递奠定基础。

（2）建立尽可能多的网络营销信息传递渠道　在信息传播渠道建设上，应采取完整信息与部分信息传递相结合、主动性和被动性信息传递相结合的策略，通过多渠道发布和传递信息，才能创造尽可能多的被用户发现这些信息的机会。

（3）尽可能缩短信息传递渠道　在创建多个信息传递渠道的基础上还应创建尽可能短的信息传递渠道，因为信息渠道越短，信息传递越快，受到噪声的干扰也就越小，信息也就更容易被用户接收。这也从根本上解释了为什么搜索引擎检索结果中靠前排列的信息更容易得到用户点击，而用户自愿订阅的邮件列表营销效果更胜一筹等看起来理所当然的问题。

（4）保持信息传递的交互性　交互性的实质是营造企业与用户之间互相传递信息变得更加方便的环境，除了上述建立尽可能多而且短的信息传递渠道之外，还应建立多种信息反馈渠道，如论坛、电子邮件、在线表单、即时信息等以保证信息传递交互性的发挥。

（5）充分提高网络营销信息传递的有效性　由于信息传递中的障碍因素，使得一些用户无法获取到自己需要的全部信息，提高信息传递的有效性，也就是减少信息传递中噪声和屏障的影响，让信息可以及时、完整地传递给目标用户。

4. 药品网络营销

由于药品的特殊性，网络营销渠道同样受到国家有关部门的监管与审批。2002年10月17日至18日，国家药品监督管理局在京召开药品电子商务试点工作会议，确定了8家医药经营企业作为药品电子商务的首批试点单位，通过试点，探讨网上药品交易的监管问题。这次试点工作会议确定的试点单位是：中国医药（集团）公司、广东康力医药有限公司、上海市医药股份有限公司、三九企业集团、上海复星实业股份有限公司、深圳市一致（集团）有限公司、福建新大陆发展有限公司、四川中药通电子商务有限责任公司。

随着网络经济的发展，电子商务的发展热度空前。目前，全国已有医药商务类网站上百家。终端购买者仍然受到信任关系与消费意识等方面的束缚。

首先，我国传统的医药市场不时地传出药品质量与安全问题，使人们对于药品的购买慎之又慎，网络信息的传播对于相当一部分人群来讲还是有些陌生、虚幻，很难建立起对于商家的信任，更难做出实际的购买行为。

其次，药品属于指导消费品，药品购买者的购买活动，很大程度上依赖于被咨询者，这种消费模式，使得药品的购买者对于传统的购买渠道的依赖习惯很难改变。

对于大型的医药商务采购，与针对终端消费者这种方式相比较要略显规范，由于其针对性强、集中、量大，行业规范已经形成，已经发展成为我国医药商务购销的一种模式。

五、关系营销

关系营销理论认为，企业营销活动是一项综合的复杂的运行体系，其参与者包括消费者、供应商、分销商、政府机构、公众以及企业内部员工等诸多主体，这些主体之间的关系和配合程度，是决定企业营销活动效率的重要影响因素，由此，为了实现企业的盈利目标，必须重视营销活动参与者之间的关系建设。通过利益的共享性，通过建立和维护营销活动所有参与者之间的稳固的市场合作关系，进而实现医药企业的营销目标。

关系营销是营销理论和实践的跨越性进步，有效突破了传统营销理论中对于顾客和消费者的认识。顾客和消费者对于产品的选择，并不是单纯地取决于产品的性质和功效，还会受到许多情感、习惯、认可度以及忠诚度等方面的影响。尤其是在现代市场经济条件下，具有相同使用价值的商品层出不穷，品种繁多，竞争压力巨大，产品的性质和功效优势凸显难度增强。相比较而言，对于消费者和顾客的消费选择影响因素的把握就必然成为企业和产品营销成功的重要手段和措施。当然，这也就成为了当前众商家积极青睐于关系营销的决定性因素。

六、体验营销

在商品经济日益发展的现代市场经济条件下，消费者在选择商品的过程中，除了非常关注产品的性能和使用价值外，情感需求也占据了相当大的比重。体验，就是要让消费者直接观察或者是参与到产品的消费过程环节中。消费者在体验的过程中，不仅会产生感官、情感和情绪等方面的感性认识，知识、智力和思考等理性因素也会由于体验过程而被积极调动起来，继而也会产生相应的体验结论。体验营销是指，为消费者提供购前免费消费的方式，通过听觉、视觉、触觉和感觉等获取消费者对产品的认知和信任，由此促进产品销售量的提高的营销方式。相对于其他营销模式，在体验营销中，消费者所获得的消费认知更具有自主性。

 知·识·窗

中共中央国务院关于深化医药卫生体制改革的意见

中共中央 国务院
关于深化医药卫生体制改革的意见
（2009年3月17日）

按照党的十七大精神，为建立中国特色医药卫生体制，逐步实现人人享有基本医疗卫生服务的目标，提高全民健康水平，现就深化医药卫生体制改革提出如下意见。

一、充分认识深化医药卫生体制改革的重要性、紧迫性和艰巨性

医药卫生事业关系亿万人民的健康，关系千家万户的幸福，是重大民生问题。深化医药卫生体制改革，加快医药卫生事业发展，适应人民群众日益增长的医药卫生需求，不断提高人民群众健康素质，是贯彻落实科学发展观、促进经济社会全面协调可持续发展的必然要求，是维护社会公平正义、提高人民生活质量的重要举措，是全面建设小康社会和构建社会主义和谐社会的一项重大任务。

新中国成立以来，特别是改革开放以来，我国医药卫生事业取得了显著成就，覆盖城乡的医药卫生服务体系基本形成，疾病防治能力不断增强，医疗保障覆盖人口逐步扩大，卫生科技水平迅速提高，人民群众健康水平明显改善，居民主要健康指标处于发展中国家前列。尤其是抗击非典取得重大胜利以来，各级政府投入加大，公共卫生、农村医疗卫生和城市社区卫生发展加快，新型农村合作医疗和城镇居民基本医疗保险取得突破性进展，为深化医药卫生体制改革打下了良好基础。同时，也应该看到，当前我国医药卫生事业发展水平与人民群众健康需求及经济社会协调发展要求不适应的矛盾还比较突出。城乡和区域医疗卫生事业发展不平衡，资源配置不合理，公共卫生和农村、社区医疗卫生工作比较薄弱，医疗保障制度不健全，药品生产流通秩序不规范，医院管理体制和运行机制不完善，政府卫生投入不足，医药费用上涨过快，个人负担过重，对此，人民群众反映强烈。

从现在到2020年，是我国全面建设小康社会的关键时期，医药卫生工作任务繁重。随着经济的发展和人民生活水平的提高，群众对改善医药卫生服务将会有更高的要求。工业化、城镇化、人口老龄化、疾病谱变化和生态环境变化等，都给医药卫生工作带来一系列新的严峻挑战。深化医药卫生体制改革，是加快医药卫生事业发展的战略选择，是实现人民共享改革发展成果的重要途径，是广大人民群众的迫切愿望。

深化医药卫生体制改革是一项涉及面广、难度大的社会系统工程。我国人口多，人均收入水平低，城乡、区域差距大，长期处于社会主义初级阶段的基本国情，决定了深化医药卫生体制改革是一项十分复杂艰巨的任务，是一个渐进的过程，需要在明确方向和框架的基础上，经过长期艰苦努力和坚持不懈的探索，才能逐步建立符合我国国情的医药卫生体制。因此，对深化医药卫生体制改革，既要坚定决心、抓紧推进，又要精心组织、稳步实施，确保改革顺利进行，达到预期目标。

二、深化医药卫生体制改革的指导思想、基本原则和总体目标

（一）深化医药卫生体制改革的指导思想。以邓小平理论和"三个代表"重要思想为指导，深入贯彻落实科学发展观，从我国国情出发，借鉴国际有益经验，着眼于实现人人享有基本医疗卫生服务的目标，着力解决人民群众最关心、最直接、最现实的利益问题。坚持公共医疗卫生的公益性质，坚持预防为主、以农村为重点、中西医并重的方针，实行政事分开、管办分开、医药分开、营利性和非营利性分开，强化政府责任和投入，完善国民健康政策，健全制度体系，加强监督管理，创新体制机制，鼓励社会参与，建设覆盖城乡居民的基本医疗卫生制度，不断提高全民健康水平，促进社会和谐。

（二）深化医药卫生体制改革的基本原则。医药卫生体制改革必须立足国情，一切从实际出发，坚持正确的改革原则。

——坚持以人为本，把维护人民健康权益放在第一位。坚持医药卫生事业为人民健康服务的宗旨，以保障人民健康为中心，以人人享有基本医疗卫生服务为根本出发点和落脚点，从改革方案设计、卫生制度建立到服务体系建设都要遵循公益性的原则，把基本医疗卫生制度作为公共产品向全民提供，着力解决群众反映强烈的突出问题，努力实现全体人民病有所医。

——坚持立足国情，建立中国特色医药卫生体制。坚持从基本国情出发，实事求是地总结医药卫生事业改革发展的实践经验，准确把握医药卫生发展规律和主要矛盾；坚持基本医疗服务水平与经济社会发展相协调、与人民群众的承受能力相适应；充分发挥中医药（民族医药）作用；坚持因地制宜、分类指导，发挥地方积极性，探索建立符合国情的基本医疗卫生制度。

——坚持公平与效率统一，政府主导与发挥市场机制作用相结合。强化政府在基本医疗卫生制度中的责任，加强政府在制度、规划、筹资、服务、监管等方面的职责，维护公共医疗卫生的公益性，促进公平公正。同时，注重发挥市场机制作用，动员社会力量参与，促进有序竞争机制的形成，提高医疗卫生运行效率、服务水平和质量，满足人民群众多层次、多样化的医疗卫生需求。

——坚持统筹兼顾，把解决当前突出问题与完善制度体系结合起来。从全局出发，统筹城乡、区域发展，兼顾供给方和需求方等各方利益，注重预防、治疗、康复三者的结合，正确处理政府、卫生机构、医药企业、医务人员和人民群众之间的关系。既着眼长远，创新体制机制，又立足当前，着力解决医药卫生事业中存在的突出问题。既注重整体设计，明确总体改革方向目标和基本框架，又突出重点，分步实施，积极稳妥地推进改革。

（三）深化医药卫生体制改革的总体目标。建立健全覆盖城乡居民的基本医疗卫生制度，为群众提供安全、有效、方便、价廉的医疗卫生服务。

到2011年，基本医疗保障制度全面覆盖城乡居民，基本药物制度初步建立，城乡基层医疗卫生服务体系进一步健全，基本公共卫生服务得到普及，公立医院改革试点取得突破，明显提高基本医疗卫生服务可及性，有效减轻居民就医费用负担，切实缓解"看病难、看病贵"问题。

到2020年，覆盖城乡居民的基本医疗卫生制度基本建立。普遍建立比较完善的公共卫生服务体系和医疗服务体系，比较健全的医疗保障体系，比较规范的药品供应保障体系，比较科学的医疗卫生机构管理体制和运行机制，形成多元办医格局，人人享有基本医疗卫生服务，基本适应人民群众多层次的医疗卫生需求，人民群众健康水平进一步提高。

三、完善医药卫生四大体系，建立覆盖城乡居民的基本医疗卫生制度

建设覆盖城乡居民的公共卫生服务体系、医疗服务体系、医疗保障体系、药品供应保障体系，形成四位一体的基本医疗卫生制度。四大体系相辅相成，配套建设，协调发展。

（四）全面加强公共卫生服务体系建设。建立健全疾病预防控制、健康教育、妇幼保健、精神卫生、应急救治、采供血、卫生监督和计划生育等专业公共卫生服务网络，完善以基层医疗卫生服务网络为基础的医疗服务体系的公共卫生服务功能，建立分工明确、信息互通、资源共享、协调互动的公共卫生服务体系，提高公共卫生服务和突发公共卫生事件应急处置能力，促进城乡居民逐步享有均等化的基本公共卫生服务。

确定公共卫生服务范围。明确国家基本公共卫生服务项目，逐步增加服务内容。鼓励地方政府根据当地经济发展水平和突出的公共卫生问题，在中央规定服务项目的基础上增加公共卫生服务内容。

完善公共卫生服务体系。进一步明确公共卫生服务体系的职能、目标和任务，优化人员和设备配置，探索整合公共卫生服务资源的有效形式。完善重大疾病防控体系和突发公共卫生事件应急机制，加强对严重威胁人民健康的传染病、慢性病、地方病、职业病和出生缺陷等疾病的监测与预防控制。加强城乡急救体系建设。

加强健康促进与教育。医疗卫生机构及机关、学校、社区、企业等要大力开展健康教育，充分利用各种媒体，加强健康、医药卫生知识的传播，倡导健康文明的生活方式，促进公众合理营养,提高群众的健康意识和自我保健能力。

深入开展爱国卫生运动。将农村环境卫生与环境污染治理纳入社会主义新农村建设规划,推动卫生城市和文明村镇建设,不断改善城乡居民生活、工作等方面的卫生环境。

加强卫生监督服务。大力促进环境卫生、食品卫生、职业卫生、学校卫生,以及农民工等流动人口卫生工作。

(五)进一步完善医疗服务体系。坚持非营利性医疗机构为主体、营利性医疗机构为补充,公立医疗机构为主导、非公立医疗机构共同发展的办医原则,建设结构合理、覆盖城乡的医疗服务体系。

大力发展农村医疗卫生服务体系。进一步健全以县级医院为龙头、乡镇卫生院和村卫生室为基础的农村医疗卫生服务网络。县级医院作为县域内的医疗卫生中心,主要负责基本医疗服务及危重急症病人的抢救,并承担对乡镇卫生院、村卫生室的业务技术指导和卫生人员的进修培训;乡镇卫生院负责提供公共卫生服务和常见病、多发病的诊疗等综合服务,并承担对村卫生室的业务管理和技术指导;村卫生室承担行政村的公共卫生服务及一般疾病的诊治等工作。有条件的农村实行乡村一体化管理。积极推进农村医疗卫生基础设施和能力建设,政府重点办好县级医院,并在每个乡镇办好一所卫生院,采取多种形式支持村卫生室建设,使每个行政村都有一所村卫生室,大力改善农村医疗卫生条件,提高服务质量。

完善以社区卫生服务为基础的新型城市医疗卫生服务体系。加快建设以社区卫生服务中心为主体的城市社区卫生服务网络,完善服务功能,以维护社区居民健康为中心,提供疾病预防控制等公共卫生服务、一般常见病及多发病的初级诊疗服务、慢性病管理和康复服务。转变社区卫生服务模式,不断提高服务水平,坚持主动服务、上门服务,逐步承担起居民健康"守门人"的职责。

健全各类医院的功能和职责。优化布局和结构,充分发挥城市医院在危重急症和疑难病症的诊疗、医学教育和科研、指导和培训基层卫生人员等方面的骨干作用。有条件的大医院按照区域卫生规划要求,可以通过托管、重组等方式促进医疗资源合理流动。

建立城市医院与社区卫生服务机构的分工协作机制。城市医院通过技术支持、人员培训等方式,带动社区卫生服务持续发展。同时,采取增强服务能力、降低收费标准、提高报销比例等综合措施,引导一般诊疗下沉到基层,逐步实现社区首诊、分级医疗和双向转诊。整合城市卫生资源,充分利用城市现有一、二级医院及国有企事业单位所属医疗机构和社会力量举办的医疗机构等资源,发展和完善社区卫生服务网络。

充分发挥中医药(民族医药)在疾病预防控制、应对突发公共卫生事件、医疗服务中的作用。加强中医临床研究基地和中医院建设,组织开展中医药防治疑难疾病的联合攻关。在基层医疗卫生服务中,大力推广中医药适宜技术。采取扶持中医药发展政策,促进中医药继承和创新。

建立城市医院对口支援农村医疗卫生工作的制度。发达地区要加强对口支援贫困地区和少数民族地区发展医疗卫生事业。城市大医院要与县级医院建立长期稳定的对口支援和合作制度,采取临床服务、人员培训、技术指导、设备支援等方式,帮助其提高医疗水平和服务能力。

(六)加快建设医疗保障体系。加快建立和完善以基本医疗保障为主体,其他多种形式补充医疗保险和商业健康保险为补充,覆盖城乡居民的多层次医疗保障体系。

建立覆盖城乡居民的基本医疗保障体系。城镇职工基本医疗保险、城镇居民基本医疗保险、新型农村合作医疗和城乡医疗救助共同组成基本医疗保障体系，分别覆盖城镇就业人口、城镇非就业人口、农村人口和城乡困难人群。坚持广覆盖、保基本、可持续的原则，从重点保障大病起步，逐步向门诊小病延伸，不断提高保障水平。建立国家、单位、家庭和个人责任明确、分担合理的多渠道筹资机制，实现社会互助共济。随着经济社会发展，逐步提高筹资水平和统筹层次，缩小保障水平差距，最终实现制度框架的基本统一。进一步完善城镇职工基本医疗保险制度，加快覆盖就业人口，重点解决国有关闭破产企业、困难企业等职工和退休人员，以及非公有制经济组织从业人员和灵活就业人员的基本医疗保险问题；2009年全面推开城镇居民基本医疗保险，重视解决老人、残疾人和儿童的基本医疗保险问题；全面实施新型农村合作医疗制度，逐步提高政府补助水平，适当增加农民缴费，提高保障能力；完善城乡医疗救助制度，对困难人群参保及其难以负担的医疗费用提供补助，筑牢医疗保障底线。探索建立城乡一体化的基本医疗保障管理制度。

鼓励工会等社会团体开展多种形式的医疗互助活动。鼓励和引导各类组织和个人发展社会慈善医疗救助。

做好城镇职工基本医疗保险制度、城镇居民基本医疗保险制度、新型农村合作医疗制度和城乡医疗救助制度之间的衔接。以城乡流动的农民工为重点积极做好基本医疗保险关系转移接续，以异地安置的退休人员为重点改进异地就医结算服务。妥善解决农民工基本医疗保险问题。签订劳动合同并与企业建立稳定劳动关系的农民工，要按照国家规定明确用人单位缴费责任，将其纳入城镇职工基本医疗保险制度；其他农民工根据实际情况，参加户籍所在地新型农村合作医疗或务工所在地城镇居民基本医疗保险。

积极发展商业健康保险。鼓励商业保险机构开发适应不同需要的健康保险产品，简化理赔手续，方便群众，满足多样化的健康需求。鼓励企业和个人通过参加商业保险及多种形式的补充保险解决基本医疗保障之外的需求。在确保基金安全和有效监管的前提下，积极提倡以政府购买医疗保障服务的方式，探索委托具有资质的商业保险机构经办各类医疗保障管理服务。

（七）建立健全药品供应保障体系。加快建立以国家基本药物制度为基础的药品供应保障体系，保障人民群众安全用药。

建立国家基本药物制度。中央政府统一制定和发布国家基本药物目录，按照防治必需、安全有效、价格合理、使用方便、中西药并重的原则，结合我国用药特点，参照国际经验，合理确定品种和数量。建立基本药物的生产供应保障体系，在政府宏观调控下充分发挥市场机制的作用，基本药物实行公开招标采购，统一配送，减少中间环节，保障群众基本用药。国家制定基本药物零售指导价格，在指导价格内，由省级人民政府根据招标情况确定本地区的统一采购价格。规范基本药物使用，制定基本药物临床应用指南和基本药物处方集。城乡基层医疗卫生机构应全部配备、使用基本药物，其他各类医疗机构也要将基本药物作为首选药物并确定使用比例。基本药物全部纳入基本医疗保障药物报销目录，报销比例明显高于非基本药物。

规范药品生产流通。完善医药产业发展政策和行业发展规划，严格市场准入和药品注册审批，大力规范和整顿生产流通秩序，推动医药企业提高自主创新能力和医药产业结构优化升级，发展药品现代物流和连锁经营，促进药品生产、流通企业的整合。建立便民惠农的农村药品供应网。完善药品储备制度。支持用量小的特殊用药、急救用药生产。规范药品采购，坚决治理医药购销中的商业贿赂。加强药品不良反应监测，建立药品安全预警和应急处置机制。

四、完善体制机制，保障医药卫生体系有效规范运转

完善医药卫生的管理、运行、投入、价格、监管体制机制，加强科技与人才、信息、法制建设，保障医药卫生体系有效规范运转。

（八）建立协调统一的医药卫生管理体制。实施属地化和全行业管理。所有医疗卫生机构，不论所有制、投资主体、隶属关系和经营性质，均由所在地卫生行政部门实行统一规划、统一准入、统一监管。中央、省级可以设置少量承担医学科研、教学功能的医学中心或区域医疗中心，以及承担全国或区域性疑难病症诊治的专科医院等医疗机构；县（市）主要负责举办县级医院、乡村卫生和社区卫生服务机构；其余公立医院由市负责举办。

强化区域卫生规划。省级人民政府制定卫生资源配置标准，组织编制区域卫生规划和医疗机构设置规划，明确医疗机构的数量、规模、布局和功能。科学制定乡镇卫生院（村卫生室）、社区卫生服务中心（站）等基层医疗卫生机构和各级医院建设与设备配置标准。充分利用和优化配置现有医疗卫生资源，对不符合规划要求的医疗机构要逐步进行整合，严格控制大型医疗设备配置，鼓励共建共享，提高医疗卫生资源利用效率。新增卫生资源必须符合区域卫生规划，重点投向农村和社区卫生等薄弱环节。加强区域卫生规划与城乡规划、土地利用总体规划等的衔接。建立区域卫生规划和资源配置监督评价机制。

推进公立医院管理体制改革。从有利于强化公立医院公益性和政府有效监管出发，积极探索政事分开、管办分开的多种实现形式。进一步转变政府职能，卫生行政部门主要承担卫生发展规划、资格准入、规范标准、服务监管等行业管理职能，其他有关部门按照各自职能进行管理和提供服务。落实公立医院独立法人地位。

进一步完善基本医疗保险管理体制。中央统一制定基本医疗保险制度框架和政策，地方政府负责组织实施管理，创造条件逐步提高统筹层次。有效整合基本医疗保险经办资源，逐步实现城乡基本医疗保险行政管理的统一。

（九）建立高效规范的医药卫生机构运行机制。公共卫生机构收支全部纳入预算管理。按照承担的职责任务，由政府合理确定人员编制、工资水平和经费标准，明确各类人员岗位职责，严格人员准入，加强绩效考核，建立能进能出的用人制度，提高工作效率和服务质量。

转变基层医疗卫生机构运行机制。政府举办的城市社区卫生服务中心（站）和乡镇卫生院等基层医疗卫生机构，要严格界定服务功能，明确规定使用适宜技术、适宜设备和基本药物，为广大群众提供低成本服务，维护公益性质。要严格核定人员编制，实行人员聘用制，建立能进能出和激励有效的人力资源管理制度。要明确收支范围和标准，实行核定任务、核定收支、绩效考核补助的财务管理办法，并探索实行收支两条线、公共卫生和医疗保障经费的总额预付等多种行之有效的管理办法，严格收支预算管理，提高资金使用效益。要改革药品加成政策，实行药品零差率销售。加强和完善内部管理，建立以服务质量为核心、以岗位责任与绩效为基础的考核和激励制度，形成保障公平效率的长效机制。

建立规范的公立医院运行机制。公立医院要遵循公益性质和社会效益原则，坚持以病人为中心，优化服务流程，规范用药、检查和医疗行为。深化运行机制改革，建立和完善医院法人治理结构，明确所有者和管理者的责权，形成决策、执行、监督相互制衡，有责任、有激励、有约束、有竞争、有活力的机制。推进医药分开，积极探索多种有效方式逐步改革以药补医机制。通过实行药品购销差别加价、设立药事服务费等多种方式逐步改革或取消药品加成政策，同时采取适当调整医疗服务价格、增加政府投入、改革支付方式等措施完善公立医院补偿机制。进一步完善财务、会计管理制度，严格预算管理，加强财务监管和运行监督。地方可结合本地实际，对有条件的医院开展"核定收支、以收抵支、超收上缴、差额补助、奖惩分明"等多种管理办法的试点。改革人事制度，完善分配激励机制，推行聘用制度和岗位管理制度，严格工资总额管理，实行以服务质量及岗位工作量为主的综合绩效考核和岗位绩效工资制度，有效调动医务人员的积极性。

健全医疗保险经办机构运行机制。完善内部治理结构，建立合理的用人机制和分配制度，完善激励约束机制，提高医疗保险经办管理能力和管理效率。

（十）建立政府主导的多元卫生投入机制。明确政府、社会与个人的卫生投入责任。确立政府在提供公共卫生和基本医疗服务中的主导地位。公共卫生服务主要通过政府筹资，向城乡居民均等化提供。基本医疗服务由政府、社会和个人三方合理分担费用。特需医疗服务由个人直接付费或通过商业健康保险支付。

建立和完善政府卫生投入机制。中央政府和地方政府都要增加对卫生的投入，并兼顾供给方和需求方。逐步提高政府卫生投入占卫生总费用的比重，使居民个人基本医疗卫生费用负担有效减轻；政府卫生投入增长幅度要高于经常性财政支出的增长幅度，使政府卫生投入占经常性财政支出的比重逐步提高。新增政府卫生投入重点用于支持公共卫生、农村卫生、城市社区卫生和基本医疗保障。

按照分级负担的原则合理划分中央和地方各级政府卫生投入责任。地方政府承担主要责任，中央政府主要对国家免疫规划、跨地区的重大传染疾病预防控制等公共卫生、城乡居民的基本医疗保障以及有关公立医疗卫生机构建设等给予补助。加大中央、省级财政对困难地区的专项转移支付力度。

完善政府对公共卫生的投入机制。专业公共卫生服务机构的人员经费、发展建设和业务经费由政府全额安排，按照规定取得的服务收入上缴财政专户或纳入预算管理。逐步提高人均公共卫生经费，健全公共卫生服务经费保障机制。

完善政府对城乡基层医疗卫生机构的投入机制。政府负责其举办的乡镇卫生院、城市社区卫生服务中心（站）按国家规定核定的基本建设经费、设备购置经费、人员经费和其承担公共卫生服务的业务经费，使其正常运行。对包括社会力量举办的所有乡镇卫生院和城市社区卫生服务机构，各地都可采取购买服务等方式核定政府补助。支持村卫生室建设，对乡村医生承担的公共卫生服务等任务给予合理补助。

落实公立医院政府补助政策。逐步加大政府投入，主要用于基本建设和设备购置、扶持重点学科发展、符合国家规定的离退休人员费用和补贴政策性亏损等，对承担的公共卫生服务等任务给予专项补助，形成规范合理的公立医院政府投入机制。对中医院（民族医院）、传染病院、精神病院、职业病防治院、妇产医院和儿童医院等在投入政策上予以倾斜。严格控制公立医院建设规模、标准和贷款行为。

完善政府对基本医疗保障的投入机制。政府提供必要的资金支持新型农村合作医疗、城镇居民基本医疗保险、城镇职工基本医疗保险和城乡医疗救助制度的建立和完善。保证相关经办机构正常经费。

鼓励和引导社会资本发展医疗卫生事业。积极促进非公立医疗卫生机构发展，形成投资主体多元化、投资方式多样化的办医体制。抓紧制定和完善有关政策法规，规范社会资本包括境外资本办医疗机构的准入条件，完善公平公正的行业管理政策。鼓励社会资本依法兴办非营利性医疗机构。国家制定公立医院改制的指导性意见，积极引导社会资本以多种方式参与包括国有企业所办医院在内的部分公立医院改制重组。稳步推进公立医院改制的试点，适度降低公立医疗机构比重，形成公立医院与非公立医院相互促进、共同发展的格局。支持有资质人员依法开业，方便群众就医。完善医疗机构分类管理政策和税收优惠政策。依法加强对社会力量办医的监管。

大力发展医疗慈善事业。制定相关优惠政策，鼓励社会力量兴办慈善医疗机构，或向医疗救助、医疗机构等慈善捐赠。

（十一）建立科学合理的医药价格形成机制。规范医疗服务价格管理。对非营利性医疗机构提供的基本医疗服务，实行政府指导价，其余由医疗机构自主定价。中央政府负责制定医疗服务价格政策及项目、定价原则及方法；省或市级价格主管部门会同卫生、人力资源社会保障部门核定基本医疗服务指导价格。基本医疗服务价格按照扣除财政补助的服务成本制定，体现医疗服务合理成本和技术劳务价值。不同级别的医疗机构和医生提供的服务，实行分级定价。规范公立医疗机构收费项目和标准，研究探索按病种收费等收费方式改革。建立医用设备仪器价格监测、检查治疗服务成本监审及其价格定期调整制度。

改革药品价格形成机制。合理调整政府定价范围，改进定价方法，提高透明度，利用价格杠杆鼓励企业自主创新，促进国家基本药物的生产和使用。对新药和专利药品逐步实行定价前药物经济性评价制度。对仿制药品实行后上市价格从低定价制度，抑制低水平重复建设。严格控制药品流通环节差价率。对医院销售药品开展差别加价、收取药事服务费等试点，引导医院合理用药。加强医用耗材及植（介）入类医疗器械流通和使用环节价格的控制和管理。健全医药价格监测体系，规范企业自主定价行为。

积极探索建立医疗保险经办机构与医疗机构、药品供应商的谈判机制，发挥医疗保障对医疗服务和药品费用的制约作用。

（十二）建立严格有效的医药卫生监管体制。强化医疗卫生监管。健全卫生监督执法体系，加强城乡卫生监督机构能力建设。强化医疗卫生服务行为和质量监管，完善医疗卫生服务标准和质量评价体系，规范管理制度和工作流程，加快制定统一的疾病诊疗规范，健全医疗卫生服务质量监测网络。加强医疗卫生机构的准入和运行监管。加强对生活饮用水安全、职业危害防治、食品安全、医疗废弃物处置等社会公共卫生的监管。依法严厉打击各种危害人民群众身体健康和生命安全的违法行为。

完善医疗保障监管。加强对医疗保险经办、基金管理和使用等环节的监管，建立医疗保险基金有效使用和风险防范机制。强化医疗保障对医疗服务的监控作用，完善支付制度，积极探索实行按人头付费、按病种付费、总额预付等方式，建立激励与惩戒并重的有效约束机制。加强商业健康保险监管，促进规范发展。

加强药品监管。强化政府监管责任，完善监管体系建设，严格药品研究、生产、流通、使用、价格和广告的监管。落实药品生产质量管理规范，加强对高风险品种生产的监管。严格实施药品经营管理规范，探索建立药品经营许可分类、分级的管理模式，加大重点品种的监督抽验力度。建立农村药品监督网。加强政府对药品价格的监管，有效抑制虚高定价。规范药品临床使用，发挥执业药师指导合理用药与药品质量管理方面的作用。

建立信息公开、社会多方参与的监管制度。鼓励行业协会等社会组织和个人对政府部门、医药机构和相关体系的运行绩效进行独立评价和监督。加强行业自律。

（十三）建立可持续发展的医药卫生科技创新机制和人才保障机制。推进医药卫生科技进步。把医药卫生科技创新作为国家科技发展的重点，努力攻克医药科技难关，为人民群众健康提供技术保障。加大医学科研投入，深化医药卫生科技体制和机构改革，整合优势医学科研资源，加快实施医药科技重大专项，鼓励自主创新，加强对重大疾病防治技术和新药研制关键技术等的研究，在医学基础和应用研究、高技术研究、中医和中西医结合研究等方面力求新的突破。开发生产适合我国国情的医疗器械。广泛开展国际卫生科技合作交流。

加强医药卫生人才队伍建设。制定和实施人才队伍建设规划，重点加强公共卫生、农村卫生、城市社区卫生专业技术人员和护理人员的培养培训。制定优惠政策，鼓励优秀卫生人才到农村、城市社区和中西部地区服务。对长期在城乡基层工作的卫生技术人员在职称晋升、业务培训、待遇政策等方面给予适当倾斜。完善全科医师任职资格制度，健全农村和城市社区卫生人员在岗培训制度，鼓励参加学历教育，促进乡村医生执业规范化，尽快实现基层医疗卫生机构都有合格的全科医生。加强高层次科研、医疗、卫生管理等人才队伍建设。建立住院医师规范化培训制度，强化继续医学教育。加强护理队伍建设，逐步解决护理人员比例过低的问题。培育壮大中医药人才队伍。稳步推动医务人员的合理流动，促进不同医疗机构之间人才的纵向和横向交流，研究探索注册医师多点执业。规范医院管理者的任职条件，逐步形成一支职业化、专业化的医疗机构管理队伍。

调整高等医学教育结构和规模。加强全科医学教育，完善标准化、规范化的临床医学教育，提高医学教育质量。加大医学教育投入，大力发展面向农村、社区的高等医学本专科教育，采取定向免费培养等多种方式，为贫困地区农村培养实用的医疗卫生人才，造就大批扎根农村、服务农民的合格医生。

构建健康和谐的医患关系。加强医德医风建设，重视医务人员人文素养培养和职业素质教育，大力弘扬救死扶伤精神。优化医务人员执业环境和条件，保护医务人员的合法权益，调动医务人员改善服务和提高效率的积极性。完善医疗执业保险，开展医务社会工作，完善医疗纠纷处理机制，增进医患沟通。在全社会形成尊重医学科学、尊重医疗卫生工作者、尊重患者的良好风气。

（十四）建立实用共享的医药卫生信息系统。大力推进医药卫生信息化建设。以推进公共卫生、医疗、医保、药品、财务监管信息化建设为着力点，整合资源，加强信息标准化和公共服务信息平台建设，逐步实现统一高效、互联互通。

加快医疗卫生信息系统建设。完善以疾病控制网络为主体的公共卫生信息系统，提高预测预警和分析报告能力；以建立居民健康档案为重点，构建乡村和社区卫生信息网络平台；以医院管理和电子病历为重点，推进医院信息化建设；利用网络信息技术，促进城市医院与社区卫生服务机构的合作。积极发展面向农村及边远地区的远程医疗。

建立和完善医疗保障信息系统。加快基金管理、费用结算与控制、医疗行为管理与监督、参保单位和个人管理服务等具有复合功能的医疗保障信息系统建设。加强城镇职工基本医疗保险、城镇居民基本医疗保险、新型农村合作医疗和医疗救助信息系统建设，实现与医疗机构信息系统的对接，积极推广"一卡通"等办法，方便参保（合）人员就医，增加医疗服务的透明度。

建立和完善国家、省、市三级药品监管、药品检验检测、药品不良反应监测信息网络。建立基本药物供求信息系统。

(十五)建立健全医药卫生法律制度。完善卫生法律法规。加快推进基本医疗卫生立法,明确政府、社会和居民在促进健康方面的权利和义务,保障人人享有基本医疗卫生服务。建立健全卫生标准体系,做好相关法律法规的衔接与协调。加快中医药立法工作。完善药品监管法律法规。逐步建立健全与基本医疗卫生制度相适应、比较完整的卫生法律制度。

推进依法行政。严格、规范执法,切实提高各级政府运用法律手段发展和管理医药卫生事业的能力。加强医药卫生普法工作,努力创造有利于人民群众健康的法治环境。

五、着力抓好五项重点改革,力争近期取得明显成效

为使改革尽快取得成效,落实医疗卫生服务的公益性质,着力保障广大群众看病就医的基本需求,按照让群众得到实惠,让医务人员受到鼓舞,让监管人员易于掌握的要求,2009—2011年着力抓好五项重点改革。

(十六)加快推进基本医疗保障制度建设。基本医疗保障制度全面覆盖城乡居民,3年内城镇职工基本医疗保险、城镇居民基本医疗保险和新型农村合作医疗参保(合)率均达到90%以上;城乡医疗救助制度覆盖到全国所有困难家庭。以提高住院和门诊大病保障为重点,逐步提高筹资和保障水平,2010年各级财政对城镇居民基本医疗保险和新型农村合作医疗的补助标准提高到每人每年120元。做好医疗保险关系转移接续和异地就医结算服务。完善医疗保障管理体制机制。有效减轻城乡居民个人医药费用负担。

(十七)初步建立国家基本药物制度。建立比较完整的基本药物遴选、生产供应、使用和医疗保险报销的体系。2009年,公布国家基本药物目录;规范基本药物采购和配送;合理确定基本药物的价格。从2009年起,政府举办的基层医疗卫生机构全部配备和使用基本药物,其他各类医疗机构也都必须按规定使用基本药物,所有零售药店均应配备和销售基本药物;完善基本药物的医保报销政策。保证群众基本用药的可及性、安全性和有效性,减轻群众基本用药费用负担。

(十八)健全基层医疗卫生服务体系。加快农村三级医疗卫生服务网络和城市社区卫生服务机构建设,发挥县级医院的龙头作用,用3年时间建成比较完善的基层医疗卫生服务体系。加强基层医疗卫生人才队伍建设,特别是全科医生的培养培训,着力提高基层医疗卫生机构服务水平和质量。转变基层医疗卫生机构运行机制和服务模式,完善补偿机制。逐步建立分级诊疗和双向转诊制度,为群众提供便捷、低成本的基本医疗卫生服务。

(十九)促进基本公共卫生服务逐步均等化。国家制定基本公共卫生服务项目,从2009年起,逐步向城乡居民统一提供疾病预防控制、妇幼保健、健康教育等基本公共卫生服务。实施国家重大公共卫生服务项目,有效预防控制重大疾病及其危险因素,进一步提高突发重大公共卫生事件处置能力。健全城乡公共卫生服务体系,完善公共卫生服务经费保障机制,2009年人均基本公共卫生服务经费标准不低于15元,到2011年不低于20元。加强绩效考核,提高服务效率和质量。逐步缩小城乡居民基本公共卫生服务差距,力争让群众少生病。

(二十)推进公立医院改革试点。改革公立医院管理体制、运行机制和监管机制,积极探索政事分开、管办分开的有效形式。完善医院法人治理结构。推进公立医院补偿机制改革，加大政府投入，完善公立医院经济补偿政策，逐步解决"以药补医"问题。加快形成多元化办医格局，鼓励民营资本举办非营利性医院。大力改进公立医院内部管理，优化服务流程，规范诊疗行为，调动医务人员的积极性，提高服务质量和效率，明显缩短病人等候时间，实现同级医疗机构检查结果互认，努力让群众看好病。

六、积极稳妥推进医药卫生体制改革

（二十一）提高认识，加强领导。各级党委和政府要充分认识深化医药卫生体制改革的重要性、紧迫性和艰巨性，提高认识、坚定信心，切实加强组织领导，把解决群众看病就医问题作为改善民生、扩大内需的重点摆上重要议事日程，明确任务分工，落实政府的公共医疗卫生责任。成立国务院深化医药卫生体制改革领导小组，统筹组织实施深化医药卫生体制改革。国务院有关部门要认真履行职责，密切配合，形成合力，加强监督考核。地方政府要按照本意见和实施方案的要求，因地制宜制定具体实施方案和有效措施，精心组织，有序推进改革进程，确保改革成果惠及全体人民群众。

（二十二）突出重点，分步实施。建立覆盖城乡居民的基本医疗卫生制度是一项长期任务，要坚持远近结合，从基础和基层起步，近期重点抓好基本医疗保障制度、国家基本药物制度、基层医疗卫生服务体系、基本公共卫生服务均等化和公立医院改革试点五项改革。要抓紧制定操作性文件和具体方案，进一步深化、细化政策措施，明确实施步骤，做好配套衔接，协调推进各项改革。

（二十三）先行试点，逐步推开。医药卫生体制改革涉及面广、情况复杂、政策性强，一些重大改革要先行试点。国务院深化医药卫生体制改革领导小组负责制定试点原则和政策框架，统筹协调、指导各地试点工作。各省区市制定具体试点方案并组织实施。鼓励地方结合当地实际，开展多种形式的试点，积极探索有效的实现途径，并及时总结经验，逐步推开。

（二十四）加强宣传，正确引导。深化医药卫生体制改革需要社会各界和广大群众的理解、支持和参与。要坚持正确的舆论导向，广泛宣传改革的重大意义和主要政策措施，积极引导社会预期，增强群众信心，使这项惠及广大人民群众的重大改革深入人心，为深化改革营造良好的舆论环境。

医药卫生体制改革近期重点实施方案（2009～2011年）

根据《中共中央国务院关于深化医药卫生体制改革的意见》（中发［2009］6号，以下简称《意见》），2009～2011年重点抓好五项改革：一是加快推进基本医疗保障制度建设；二是初步建立国家基本药物制度；三是健全基层医疗卫生服务体系；四是促进基本公共卫生服务逐步均等化；五是推进公立医院改革试点。推进五项重点改革，旨在着力解决群众反映较多的"看病难、看病贵"问题。推进基本医疗保障制度建设，将全体城乡居民纳入基本医疗保障制度，切实减轻群众个人支付的医药费用负担。建立国家基本药物制度，完善基层医疗卫生服务体系，方便群众就医，充分发挥中医药作用，降低医疗服务和药品价格。促进基本公共卫生服务逐步均等化，使全体城乡居民都能享受基本公共卫生服务，最大限度地预防疾病。推进公立医院改革试点，提高公立医疗机构服务水平，努力解决群众"看好病"问题。

推进五项重点改革，旨在落实医疗卫生事业的公益性质，具有改革阶段性的鲜明特征。把基本医疗卫生制度作为公共产品向全民提供，实现人人享有基本医疗卫生服务，这是我国医疗卫生事业发展从理念到体制的重大变革,是贯彻落实科学发展观的本质要求。医药卫生体制改革是艰巨而长期的任务,需要分阶段有重点地推进。要处理好公平与效率的关系,在改革初期首先着力解决公平问题,保障广大群众看病就医的基本需求,并随着经济社会发展逐步提高保障水平。逐步解决城镇职工基本医疗保险、城镇居民基本医疗保险、新型农村合作医疗制度之间的衔接问题。鼓励社会资本投入,发展多层次、多样化的医疗卫生服务,统筹利用全社会的医疗卫生资源,提高服务效率和质量,满足人民群众多样化的医疗卫生需求。

推进五项重点改革,旨在增强改革的可操作性,突出重点,带动医药卫生体制全面改革。建立基本医疗卫生制度是一项重大制度创新,是医药卫生体制全面改革的关键环节。五项重点改革涉及医疗保障制度建设、药品供应保障、医药价格形成机制、基层医疗卫生机构建设、公立医疗机构改革、医疗卫生投入机制、医务人员队伍建设、医药卫生管理体制等关键环节和重要领域。抓好这五项改革,目的是从根本上改变部分城乡居民没有医疗保障和公共医疗卫生服务长期薄弱的状况,扭转公立医疗机构趋利行为,使其真正回归公益性,有效解决当前医药卫生领域的突出问题,为全面实现医药卫生体制改革的长远目标奠定坚实基础。

一、加快推进基本医疗保障制度建设

(一)扩大基本医疗保障覆盖面。三年内,城镇职工基本医疗保险(以下简称城镇职工医保)、城镇居民基本医疗保险(以下简称城镇居民医保)和新型农村合作医疗(以下简称新农合)覆盖城乡全体居民,参保率均提高到90%以上。用两年左右时间,将关闭破产企业退休人员和困难企业职工纳入城镇职工医保,确有困难的,经省级人民政府批准后,参加城镇居民医保。关闭破产企业退休人员实现医疗保险待遇与企业缴费脱钩。中央财政对困难地区的国有关闭破产企业退休人员参保给予适当补助。2009年全面推开城镇居民医保制度,将在校大学生全部纳入城镇居民医保范围。积极推进城镇非公有制经济组织从业人员、灵活就业人员和农民工参加城镇职工医保。政府对符合就业促进法规定的就业困难人员参加城镇职工医保的参保费用给予补贴。灵活就业人员自愿选择参加城镇职工医保或城镇居民医保。参加城镇职工医保有困难的农民工,可以自愿选择参加城镇居民医保或户籍所在地的新农合。

(二)提高基本医疗保障水平。逐步提高城镇居民医保和新农合筹资标准和保障水平。2010年,各级财政对城镇居民医保和新农合的补助标准提高到每人每年120元,并适当提高个人缴费标准,具体缴费标准由省级人民政府制定。城镇职工医保、城镇居民医保和新农合对政策范围内的住院费用报销比例逐步提高。逐步扩大和提高门诊费用报销范围和比例。将城镇职工医保、城镇居民医保最高支付限额分别提高到当地职工年平均工资和居民可支配收入的6倍左右,新农合最高支付限额提高到当地农民人均纯收入的6倍以上。

(三)规范基本医疗保障基金管理。各类医保基金要坚持以收定支、收支平衡、略有结余的原则。合理控制城镇职工医保基金、城镇居民医保基金的年度结余和累计结余,结余过多的地方要采取提高保障水平等办法,把结余逐步降到合理水平。新农合统筹基金当年结余率原则上控制在15%以内,累计结余不超过当年统筹基金的25%。建立基本医疗保险基金风险调剂金制度。基金收支情况要定期向社会公布。提高基金统筹层次,2011年城镇职工医保、城镇居民医保基本实现市(地)级统筹。

(四)完善城乡医疗救助制度。有效使用救助资金,简化救助资金审批发放程序,资助城乡低保家庭成员、五保户参加城镇居民医保或新农合,逐步提高对经济困难家庭成员自负医疗费用的补助标准。

（五）提高基本医疗保障管理服务水平。鼓励地方积极探索建立医保经办机构与医药服务提供方的谈判机制和付费方式改革，合理确定药品、医疗服务和医用材料支付标准，控制成本费用。改进医疗保障服务，推广参保人员就医"一卡通"，实现医保经办机构与定点医疗机构直接结算。允许参加新农合的农民在统筹区域内自主选择定点医疗机构就医，简化到县域外就医的转诊手续。建立异地就医结算机制，探索异地安置的退休人员就地就医、就地结算办法。制定基本医疗保险关系转移接续办法，解决农民工等流动就业人员基本医疗保障关系跨制度、跨地区转移接续问题。做好城镇职工医保、城镇居民医保、新农合、城乡医疗救助之间的衔接。探索建立城乡一体化的基本医疗保障管理制度，并逐步整合基本医疗保障经办管理资源。在确保基金安全和有效监管的前提下，积极提倡以政府购买医疗保障服务的方式，探索委托具有资质的商业保险机构经办各类医疗保障管理服务。

二、初步建立国家基本药物制度

（六）建立国家基本药物目录遴选调整管理机制。制订国家基本药物遴选和管理办法。基本药物目录定期调整和更新。2009年初，公布国家基本药物目录。

（七）初步建立基本药物供应保障体系。充分发挥市场机制作用，推动药品生产流通企业兼并重组，发展统一配送，实现规模经营；鼓励零售药店发展连锁经营。完善执业药师制度，零售药店必须按规定配备执业药师为患者提供购药咨询和指导。政府举办的医疗卫生机构使用的基本药物，由省级人民政府指定的机构公开招标采购，并由招标选择的配送企业统一配送。参与投标的生产企业和配送企业应具备相应的资格条件。招标采购药品和选择配送企业，要坚持全国统一市场，不同地区、不同所有制企业平等参与、公平竞争。药品购销双方要根据招标采购结果签订合同并严格履约。用量较少的基本药物，可以采用招标方式定点生产。完善基本药物国家储备制度。加强药品质量监管，对药品定期进行质量抽检，并向社会公布抽检结果。

国家制定基本药物零售指导价格。省级人民政府根据招标情况在国家指导价格规定的幅度内确定本地区基本药物统一采购价格，其中包含配送费用。政府举办的基层医疗卫生机构按购进价格实行零差率销售。鼓励各地探索进一步降低基本药物价格的采购方式。

（八）建立基本药物优先选择和合理使用制度。所有零售药店和医疗机构均应配备和销售国家基本药物，满足患者需要。不同层级医疗卫生机构基本药物使用率由卫生行政部门规定。从2009年起，政府举办的基层医疗卫生机构全部配备和使用基本药物，其他各类医疗机构也都必须按规定使用基本药物。卫生行政部门制订临床基本药物应用指南和基本药物处方集，加强用药指导和监管。允许患者凭处方到零售药店购买药物。基本药物全部纳入基本医疗保障药品报销目录，报销比例明显高于非基本药物。

三、健全基层医疗卫生服务体系

（九）加强基层医疗卫生机构建设。完善农村三级医疗卫生服务网络。发挥县级医院的龙头作用，三年内中央重点支持2000所左右县级医院（含中医院）建设，使每个县至少有1所县级医院基本达到标准化水平。完善乡镇卫生院、社区卫生服务中心建设标准。2009年，全面完成中央规划支持的2.9万所乡镇卫生院建设任务，再支持改扩建5000所中心乡镇卫生院，每个县1~3所。支持边远地区村卫生室建设，三年内实现全国每个行政村都有卫生室。三年内新建、改造3700所城市社区卫生服务中心和1.1万个社区卫生服务站。中央支持困难地区2400所城市社区卫生服务中心建设。公立医院资源过剩地区，要进行医疗资源重组，充实和加强基层医疗卫生机构。对社会力量举办基层医疗卫生机构提供的公共卫生服务，采取政府购买服务等方式给予补偿；对其提供的基本医疗服务，通过签订医疗保险定点合同等方式，由基本医疗保障基金等渠道补偿。鼓励有资质的人员开办诊所或个体行医。

（十）加强基层医疗卫生队伍建设。制定并实施免费为农村定向培养全科医生和招聘执业医师计划。用三年时间，分别为乡镇卫生院、城市社区卫生服务机构和村卫生室培训医疗卫生人员36万人次、16万人次和137万人次。完善城市医院对口支援农村制度。每所城市三级医院要与3所左右县级医院（包括有条件的乡镇卫生院）建立长期对口协作关系。继续实施"万名医师支援农村卫生工程"。采取到城市大医院进修、参加住院医师规范化培训等方式，提高县级医院医生水平。

落实好城市医院和疾病预防控制机构医生晋升中高级职称前到农村服务一年以上的政策。鼓励高校医学毕业生到基层医疗机构工作。从2009年起，对志愿去中西部地区乡镇卫生院工作三年以上的高校医学毕业生，由国家代偿学费和助学贷款。

（十一）改革基层医疗卫生机构补偿机制。基层医疗卫生机构运行成本通过服务收费和政府补助补偿。政府负责其举办的乡镇卫生院、城市社区卫生服务中心和服务站按国家规定核定的基本建设、设备购置、人员经费及所承担公共卫生服务的业务经费，按定额定项和购买服务等方式补助。医务人员的工资水平，要与当地事业单位工作人员平均工资水平相衔接。基层医疗卫生机构提供的医疗服务价格，按扣除政府补助后的成本制定。实行药品零差率销售后，药品收入不再作为基层医疗卫生机构经费的补偿渠道，不得接受药品折扣。探索对基层医疗卫生机构实行收支两条线等管理方式。

政府对乡村医生承担的公共卫生服务等任务给予合理补助，补助标准由地方人民政府规定。

（十二）转变基层医疗卫生机构运行机制。基层医疗卫生机构要使用适宜技术、适宜设备和基本药物，大力推广包括民族医药在内的中医药，为城乡居民提供安全有效和低成本服务。乡镇卫生院要转变服务方式，组织医务人员在乡村开展巡回医疗；城市社区卫生服务中心和服务站对行动不便的患者要实行上门服务、主动服务。鼓励地方制定分级诊疗标准，开展社区首诊制试点，建立基层医疗机构与上级医院双向转诊制度。全面实行人员聘用制，建立能进能出的人力资源管理制度。完善收入分配制度，建立以服务质量和服务数量为核心、以岗位责任与绩效为基础的考核和激励制度。

四、促进基本公共卫生服务逐步均等化

（十三）基本公共卫生服务覆盖城乡居民。制定基本公共卫生服务项目，明确服务内容。从2009年开始，逐步在全国统一建立居民健康档案，并实施规范管理。定期为65岁以上老年人做健康检查、为3岁以下婴幼儿做生长发育检查、为孕产妇做产前检查和产后访视，为高血压、糖尿病、精神疾病、艾滋病、结核病等人群提供防治指导服务。普及健康知识，2009年开设中央电视台健康频道，中央和地方媒体均应加强健康知识宣传教育。

（十四）增加国家重大公共卫生服务项目。继续实施结核病、艾滋病等重大疾病防控和国家免疫规划、农村妇女住院分娩等重大公共卫生项目。从2009年开始开展以下项目：为15岁以下人群补种乙肝疫苗；消除燃煤型氟中毒危害；农村妇女孕前和孕早期补服叶酸等，预防出生缺陷；贫困白内障患者复明；农村改水改厕等。

（十五）加强公共卫生服务能力建设。重点改善精神卫生、妇幼卫生、卫生监督、计划生育等专业公共卫生机构的设施条件。加强重大疾病以及突发公共卫生事件预测预警和处置能力。积极推广和应用中医药预防保健方法和技术。落实传染病医院、鼠防机构、血防机构和其他疾病预防控制机构从事高风险岗位工作人员的待遇政策。

（十六）保障公共卫生服务所需经费。专业公共卫生机构人员经费、发展建设经费、公用经费和业务经费由政府预算全额安排，服务性收入上缴财政专户或纳入预算管理。按项目为城乡居民免费提供基本公共卫生服务。提高公共卫生服务经费标准。2009年人均基本公共卫生服务经费标准不低于15元，2011年不低于20元。中央财政通过转移支付对困难地区给予补助。

五、推进公立医院改革试点

（十七）改革公立医院管理体制、运行机制和监管机制。公立医院要坚持维护公益性和社会效益原则，以病人为中心。鼓励各地积极探索政事分开、管办分开的有效形式。界定公立医院所有者和管理者的责权。完善医院法人治理结构。推进人事制度改革，明确院长选拔任用和岗位规范，完善医务人员职称评定制度，实行岗位绩效工资制度。建立住院医师规范化培训制度。鼓励地方探索注册医师多点执业的办法和形式。强化医疗服务质量管理。规范公立医院临床检查、诊断、治疗、使用药物和植（介）入类医疗器械行为，优先使用基本药物和适宜技术，实行同级医疗机构检查结果互认。

探索建立由卫生行政部门、医疗保险机构、社会评估机构、群众代表和专家参与的公立医院质量监管和评价制度。严格医院预算和收支管理，加强成本核算与控制。全面推行医院信息公开制度，接受社会监督。

（十八）推进公立医院补偿机制改革。逐步将公立医院补偿由服务收费、药品加成收入和财政补助三个渠道改为服务收费和财政补助两个渠道。政府负责公立医院基本建设和大型设备购置、重点学科发展、符合国家规定的离退休人员费用和政策性亏损补偿等，对公立医院承担的公共卫生任务给予专项补助，保障政府指定的紧急救治、援外、支农、支边等公共服务经费，对中医院（民族医院）、传染病医院、职业病防治院、精神病医院、妇产医院和儿童医院等在投入政策上予以倾斜。严格控制公立医院建设规模、标准和贷款行为。推进医药分开，逐步取消药品加成，不得接受药品折扣。医院由此减少的收入或形成的亏损通过增设药事服务费、调整部分技术服务收费标准和增加政府投入等途径解决。药事服务费纳入基本医疗保险报销范围。积极探索医药分开的多种有效途径。适当提高医疗技术服务价格，降低药品、医用耗材和大型设备检查价格。定期开展医疗服务成本测算，科学考评医疗服务效率。

公立医院提供特需服务的比例不超过全部医疗服务的10%。鼓励各地探索建立医疗服务定价由利益相关方参与协商的机制。

（十九）加快形成多元办医格局。省级卫生行政部门会同有关部门，按照区域卫生规划，明确辖区内公立医院的设置数量、布局、床位规模、大型医疗设备配置和主要功能。要积极稳妥地把部分公立医院转制为民营医疗机构。制定公立医院转制政策措施，确保国有资产保值和职工合法权益。

鼓励民营资本举办非营利性医院。民营医院在医保定点、科研立项、职称评定和继续教育等方面，与公立医院享受同等待遇；对其在服务准入、监督管理等方面一视同仁。落实非营利性医院税收优惠政策，完善营利性医院税收政策。

公立医院改革2009年开始试点，2011年逐步推开。

六、保障措施

（二十）加强组织领导。国务院深化医药卫生体制改革领导小组统筹组织和协调改革工作。国务院有关部门要抓紧研究制定相关配套文件。各级政府要切实加强领导，抓好组织落实，加快推进各项重点改革。

(二十一)加强财力保障。各级政府要认真落实《意见》提出的各项卫生投入政策,调整支出结构,转变投入机制,改革补偿办法,切实保障改革所需资金,提高财政资金使用效益。为了实现改革的目标,经初步测算,2009~2011年各级政府需要投入8500亿元,其中中央政府投入3318亿元。

　　(二十二)鼓励各地试点。医药卫生体制改革涉及面广,情况复杂,政策性强,一些重大改革要先行试点,逐步推开。各地情况差别很大,要鼓励地方因地制宜制定具体实施方案,开展多种形式的试点,进行探索创新。国务院深化医药卫生体制改革领导小组负责统筹协调、指导各地试点工作。要注意总结和积累经验,不断深入推进改革。

　　(二十三)加强宣传引导。坚持正确的舆论导向,制定分步骤、分阶段的宣传方案;采取通俗易懂、生动形象的方式,广泛宣传实施方案的目标、任务和主要措施,解答群众关心的问题;及时总结、宣传改革经验,为深化改革营造良好的社会和舆论环境。

资 料 库

中国医药改革里程

　　我国医药行业真正意义上的发展是从1978年改革开放开始的。纵观我国医药行业的发展历程,可以将其分为四个发展阶段。

　　第一阶段:我国医药行业的起步阶段

　　1978年的改革开放,是我国医药行业发展的标志和开端。而我国医药改革也就此展开。当时改革的整体思路就是要放开医药行业,实现医药行业的市场化。当时的口号是"不要找市长,要找市场。"改革的目标和核心是,扭转计划经济体制下的国家调控措施,尽可能地放权让利,以此来调动各方面的积极性。

　　从1978年开始后的十年,尽管我国医药行业有了开始发展的基础和条件,但是源于技术水平和生产条件的限制,我国医药行业自身的生产能力还不能够满足于国内药品消费的需求。所以说在这一阶段我国医药行业的发展表现出了以下三个方面的特点。

　　(1) 国内医药行业主要是以提供基础用药为主。而在基础用药之外的其他药品需求的满足,主要是通过外资药业的进入来补充的。

　　(2) 外资药业的介入主要是通过两种模式来实现的:一种是产品代理模式,外资药业通过香港或新加坡等的代理商将其产品引入国内;另一种就是中外合资药业模式。也由此,在中国市场上产生了一大批的中外合资制药企业。其中包括最早成立于1984年的中国首家中外合资药业——中国大冢制药有限公司,以及中外驰名的上海施贵宝、西安杨森、中美史克、无锡华瑞和苏州胶囊等合资药业。在合资初期,外资药业多采用对等持股的方式。2008年,随着"两税"合一后,中国从招商引资转变为招商选资,外资药业在华也不断增资。

　　(3) 基于国内医药市场的需求和外资药业经营模式的借鉴和学习,我国本土医药企业不断发展壮大。1986年我国医药行业第一个企业集团——东北制药企业集团在沈阳成立,是我国医药企业蓬勃发展的良好开端。

　　第二阶段:我国医药行业的临床实验起步和国际规范化阶段

　　随着我国医药行业的进一步发展,临床试验和国际标准化成为我国医药市场的新课题。而20世纪90年代的整个10年间,正是我国医药行业临床实验和国际标准化发展的时期。

　　(1) 我国医药行业的临床实验起步。GMP理念的引入为药品临床实验工作奠定了必要的前提和条件,也有效地推动了这一工作的顺利开展。在这一阶段,中国医药行业发展的地域优势随着研究的展开逐步得以显现。具体的优势表现为收集样本多、完成速度快及成本低等方面,为此,卫生部成立了30多个临床试验中心。当然这也就成为了有效推动我国实施《药物临床试验质量管理规范》(GCP)的力量。

(2) 我国医药行业的标准化。1998年国家药品监督管理局的正式成立标志着我国药品实行统一监管和医药行业国际标准化的开始。而1999年,国家对GCP的颁布,更是为日后的中国医药行业蓬勃发展提供了稳健的平台和基础。由此,我国医药市场秩序得以逐步完善,医药行业及药品的管理,也逐渐地步入了国际化的轨道。

第三阶段:我国医药行业发展的瓶颈阶段

我国医药行业经过了20年的发展,进入到了一个技术水平迅猛提高、市场占有率却难以强盛的阶段。在这阶段我国医药行业发展主要表现出了以下特点。

(1) 药物研发水平大幅提升。在这一阶段,各种疑难病症领域的创新药品不断得以研制,给患者带来了临床获益。这其中包括对糖尿病和各种癌症药物的研发。

(2) 新药进入市场时效差。相对于药品的研发过程耗时而言,新药进入市场的时间更要明显长于其他药品研发大国。2002年执行的《中华人民共和国药品管理法实施条例》中规定"对药品生产企业生产的新药品种设立不超过5年的监测;在监测期内,不得批准其他企业生产和进口"。而在新药进入市场的其他环节,中国医药市场新药进入市场的时间与其他药品研发大国比较情况如表1-4所示。

表1-4 新药进入市场耗时中外情况比较

新药进入市场环节	其他药品研发大国所用时间	我国所用时间
新药进入药品报销目录	法国和美国是6个月;日本是3个月	平均3年
临床试验计划书	3个月	9~12个月
整体临床试验	1年	2~3年

由上可见,我国医药企业研发的新药真正进入市场的时间要比国外晚6~8年。

第四阶段:医药行业发展的稳健阶段

在21世纪的第二个10年里,我国医药行业的发展面临着新的形式和环境,在新的经济形势和环境下如何得以更好地发展,已成为医药行业内诸企业的新任务和新挑战。

而2003年爆发的"非典",在向人们施展病毒的残酷和无情的同时,更向人们敲响了必须改善医疗条件和提高医疗技术水平的警钟,也因此揭开了我国医药行业新一轮改革的序幕。

经过三年的研讨和反复论证,于2006年确定了由政府为主导的医改思路。具体措施就是,要建立覆盖城乡的医疗卫生制度,并恢复医院的公益性定位。

开始于2009年的新一轮医药行业改革,其根本宗旨就是医药行业发展的实效化的落实。改革完善内容之多和改革力度之大都表明了此次国家医药改革的决心和目标。2009年医改方案的重点项目涉及基本医疗保障制度建设、国家基本药物制度的建立、基层医疗卫生服务体系的健全、基本公共卫生服务的均等化以及公立医院改革试点的推进等方面。

为加快推进基本医疗保障制度建设,本次改革所采取的措施,包括以下几个方面。一是扩大基本医疗保障覆盖面,实现多层次、全方位、高覆盖率的新型医疗保障体系。二是提高基本医疗保障水平,分别采用提高补助标准和提高医保,最高支付限额等措施,来促进城镇居民医保和新农合筹资标准和保障水平的提高。三是规范基本医疗保障基金管理。四是完善城乡医疗救助制度。实现高效率,高资助的医疗救助状态。五是提高基本医疗保障管理服务水平,努力建立无地域差异、无城乡区别的医疗保障体系一体化状态。

在建立国家基本药物制度方面,所实施的具体措施包括:一是,建立国家基本药物目录遴选调整管理机制,并且,在 2009 年年初再一次明确公布了国家基本药物目录;二是,初步建立基本药物的供应保障体系,充分利用市场价值规律的杠杆作用,结合招标采购模式,建立低成本、高效率的基本药品保障体系,以满足药品市场需求;三是,建立基本药物优先选择和合理使用制度。通过药品销售的全销售机构覆盖,在增强医药市场行业竞争性的基础上,实现了对使用者需要的尽最大可能的满足。

在健全基层医疗卫生服务体系方面,所实施的措施包括:一是将农村三级医疗卫生服务机构和县级医院作为本次改革的重点对象,提高医疗卫生服务的基层化和全民化;二是加强基层医疗卫生队伍建设,通过定向培养和对口支援等具体措施,提高基层医疗卫生服务水平;三是改革基层医疗卫生机构补偿制度,通过实施服务收费和政府补助补偿相结合的模式,在保障基层医疗卫生机构的正常运营的同时,杜绝和打击基层医疗卫生机构的不良经营状态;四是转变基层医疗卫生机构运行机制,实施市场经济条件下的经营模式,多方面、多角度的满足医疗市场需求。

在促进基本公共卫生服务逐步均等化方面,所采取的具体措施包括:一是基本公共卫生服务覆盖城乡居民;二是增加国家重大公共卫生服务项目;三是加强公共卫生服务能力建设;四是保证公共卫生服务所需经费。

在推进公立医院改革试点方面,所采取的措施包括:一是改革公立医院管理体制与运行机制和监管机制;二是推进公立医院补偿机制改革;三是加快形成多元办医格局。

除此之外,在 2009 年的医疗改革方案中还有针对性地提出了本次改革的保障措施,以有效推进本次医疗改革的进程。

目前来看,新形势下医药企业所面临的新环境主要体现在以下几个方面。

(1) 市场需求因素发生变化。这主要集中体现在人口老龄化、居民城镇化、生活和消费水平的提高等方面。经济发展的这些方面,都为医药行业的发展提供了非常好的市场契机,必将进一步推进我国医药行业的蓬勃发展。

(2) 医疗管理体制发生变革。2009 年 4 月,新医改方案以及医疗卫生体制改革的正式启动,表明了政府加强药品监管和规范药品市场的决心和举措,这在带来医药市场重大变化的同时,无疑也是为市场中的医药行业发展提供了新的发展契机并提出了新的条件和要求。据统计,经过这次改革,在 2011 年底,中国基本医保的覆盖率就已经超过了 95%。根据国际领先医药咨询公司艾美仕(IMS)预测,2020 年前中国有希望超过美国,成为世界第一药品市场。

(3) 医药行业发展新兴产业化。医药行业作为国民经济发展的重要领域,在 2012 年被纳入到国务院印发的《"十二五"国家战略性新兴产业发展规划》中,生物医药被确定为战略性新兴产业,并将其发展重点集中于我国新药创制能力、生物技术药物的开发、生物医药产业国际化的推动以及药品质量管理体系的提高等方面。这无疑是给我国医药行业的发展带来了新的机遇,必将有效提高我国创新药物的研发速度和国产品牌仿制药的增速。

(4) 规范药品质量管理。在新药创新方面,不仅加快了重大疾病创新药物的研制和上市速度,而且重点开展了新药安全评价和新药临床研究工作。启动了作为国家重点项目的仿制药质量一致性评价工作。尤其 2011 年颁布的新版 GMP 要求,2015 年所有药品生产企业必须全部实施新版 GMP 认证。由此可见,我国医药行业发展的保障体系正在逐步完善,资源优化配置得以逐步实施,其国内外竞争力也必然得以逐步提高。

未来发展:医药行业发展的优化转型迫在眉睫

我国医药行业经过了近 40 年的发展,无论是在技术水平方面还是在生产能力方面都得到了极大的提高,成绩是喜人的。在国家对医药行业发展的大力重视和鼎力支持下,在稳健的市场环境中,医药行业的技术水平和生产能力的进一步提高势在必得。但是与此同时我们也不能忽视医药行业发展仍然存在着很多的缺陷和不足。尤其是来自于国际环境方面的诸多不稳定因素,必然会给我国医药行业尤其是外向型医药企业的发展带来不稳定的因素和新的挑战。更好地应对国际形势的新变化,迅速提高自身的竞争能力,就成为了我国医药行业下一步所面临的重要任务。

(资料来源:王国平,《中国医药论坛报》http://www.cmt.com.cn/detail/270191.html 由编者整理。)

案例链接

随着我国医药行业的发展,药品新理念逐步地被引入到我国的市场当中。现代药品行业的生产内容已经不局限于传统的医药产品,而是更多地涉足于具有药品功能的商品。我国医药行业中的药妆品的诞生正是这一药品生产理念的有力见证。事实上"药妆"这个概念并不是新生事物,早在20世纪80年代,美国就对药妆品进行了相关的开发和研制。

所谓的药妆品,就是具有药物功能的化妆品。其产品的使用功能和作用机理是结合了药品和化妆品的双重功效,借助于药物原理来调理肌肤的深层次物理状态,同时利用化妆品的功效来保养、美化、修饰和改变皮肤的外观。而药妆品有别于普通化妆品的一个特性就在于,这种化妆品是要必须经过医生的处置,有针对性地进行皮肤的药理治疗,进而从医学的角度来实现皮肤美容的效果。

而我国医药行业中药妆品的诞生和研制开发,正是我国医药行业发展、医药市场逐步成熟、竞争日益激烈所导致的业态定位多元化的充分体现。

作为一种新型的医药行业业态定位,药妆品的市场营销活动,并不是简单的"药店+化妆品"的模式,而是要根据具体的药妆品的特性和市场特点进行有针对性的、系统性的策划和管理。药妆品经营作为医药行业多元化经营的现代业态模式之一,所承担的任务就是要增加其本身的盈利水平,所扮演的角色就是提高市场竞争力的手段。药妆品的整体营销策划和活动内容都要围绕以上两个方面来开展。同时,在药妆品所兼具的药品性和化妆品性功能之间,要注重于其药品性功能的突出,以"健康"为主体,进行药妆品的宣传和销售,以此获得相对于单纯化妆品的优势。不仅如此,还能够积极发挥药妆品对其他相关药品之间的磁石效应和关联效应,进而带动药品的整体销售量。

实际上,从市场营销的角度来讲,多元化经营是开发市场、创新产品的结果,也是以市场需求为基础,为满足市场需求而细分消费者市场的过程。

(资料来源:《同仁堂年会国食药监万祥军演绎药妆药店营销企划》。由邹旭芳整理。http://www.chinamsr.com/2014/1215/82973.shtml)

◀◀◀ 小试牛刀 ▶▶▶

提到仁和药业,家喻户晓。可以说,仁和药业品牌策略的成功实施是医药行业界的典范。然而仁和药业品牌的创建和发展,却也是其努力和艰辛的历程。

仁和药业前身是成立于1996年的九江化纤股份有限公司。在2006年,仁和药业股份有限公司做了一件大事,实施了重大的资产重组,剥离原有的化纤类相关资产,将其注入医药资产。而在2009年，通过向特定对象非公开发行股票，和同时收购江西康美医药保健品有限公司及江西药都仁和制药有限公司股权两条途径壮大了自己的资金实力，真正转型为现代医药生产经营企业。并以此为基础，集聚了强大的科研力量，先后研制、开发了200多个医药、保健产品。

仁和药业在其品牌的成功运作下，目前已经形成了一个强大的品牌集团。这个品牌集团是由六大主导产品品牌组成，包括妇炎洁、可立克、闪亮、达舒克、优卡丹和可卡宁。这些品牌中的大部分商品都占据了相当大的国内市场份额，跃居为国内同类产品中的名牌产品。

事实上对于仁和药业来讲，在市场运作初期，对于不同系列产品所使用的品牌战略是有差异的齐肩并进策略。比如妇炎洁、闪亮、可立克和达舒克这四个品牌采取的是市场领先策略；而优卡丹和可卡宁则采用的是市场跟随策略。在稳步中求发展。表面上"仁和"是一支门类齐全的品牌生力军，实际上每个品牌大都在单兵作战，缺少合力，这样的局面对"仁和"品牌的长远发展极为不利。

而在经过一段时间的市场运作之后，仁和药业集团工作人员发现，原有的品牌策略并不是适合于任何药业的最优选择。于是，在对市场运作情况和需求形势进行分析之后，对原有的几大品牌并列推广的局面进行了协调和整顿。最终，仁和药业确定了自身的品牌战略模式，对其旗下品牌进行了主次的战术等级分类。将品牌力最强大的"妇炎洁"作为战略主导级品牌，来提升"仁和"的品牌知名度。而将"闪亮"、"达舒克"、"可立克"等不十分成熟的品牌作为战略次级品牌，采取加强宣传和"仁和"品牌的主导效应推动其发展。但是在具体产品的具体品牌策略的实施过程中，仍然是从市场需求出发、针对性地采取了最有效的营销策略。

策略一：仁和闪亮的市场差异化策略

仁和闪亮滴眼液在进入市场初期所面临的市场竞争压力是相当大的。这种竞争压力主要体现在三个方面：一是滴眼液市场需求的满足已经趋于饱和；二是产品本身的同质性决定了当时滴眼液的市场供给力量是非常强大的；三是当时市场上的几大滴眼液品牌实力相当强大，包括乐敦、润舒、正大福瑞达、润洁等品牌。

面对如此具有挑战性的市场形势，庞大的滴眼液市场需求潜力的进一步开发和挖掘成为仁和闪亮经营策略的重要突破口。仁和闪亮在注重滴眼液产品本身的使用功效和给消费者带来的消费体验的基础上，巧妙避开了市场上当时已经颇具规模、颇具影响力的新乐敦、小乐敦等产品，在自身的产品品牌架构和市场定位上做足了功课。从2003年问世起，仁和闪亮的消费定位就是适合于"有个性、有活力、有造力"、"闪亮一下，让积极的人生更精彩"的学生和年轻上班族群消费的日用型滴眼液产品。仁和闪亮滴眼液在其品牌策略的实施方面，不仅有效把握住了目标市场消费者的心理和行为特征，有效支撑了自身的市场定位和销售业绩，获取了大量的品牌忠诚者，而且充分利用多种媒体和娱乐渠道，扩大其品牌影响力。2005年"闪亮新主播"正是仁和闪亮品牌娱乐宣传策略实施的开端的有力证明。

策略二：与时俱进，网络应用

仁和闪亮能够得以迅猛发展的另一个原因就在于，仁和集团能够有效地把握住时代的脉搏和消费者的新闻主流。在网络化日益蓬勃发展的背景下，学生和年轻上班族也成了利用网络进行沟通和传递信息的主力军。而网络营销渠道则成为了仁和药业产品宣传的另一个有效突破口。为了能够更好地结合娱乐宣传和网络营销两大宣传途径，仁和药业实施了以"实体、媒体、消费者三位一体"为基础、以品牌产品与消费者有效"互动性"为切入点的新型营销模式。并为此，先后策划和组织了包括"超级女声"和"超级男声"、《谁最闪亮校内星歌榜》在内的多档火爆至极的娱乐节目。甚至联合和利用腾讯QQ，将仁和闪亮的品牌渗透到涉及领域的任何角落。据统计，在仁和集团与腾讯联手两个月的时间里，就有600多万加入"闪亮新主播"QQ群，每天有8000多条关于"闪亮新主播"活动的留言，有30多万的用户下载"闪亮新主播"，而有20多万的用户在QQ宠物商店里购买了"闪亮滴眼露"，有80多万的用户参加QQ对对碰游戏仁和专区。实践证明这一举措非常成功，收效非常大。

然而仁和药业的营销历程也并不是一帆风顺的。在2012年，源于"可立克毒胶囊"、"闪亮滴眼液防腐剂"和"优卡丹毒素门"事件，"仁和"品牌形象受损严重。继而，财经媒体上相继曝出《仁和药业品牌受伤 业绩持续下滑 遭基金"用脚投票"》等的报道。但是，仁和药业坚持品牌打造策略，并以品牌打造为核心，通过加强渠道管控能力和丰富产品种类，最终使得经过调整后的仁和药业很快就恢复了正常的生产经营活动。并在2015年年初获得了国家2014年工业品牌培育示范企业称号。

思考：1. 怎样评价"仁和药业"的营销模式？
2. 仁和药业的发展模式是否适合于我国其他医药企业？

复习思考题

1. 药品的特殊性有哪些？
2. 我国为什么要压缩药品生产企业的数量？
3. 影响药品企业市场营销的主要因素有哪些？
4. 什么是营销管理？
5. 营销管理的主要任务是什么？

第二章 药品市场营销环境

第一节 环境分析概述

作为社会的经济细胞,企业是一个开放的系统,它在营销活动过程中必然与外部环境发生联系,特别是与它所处的社会经济环境的各个方面发生千丝万缕的联系,环境因素必然对营销活动产生重大影响。企业在进行营销活动时,必须考察和分析企业所面临的市场营销环境,明确企业营销环境中所蕴含的机会与威胁,以利用机会与规避威胁,主动去适应环境,利用环境条件确保企业更好地生存和发展。

一、市场营销环境的概念及其分类

市场营销环境是指影响企业营销活动的一切内、外部因素和条件的总和。一个企业的市场营销环境是由一整套相互影响、相互作用的重要参加者、市场和其他相关力量构成的。

企业的市场营销环境可以分成三个层次:第一个层次是企业本身,它处于企业的市场营销环境的中心;第二个层次是企业所处的微观环境,包括供应者、营销中介(它们参与企业产品的生产和分销活动)、消费者、竞争者(它们也向企业所服务的市场提供商品);第三个层次是宏观环境,由人口环境、经济环境、自然环境、技术环境、政法环境、文化环境(图2-1)六大部分组成。因此,市场营销环境是一个多因素、多层次而且不断变化的综合体。

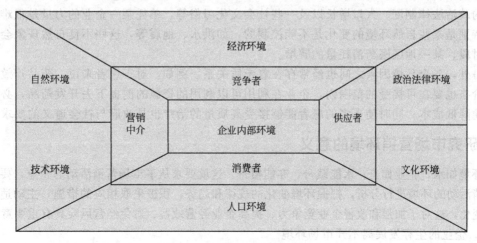

图 2-1 营销环境构成图

二、市场营销环境的特点

为了有效地研究市场营销环境，企业必须把握市场营销环境的规律性，了解其特点。市场环境的特点主要表现在以下几个方面。

1. 客观性

企业总是在特定的社会经济和其他外界环境条件下生存、发展。企业只要从事市场营销活动，就不可能不面对这样或那样的环境条件，也不可能不受到各种各样环境因素的影响和制约，包括微观的、宏观的。因此，企业决策者必须清醒地认识到这一点，要及早做好充分的思想准备，随时应付企业面临的各种环境挑战。

2. 差异性

市场营销环境的差异性不仅表现于不同的企业受不同环境的影响，而且同样一种环境因素的变化对不同企业的影响也不相同。例如，2006年，我国药品强制性降价，主要品种大多涉及头孢类及其他类别的抗生素，对于哈药、华北制药等我国大型西药抗生素的生产企业打击较大，但是对于中药企业影响较小。

3. 相关性

市场营销环境是一个系统，在这个系统中，各个影响因素是相互依存、相互作用和相互制约的。这是由于社会经济现象的出现，往往不是由某一单一的因素所能决定的，而是受到一系列相关因素影响的结果。例如，企业开发新产品时，不仅要受到经济因素的影响和制约，更要受到社会文化因素的影响和制约。再如，药品价格不但受市场供求关系的影响，同时还受到国家审批制度的严格控制，而且还受到科技进步及国际原材料市场供应的影响。因此，要充分注意各种因素之间的相互作用。

4. 动态性

营销环境是企业营销活动的基础和条件，这并不意味着营销环境是一成不变的、静止的。恰恰相反，营销环境总是处在一个不断变化的过程中，它是一个动态的概念。因此，企业的营销活动必须适应环境的变化，不断地调整和修正自己的营销策略，否则，将会使其丧失市场机会。如20世纪90年代，湖南长沙远大公司预料到中国将在未来很长的一段时间内电力供应紧张这一形势环境趋势，推出了不耗电的燃气空调而取得了很好的市场效益和社会效益。

5. 不可控性

影响市场营销环境的因素是多方面的，也是复杂的，并表现出企业不可控性。例如一个国家的政治法律制度、人口增长以及一些社会文化习俗等，单凭某一企业的力量是很难改变的。特别是某些自然环境的变化是不能控制的，如洪水、地震等，这些不良自然现象会造成某一时段、某一地区医药消耗量的骤增。

另外，各个环境因素之间也经常存在着矛盾关系。例如，对于患者来说，药品疗效要过硬，价格也要在可接受的范围内，企业在利用可以利用的资源的前提下去开发药品，必须尽可能地降低成本；同时使更多的患者能够接受高质量的治疗也是政府与社会道义的要求。

三、研究市场营销环境的意义

环境如水，企业如舟；水能载舟，亦能覆舟。这就要求从事市场营销活动的企业，要经常对营销活动的环境进行分析，把握环境变化的规律和趋势，积极采取相应的措施，主动适应环境的变化，这对于加强和改善企业竞争力、提高企业经营效益、避免经营风险具有重要意义。

1. 企业的生存发展离不开市场环境

开展市场营销活动的人、财、物、信息等要素都来自营销环境，且企业的产品和服务也只有通过营销环境才能实现其价值，市场营销环境制约着市场营销的投入和产出，从而成为市场营销赖以生存和发展的土壤。研究和分析营销环境，能使企业对具体环境中潜在的机会和威胁有一个清醒的认识，只有充分认识环境，才能更好地适应环境，创造和利用有利因素，避免不利因素，使企业立于不败之地。

2. 研究市场营销环境才能发觉市场机会

新的营销机会可以使企业取得竞争优势和差别利益或扭转所处的不利地位。企业市场营销的潜在机会和潜在威胁，同时并存于市场营销环境当中，且可能相互转化。好的机会如没有把握住，优势就可能转化为劣势；同时，威胁也可能转化为有利因素，从而使企业获得新生。这里的关键在于：要善于细致地分析市场营销环境，使企业能充分利用自身的优势，抓住机会，化解威胁，使企业在竞争中求生存，变化中谋稳定，在经营中创效益，充分把握未来，保证企业快速、健康地成长。

3. 研究市场营销环境是企业科学化决策的前提

只有对企业的市场营销环境做出深刻的分析，才能做出合理的市场决策。由于营销环境中大部分都是企业所不可控的因素，它们不同程度地影响着企业的发展方向和具体行为，有的因素还直接影响着企业组织结构和内部管理。通过对市场营销环境的研究，还可以及时了解企业的经营状况和本企业药品销售中存在的问题，从而改进工作，改善经营管理，提高综合管理水平，提高企业的经济效益和社会效益。

案例链接

世界第二大超市集团家乐福在香港的4所大型超市于2000年9月全部停业！

随后撤离香港。家乐福集团在全球拥有5200多家连锁超市，遍布大约30个国家和地区，全年销售额达363亿美元，盈利达7.6亿美元，员工逾24万人。家乐福在我国的深圳、北京、上海的大型连锁超市的生意均蒸蒸日上，为何唯独兵败香港？

先从自身来看：第一，家乐福的购物理念基于地方宽大，与香港寸土寸金的社会环境背道而驰。这一点反映了家乐福在适应香港社会环境方面的不足和欠缺。第二，家乐福在香港没有物业，而本身需要数万至10万平方米的面积经营，背负着庞大的租金包袱。同时受租约限制，做成声势时租约已满，竞争对手觊觎它的铺位，会以更高租金夺取。第三，家乐福在其他地区分店众多，能够形成配送规模，但在香港只有4家分店，直接导致配送成本相对高昂。

再从外部来看：第一，在家乐福1996年进军香港的时候，遇上香港历史上租金最贵的时期，经营成本高昂。这对于以低价取胜的家乐福来说，是一个沉重的压力。第二，由于香港本地超市集团掀起的价格战，给家乐福的经营以重创，终于使家乐福难以承受。家乐福在首次在进军香港的途中铩羽而归。

第二节　药品市场营销宏观环境分析

市场营销的宏观环境是间接影响和制约企业营销活动的各种因素，它们对企业的影响是全面的、共同的，不会因为企业使命不同而有多大差异。宏观环境可能给企业带来机会，也可能给企业带来一定的威胁，是企业必须监测和适应的"不可控力量"。对此，药品经营企业只能通过调整内部的可控因素来适应宏观环境的变化发展,从而确保企业持续、健康地发展。

一、政治法律环境

政治法律环境主要指制约和影响企业营销活动的政府的方针政策、法律制度及公众团体等。在任何社会制度中,企业的营销活动都必须受到政治与法律环境的强制约束,也可以说企业总是在一定的政治法律环境下运行的。

1. 药品法律制度

这里所说的法律制度主要指一个国家从本国的社会制度出发,为发展本国的经济而制定的政治和经济法规,如合同法、专利法、广告法、商标法、反不正当竞争法、消费者权益保护法等。在我国,对于药品这一特殊商品的生产经营企业还制定了以《中华人民共和国药品管理法》为核心的药品法规(标准)体系,规定了药品研发、生产、流通、使用、不良反应报告等一系列法律规范。在行业管理领域,药品行业相对严格了许多,强制性要求相关企业通过《药物非临床研究质量管理规范》(GLP)、《中药材生产质量管理规范》(GAP)、《药品生产质量管理规范》(GMP)、《药品经营质量管理规范》(GSP)等相关领域的标准认证。

由于药品事关人们生命健康,任何国家都会或多或少地对企业的营销活动加以控制和规范,而这些控制和规范往往是通过法律法规来体现的,它对企业营销活动的影响不容忽视。我国从2001年修订的《中华人民共和国药品管理法》开始,截至目前,国务院已经颁布的与药品相关的行政法规包括《药品生产监督管理办法》、《药品注册管理办法》、《药品经营许可证管理办法》、《药品流通监督管理办法》以及《药品召回管理办法》等。也正是由于国家对于药品管理的规范性和严格性,导致营销渠道的建设不可能会像一般消费品那样有较大的自由度,而是必须遵守相关的规定。尤其是2009年开始的新一轮医药体制改革,在进一步规范了医疗机构药品集中采购工作的同时,又印发了《进一步规范医疗机构药品集中采购工作的意见》等相关文件。可以说2009年以后的药品市场发展是朝着有序化和积极化方向发展的,但是与此同时也对传统的医药营销体制提出了严峻的考验。相关药品企业面临着必须调整营销策略的重担。

除此之外,在药品营销领域,我国也实施了药品营销人员资格证制度,并在专业知识、身体状况、职业道德等方面做了相关规定。

2. 政府的政策导向

政府在不同的时期根据不同的需要而颁布一些经济发展的方针和政策,这是每个企业都必须服从和执行的,企业应该根据政府在各个时期的方针政策相应地调整自己的市场营销策略和企业的经营方向,以取得生产经营的主动权。例如,中国加入世界贸易组织后,这意味着中国企业已融入世界经济"大家庭"之中,要同国外企业在同一起跑线上进行公平竞争。企业能否在激烈的国际竞争中立于不败之地,能否在世界经济的大舞台上得到更快发展,取决于企业的综合素质和竞争能力。我国十一五期间明确提出了中医药发展纲要,加速实现中药现代化进程,拓展国际市场,并取得了初步成果。

由于2009年开始的新一轮医药体制改革,政府加强了对医药卫生的投入,健全医疗保障体系的努力,有力地扩大了医药行业的国内需求。而政府重点抓好基本医疗保障制度等五项改革,所形成的公立医院改革,导致了药品销售格局发生了根本性的变化。经营效率的高低成为了决定医药商业公司盈利能力和发展态势的关键性因素。

2014年医改蓝皮书提供的数据表明,新一轮的医药改革在增大了政府的医药消费投入之后,并未减轻民众的医药投入数额。我国个人卫生支出的金额从 2008 年的 5875.86 亿元上升到 2012 年的 9654.55 亿元,较 2008 年上涨了 64.31%。这一情况,非常有力地证明了民众的医疗保健意识的迅速上升。与此同时,对相关药品企业的营销方案,也提出了改革的必要性。据分析,2015 年处方药单批 30 亿以上销售规模的榜首品种将逐步从生化药领域转移到中成药领域,而作为促进各种疾病康复的辅助性用药,将可能成为未来的龙头单品,而非公立医疗机构也成了处方药尤其是专科用药的巨大潜在市场增长点。

3. 社会团体

社会团体是指为了维护某一部分社会成员的利益,而成立的旨在影响立法、政策和舆论的各种公众组织。随着社会的进步,这样的公众团体不仅越来越多,而且在社会经济生活中的地位越来越重要。影响企业市场营销决策的社会团体主要是保护消费者利益和保护环境的公众组织,这些公众组织的活动会对企业的营销活动产生一定的压力和影响。

中华医学会,作为我国医药学界的社团组织,汇集了我国众多著名的医学药学专家,某些专家经常性地,出于各种目的对某些药品发表相关评论,并对市场形成很大的影响,相关医药企业应多方面与类似组织合作,进行良好的市场学术、品牌推广活动。

二、人口环境

人口因素是影响市场营销环境的重要因素。就药品行业来说,只要人类存在,就离不开药品。但是,医药企业一般都不可能面向某一范围的人口市场。

人口是构成市场的第一因素,人口的多少直接决定市场的潜在容量。市场如果用一个简单的公式表示,可以表示为:

$$市场 = 人口 + 购买力 + 购买需求$$

人口对于市场具有决定性的作用。人口越多,市场规模就越大。而人口的年龄结构、地理分布、家庭状况、受教育程度、人口增长速度等特征会对市场格局产生深刻影响,并直接影响企业的市场营销活动。企业必须重视对人口环境的研究,密切注视人口特征及其发展趋势,不失时机地抓住市场机会。

1. 人口数量和增长速度

一个国家或地区人口总数的多少,是影响市场容量的一个重要因素。人口的增加,意味着市场规模也在不断扩大,这无疑会给企业带来发展机会。但如果人口增长速度快于经济的发展,人们的购买力反而会下降,这又会给企业带来威胁。

根据联合国人口司宣布,1987 年 7 月 11 日,全世界人口数为 50 亿人,1990 年突破了 53 亿人,21 世纪初已超过 63 亿人。我国人口 1949 年为 5.42 亿人,2014 年已经达到 136782 万人,年平均增长率已经超过 2%。

众多的人口及人口的进一步增长,对企业营销会产生两方面影响:一方面是人口增长意味着对商品需求扩大,这是营销人员所希望的;另一方面,人口增长可能导致人均收入下降,限制经济发展,从而使市场吸引力降低。究竟哪一方面影响更大一些,要视产品的具体情况而定。某一类疾病,在某些区域是具有一定比例的,从而可以简单地计算出大概的市场容量。如某种疾病的发病人口占该地区总人口的 $a\%$,当地的人口总量为 R,则当地的某类疾病的人口总量为:

$$X = R \times a\%$$

2. 人口结构

人口结构包括年龄结构、性别结构等。其现状和变动趋势将直接影响药品市场的商品结构。

年龄结构指少年儿童、青年、壮年和老年人口的比例，不同年龄结构使市场需求会产生不同的特点。同样，对药品和保健用品也有着不同的消费需求。比如大多数处于身体快速发育的青少年都出现过缺钙现象，我国居民大多数人在48岁左右视力开始下降，研究人口结构对于企业锁定目标人群具有决定性的意义。

近几十年来，世界各国人口寿命普遍延长。我国60岁以上的人口已达1.5亿，约占总人口的11%，中国也将很快步入老龄化国家之列。根据人口的发展趋势，许多医药企业制订了为老年人服务的营销战略计划。我国人口年龄结构的显著特征是人口老龄化现象开始出现，有关"银色产品"发展空间很大，这对于药品经营企业来讲，将面临一个好的发展机会。据统计，老年用药量是儿童用药量的4倍。可见，用于老年人的治疗性药品和保健品的市场潜力很大。

3. 人口分布

我国人口地理分布的总体特征是东南部地区人口密度大，而西北部地区人口密度相对较小。居住在不同地区的人们，由于地理位置、气候条件、生活习惯不同而表现出消费习惯和购买行为的差异。我国幅员辽阔，地域条件差异很大，华南地区由于气候炎热，空气潮湿，皮肤类用药的市场消耗明显高于我国北方地区，而北方地区由于饮食习惯的不同，对食盐摄入量远远高于南方，使得北方的心脑血管病的发病比例要高于南方。

三、经济环境

经济环境主要指影响消费者购买力及支出模式的诸因素。社会购买力是指一定时期社会各方面用于购买产品的货币的支付能力。我国药品的消费与经济发展水平有着十分密切的关系，药品消费量按省份（直辖市）排名，浙江、广东、上海、北京、江苏等经济发达地区一直排在前列。市场购买力直接或间接的受到消费者收入、消费者支出模式、储蓄和信贷等经济因素的影响。

在进行经济环境分析时，应着重分析以下内容。

1. 消费者收入水平的变化

消费者收入水平决定了购买力的大小，它是分析市场规模大小的一个不可忽视的因素。消费者收入主要包括：消费者个人工资、红利、租金、退休金、馈赠等方面。在分析消费者收入的变化时，必须区别个人收入、个人可支配收入以及个人可随意支配的收入。其中，个人可支配收入是指扣除消费者个人缴纳的各种税款和交给政府的非商业性开支后可用于个人消费和储蓄的那部分个人收入，它是影响消费者购买生活必需品的决定因素；个人可随意支配的收入是指个人可支配收入中减去消费者用于购买生活必需品的固定支出（如房款、保险费、其他已购置项目的分期付款等）所剩下的那部分个人收入，个人可随意支配的收入一般用于购买非必需品，如保健品、奢侈品及文化、娱乐、智力投资等。因此，企业应当了解消费者个人可任意支配收入的情况。

另外，企业还要注意分析消费者实际收入的变化，区分货币收入与实际收入。货币收入是指消费者所获得的货币总量，而实际收入是指所获得的能购买商品的实际货币数量。实际收入受通货膨胀、失业率及税收等因素影响。如果通货膨胀上升，税收提高，实际收入就会下降。

2. 消费者支出模式的变化

随着消费者收入的变化，消费者支出模式会发生相应的变化，进而使一个国家或地区的消费结构发生变化。德国统计学家恩格尔于1857年发现了家庭收入变化与各方面支出变化之间的规律性，其主要内容表述为：随着家庭收入的增加，用于购买食品的支出占家庭收入的比重下降，用于住宅和家务经营方面的支出占家庭收入的比重大体不变，而用于医疗保健、教育、交通、服装、娱乐等方面的支出以及储蓄等占家庭收入的比重会上升，这种趋势就叫恩格尔定律。其中，消费中用于食品方面的比重称之为恩格尔系数，其大小为：

$$恩格尔系数 = \frac{食品支出总额}{家庭消费支出总额}$$

一般说来，恩格尔系数越大，则该国家或地区就相对越贫穷。因此企业营销人员必须注意这种收入与消费支出模式之间的关系。

3. 消费者储蓄和信贷变化

消费者的支出及购买力不仅受其收入水平的影响，还受消费者储蓄及信贷的影响。在一定时期内，货币收入总量不变，如果储蓄增加，现实购买力便减少；反之，如果用于储蓄的收入减少，现实购买力便增加。一般说来，影响消费者储蓄的主要因素有利率、通货膨胀率、消费观念、收入水平等。营销人员应当全面了解消费者的储蓄情况，尤其是要了解消费者储蓄的目的的差异。储蓄目的的不同往往影响到潜在需求量、消费模式、消费内容、消费的发展方向等。关注居民储蓄的变化，有利于科学地预测市场需求规模和结构的变化，捕捉新的市场机会。

信贷从广义上来讲是指存款、贷款等信用活动的总称。消费者信贷就是消费者凭信用先取得商品的使用权，然后通过按期归还贷款的形式完成商品购买的一种方式。消费者信贷的规模对购买力的影响也是很大的。这种方式的主要特点是：消费者不仅以其货币收入购买他们所需要的商品，而且可以通过借款及赊销来购买商品。从某一时点来看，这无异于增加了消费者的收入，使购买力加大。消费者信贷形式大致有以下几种。

(1) 短期赊销　指购买商品时无须立即付清货款，有一定的赊销期限，若在期限内付清货款则不付利息，若超过规定期限，则要计付利息。

(2) 分期付款　指消费者在购买所需商品时，可以通过签订分期付款合同的方式，先支付一部分货款，其他货款则按计划（合同中的规定）逐次加利息偿还。

(3) 信用卡贷款　是指某些公司和金融机构向消费者发放的可在所属商店赊账购买货物的凭证。消费者凭卡可以到与发卡银行（公司）签订合同的企业去购买商品，货款由发卡银行（公司）先予垫付以后再向赊欠人收回并收取一定的费用。

随着我国商品经济的日益发达，人们的消费观念大为改变，加之上述信贷方式的逐渐流行，将对企业的营销活动产生重大的影响。

四、科学技术环境

科学技术是人类在长期实践活动中所积累的经验、知识和技能的总结，是社会生产力中最活跃的因素，它影响着人类社会的历史进程和社会生活的各个方面。每一种新技术的出现都是一种"创造性的毁灭力量"，会给有些企业带来发展机会，同时也会给有些企业带来危险。所以，任何企业的市场营销都必须关注科学技术环境的变化。科学技术环境对医药企业市场环境的影响至少有如下几个方面。

第一，新技术的出现为新产品出现提供了机遇。例如，20世纪50年代发酵技术成熟，带动了发酵法生产抗生素和氨基酸的热潮；60～70年代分离纯化方法和介质的发展，大大促进了蛋白质、多肽和酶类药物的开发与应用；到了70～80年代，基因工程技术的兴起，使生物技术药物成为当今药物新的重要门类；澄清技术、树脂吸附纯化技术等现代新技术新方法在中药产业中得到应用，因而催生了速效救心丸、复方丹参滴丸、乌鸡白凤丸等中药新产品的问世。

第二，新技术的出现有利于增加企业的综合竞争力。从管理的角度上看，新技术的出现能提高劳动生产率，从而降低生产成本，而且新技术的出现能改变企业管理的手段，如电脑、传真机等新技术的成果就广泛应用于企业管理中，提高了管理效率。从技术的角度看，目前我国市场上对于某些传统药物的剂型改变，大大提高了药品的市场竞争力，比如肠溶、缓释、控释技术的应用等。

第三，新技术的出现会影响零售业态的结构和消费者的消费偏好。如电脑管理、条形码技术导致了自动售货、电视购物、网上购物等方式的出现，均影响了药品的销售形式与流通渠道。

我国的新医改方案也显示出了利用药品价格杠杆鼓励企业自主创新的导向。尤其是医药企业，在开发新药和专利药的过程中要重点关注技术创新性，产业化可行性和药物的经济性。而营销人员则应与药品研究开发人员密切合作，了解变化着的技术环境以及新技术为人类需要服务的方式。鼓励面向市场的研究，这将使营销方案更接近消费者。

五、自然地理环境

社会生产活动是在一定的自然地理条件下进行的，这种自然地理条件就是企业所面对的自然地理环境。特别是我国某些珍贵动植物资源的采集直接依赖于自然环境。银杏提取物（如浙江康恩贝药业的银杏叶片）对于心脑血管疾病的治疗与预防有很好的疗效，但是银杏树被誉为植物"活化石"，世界存量有限，我们不得不密切关注这一稀有资源的数量与质量变化，合理规划使用，避免盲目开发使用。

1. 自然环境

人类社会的进步和科技的发展，加速了工业化的进程。这一方面创造了丰富的物质财富，满足了人们日益增长的生活需要；另一方面，伴随着森林大面积被砍伐，有害工业废气、废液、废渣大范围地污染着环境，出现了水土流失、某些矿藏枯竭等环境问题。对于企业的营销者来说，应该注意自然环境发展变化的趋势，并从中发现企业的营销机会和可能出现的威胁。

（1）自然资源日益短缺 地球上的自然资源可分为三大类：无限供给的、有限但可再生的和有限不可再生的。无限资源如空气等，总体上是取之不尽用之不竭的，但污染问题严重，亟待解决。可再生资源，如森林、农产品及其他农业经济作物等，是有限的，必须防止过量使用。不可再生的有限资源如石油、煤和许多矿产品，随着人类的开采，其储量日益减少，如果按目前的消耗量持续不减，到2050年，更多的矿产资源将告枯竭。

自然资源短缺，使很多企业将面临原材料价格大涨，生产成本大幅度上升的威胁。但另一方面，又迫使企业研究更合理地利用资源的方法和开发新的资源或代用品，这又为企业提供了营销机会。

珍稀的中药材采集更是如此，比如，虎骨、天然牛黄、天然麝香、天然犀牛角、冬虫夏草等，这些天然药材世界存量很少，对于此类药材具有很大依赖程度的药品生产企业必须关注这些自然资源的自然与市场的供给情况。另一方面，某些中药生产企业，经过大力开发，研制了许多天然药物的代用品，取得了不俗的市场业绩。

（2）环境污染日益严重 现代工业的发展给自然环境造成了不可避免的破坏，例如许多地方水源、空气、土壤的化学污染已经严重地影响到人民的身体健康和自然生态的平衡，已经成为当今社会的一个严重问题。当今世界每年有600余万公顷的土地变成沙漠，1200公顷的森林消失，淡水也日益短缺。因此，治理环境污染的呼声越来越高，政府的干预措施也在逐步加强，这对企业的发展是一种压力，也是一种约束，要求企业为治理环境污染付出一定的代价。但同时也为企业提供了新的营销机会。一是为治理污染的技术和设备提供了一个大市场，使符合环保要求的技术和包装方法大有发展前途。二是引导企业开发有利于环境保护、有利于健康的新产品，做到既加速企业发展，又优化生态环境。

2. 地理环境

一个地区所处的地理环境包括地形、地貌和气候条件等。企业在开展营销活动时，不可能凭借自身的力量去左右地理环境，只能主动地去适应，针对不同情况调整营销计划。

（1）地理位置的优劣直接影响着当地经济发展水平　我国沿海沿江的东部地区由于交通便利，信息灵通，其经济发展水平往往高于中西部地区。我国东部地区拥有全国 1/2 的人口、1/3 的耕地和创造着 70％工业产值的企业，而中西部不少省区财源稀少，有的靠中央补贴过日子。造成中西部地区经济滞后的原因很多，但最直接表现出来的还是地理位置的差异。这就要求企业在制订营销策略如产品策略和价格策略时，应根据其目标市场的经济发展状况和购买力水平对症下药。

（2）气候条件作为地理环境的重要组成部分，常常影响产品在市场上的供求状况　就药品来说，由于气候的因素，各地的温度、湿度差异很大，很多在本地区适用的药品往往不能适应外地环境的需要。因此，在开拓全国市场时，必须及时调整产品的设计和制作工艺，使产品与当地气候的特征相适应，创造一个有利的营销环境。

六、社会文化环境

社会文化环境通常是指一个国家或地区的传统文化，由价值观念、信仰、风俗习惯、行为方式、社会群体及相互关系等内容所构成。人们所处的社会文化环境对人们的素养、价值观念和行为规范影响非常大，中国有句古话："入境而问禁，入国而问俗，入门而问讳。"了解目标市场消费者的禁忌、习俗、避讳、信仰、伦理等是企业开展市场营销活动的重要前提。

药品市场的产品销售同样受到文化环境的制约，我国华南一带，在夏季有喝凉茶的习惯，是饮食文化的重要组成部分，广东凉茶已经成功地申报成为世界文化遗产。消费者对于消暑保健产品非常热衷，使得该地区的相关市场容量比较巨大。

不同社会与文化代表着不同的生活方式，对同一产品可能持有不同的态度，这将直接或间接影响着产品的设计包装、信息传递方法、产品被接受程度等，我们主要从以下几个方面分析文化环境。

1. 价值观念

价值观念是人们对是非善恶的评价标准，它决定了消费者的生活方式和价值取向。例如，礼仪、仁德的儒家思想，一直受到中国老百姓的推崇，自古以来，人们就渴望实现等价交换、公平交易的买卖关系。具有 300 年历史的中国老字号同仁堂药店，遵循诚实经商、信誉为本的原则，成为同业人士的表率，受到消费者的青睐。

2. 教育水平

教育水平是指消费者受教育的程度，一般用识字者的比率和各级教育的在学人数来衡量。教育水平的高低对企业营销活动的影响表现在：其一，会产生市场需求的差异，如教育水平高的地区对文化产品需求较大；其二，会影响企业产品的推广方式。因为教育水平不同会导致对广告内容的理解程度和理解方式的差异。一般来讲，教育水平高的地区，消费者对商品的鉴别力强，容易接受广告宣传，容易接受新产品，购买的理性程度高。因此，教育水平的高低影响着消费结构。同时对企业营销组合策略的选取有直接影响。

很多医药企业在对非处方药的柜台促销时发现，如果使用具有一定专业知识的促销人员有针对性地向购买者推荐某类产品,一般成功率在30%左右,受教育程度越高的人群,能够接受的比例越低。

3. 风俗习惯

风俗习惯主要体现在饮食起居、婚丧仪式、道德伦理、行为方式等方面。风俗习惯对消费嗜好、消费方式起着决定性的作用。例如不同国家对图案和颜色的使用就有不同的习惯,如中东地区严禁带有六角形的包装;英国忌用大象、山羊作商品装饰图案等。

值得注意的是,世界上大多数民族容易产生民族优越感,对本民族文化中熟悉的内容津津乐道,却往往排斥、贬低其他民族文化中的生疏事物。例如,作为中国国粹之一的中医药,在西方国家曾经受到冷落,甚至惨遭封杀,中药只能作为保健食品在市场上出售。因此,营销人员在从事跨地域营销时,必须意识到这种带有"民族本位"意识的文化的固守性特点带来的各种阻力,这种阻力使企业在努力推销一种新产品、新技术时会面临严峻的考验。

第三节 药品市场营销微观环境分析

企业的微观环境是由供应者、分销商、竞争者、社会公众及企业内部结构要素构成。如图2-2所示。

图2-2 微观环境示意图

从事药品营销活动的企业,其主要目标是服务和满足所选目标市场中的某些特定的需要而获得利润。为实现此任务,药品经营企业在协调好内部各部门的关系的同时,还应联合一批供应商(图2-3)和营销中介机构来接近目标客户。

从药品供应商到终端的药品购买者,这一链条组成了企业的核心营销系统(图2-3)。但是,企业的成功与否,还受另外两个群体的影响,即竞争者和社会公众。所有这些参与者直接影响着药品经营企业为目标客户服务的能力。

图2-3 医药销售流程图

一、药品经营企业内部环境

企业内部环境又叫企业内部状态。任何一个企业的市场营销活动不是企业某个部门的孤立行为,药品市场营销部门也不例外。药品经营企业本身包括市场营销部门、其他职能部门和最高管理层。而药品营销部门在制订和执行市场营销计划时,必须获得企业最高管理层的批准和支持,并与其他部门搞好分工协作。一般股份制企业的结构如图2-4。

首先,要考虑最高管理层的意图。作为企业的领导核心,最高管理层负责制订企业的任务、目标、发展战略及其重大决策。而这些都直接影响到企业的市场营销活动,如果没有高层的协调统一，企业形成不了凝聚力。因此，药品营销部门必须在企业发展战略的指导下，制订营销计划并报最高管理层批准后才能实施。

其次，药品营销部门要考虑其他职能部门（如生产部门、采购部门、研究与开发部门、财务部门等）的情况，并与之密切协作，完成药品营销计划。以新药品开发为例，参照营销部门的建议后，研发部门提出开发新药品的计划，需要得到各部门的支持和配合。研究开发部门负责新药的组方和工艺设计，采购部门负责原材料的供应等。

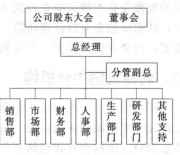

图 2-4 企业结构图

如果没有采购部门的保障，企业便成了"无米之妇"；如果没有生产制造部门，企业就无法"将米做成饭"。所以新药品的开发计划能否实现，不仅取决于新药品本身是否有市场，还取决于与各部门的协作是否和谐，能否与企业的其他部门协调配合将直接影响药品营销部门的绩效。所以说，药品营销部门绝不能独立于企业其他部门之外。这也正如管理学家彼得·杜拉克所说："市场营销是企业的基础，不能把它看作是单独的职能。从营销的最终成果亦即从客户的观点来看，市场营销就是整个企业。"

二、供应商

供应商泛指向企业提供所需各类资源和服务的供应者。供应商与药品经营企业的关系是一种生产协作关系，二者配合密切与否对企业营销活动的成果将会产生很大的影响，这种影响主要体现在以下几个方面。

（1）供货的及时性和稳定性 现在市场经济中，药品市场需求千变万化，药品经营企业必须针对瞬息万变的市场及时调整计划，而这一调整又需要供应商及时提供相应资源的支持，否则这一调整只是一句空话。药品经营企业为了在时间上和连续性上保证得到适当的资源，就应该和供应商保持良好的关系，才能保证企业的正常运行。

（2）供货的质量水平 药品供应商提供的生产资料的质量将会直接影响到药品本身的质量，从而影响到药品的销售。当然，供货的质量还包括各种服务，尤其是一些制药机器设备的供应，如果没有配套的服务如安装、调试、零部件供应等，药品生产就没有保障，药品营销就会陷入被动状态。

（3）供货的价格水平 供应物资的价格水平直接影响到药品的成本和利润，最终影响到药品在市场上的竞争能力。这就意味着企业在营销中应密切注意供货价格的变化趋势，特别要密切注意对构成药品关键部分的材料价格的变化，使企业应变自如，不至于措手不及。

药品经营企业为了协调与供应商的关系，应力争做到以下几方面。

第一，遵循"双赢原则"，即通过互惠互利的交易，双方均为胜利者。企业和供应商虽有竞争的关系，但更应该是合作伙伴。因此，药品经营企业应注意建立长期的稳定的合作供应链，使外部交易成本下降，避免两败俱伤。

第二，加强与供应商的信息沟通。企业应及时将自身的经营状况、产品调整情况、企业对供应货物的要求（价格、供货时间、质量标准等）与供应商进行沟通，以便协调双方的立场。

第三，对供应商进行分类管理。企业应根据供应商所供应货物的重要程度、稀缺程度、供应量大小、信誉状况、在供应商中的地位以及地理位置、交通运输状况等划分为不同等级，以便重点协调，兼顾一般。

第四，提高选择供应商的自由度。企业若过分依赖一个或几个供应商，会导致供应商任何的细微变化都将影响企业的正常经营运作,也会加大供应商对原料或药品价格的操控能力,从而增加企业的经营风险。为此,药品经营企业应建立多个供应渠道来增加选择上的自由度,使企业始终处于一个有利位置。

三、药品营销中介机构

药品营销中介机构是指企业将药品卖到患者手中这一过程中承担对药品的促销、运输、分销和出售职能的各类组织。按其承担的工作划分,药品营销中介主要分为药品中间商、实体分销商(运输企业和仓储企业)、营销服务机构及金融机构几种。

1. 药品中间商

是指介于生产者与消费者之间专门从事药品流通活动的经济组织。包括零售商、批发商和代理商,如药店、药材公司、医药公司及代理机构。

一般地说,针对药品市场营销来说,中间商非常重要。这是因为中间商处在一种十分灵活和可以选择的地位。当一种药品滞销,中间商可以转向另一类品种或另一家药品经营企业进货。特别是在供大于求的市场态势下,对于许多药品经营企业而言,协调与中间商的关系仍是十分紧迫的任务。

2. 药品物流机构

药品实体的分销也就是药品的物流活动,即指药品从生产企业运到购买者所在地的过程,包括药品的运输和储存。企业应结合自身药品的特点,在综合考虑储存和运输的费用、安全性、速度等因素后,选择最适宜的药品物流公司。

目前,有些大宗采购一般指定一家或几家招标代理商与物流配送商,此类物流配送商与一般意义上的物流企业不同,这种专业配送商一般是由药品的经营公司演变而来,或者与药品经营公司具有很近的业务关系,其经营性质是介于医药经营公司与流通服务企业之间的机构(如海虹医药电子商务公司),利润的产生一般是按配送额提取一定的佣金(一般不超过 2%)。

3. 营销服务机构

这是帮助药品经营企业寻找目标客户和帮助企业促销药品的机构,主要有市场调研机构、广告代理公司、市场营销顾问机构等。在现代,大多数药品经营企业要借助这些服务机构来开展销售活动。药品经营企业在选择这些机构时,需对它们所提供的服务、质量、创造力等方面进行评估,并经常检查其实际工作的完成情况,及时替换那些不具有预期服务水平和效果的机构,才能提高企业的效益。

4. 金融机构

又称财务中介机构,是指那些在企业买卖产品时能够向企业提供资金服务的信托公司、保险公司和银行等部门。企业应根据金融机构提供的服务条件进行选择,在综合权衡、选择后,还要注意与其保持友好合作的关系。

四、客户

所谓客户,通常是指用户、消费者或者说就是企业的目标市场。主要包括所有出于直接使用目的,及为再加工或再销售目的而购买企业产品或服务的个体和组织。企业与客户的关系实质上是一种生产与消费的关系,客户对于企业的重要性在于失去了客户就意味着失去了市场,赢得了客户就赢得了市场。按照客户及其购买目的的不同可将药品市场分为五类。

(1) 消费者市场　通常指为满足个人或家庭健康需要而购买药品的人群。

(2) 医疗市场　指医疗机构为了赚取利润或达到其他目的而购买药品所产生的市场,一般是通过中间商完成。

（3）中间商市场　是指为了转卖从而获取利润而购买药品的市场，也是目前我国医药市场占主导地位的市场。

（4）政府市场　是指为了提供公共服务和履行政府职责，政府组织集中对药品的集中招标采购，这种采购方式在我国正在逐步大范围实施，逐渐规范与完善。

（5）国际市场　是指国外买主，包括国外的医药消费者、生产者、中间商和政府机构。

尽管个别市场的位次有所调整，但长期以来所形成的进出口市场格局基本上没有发生大的变化，这与我国在全球医药产业分工当中的地位相一致。

五、竞争者

竞争是商品经济的基本特征，只要有商品生产和商品交换就必然有竞争。而市场又是竞争的场所。竞争者是指与本企业存在利益争夺关系的其他经济主体。企业的竞争者包括正在生产和销售本企业相同产品或服务的企业、潜在的进入者以及替代品生产者和供应商等。经营企业在其营销活动中都面临着各种竞争者的挑战。一般说来，从消费需求角度划分，可把竞争者划分为以下几种类型。

（1）愿望竞争者　是指提供不同类别的产品，以满足客户不同需求的竞争者。如对于一个消费者来说，假日的度过可以去旅游，可以去健身，可以去购物，可以去餐馆改善生活，可以去社交，可以去歌舞厅娱乐等。这些都是他的需要，能够满足这些需要的企业之间就形成了一种竞争关系，即愿望竞争者。

（2）平行竞争者　是指提供不同产品满足客户同一种需求的竞争者。例如为满足消费者身体保健的需要，那么生产保健品、健身器械和具备某些保健功能的服装等企业之间就形成了平行竞争的关系，即平行竞争者。

（3）产品形式竞争者　是指满足客户同一产品需要的不同形式（如不同规格、款式、型号等）的企业形成了产品形式竞争者。如同是治疗高血压病的降压药物，有片剂、丸剂、散剂、胶囊等各种剂型，从而出现产品形式竞争者。

（4）品牌竞争者　是指满足客户需要的同一种形式的产品的不同品牌之间的竞争者。例如，同是中成药六味地黄丸，就有同仁堂、汇仁、仲景等不同品牌的生产企业，从而出现产品品牌竞争者。

六、社会公众

社会公众是指对企业的存在和发展具有实际的或潜在的利害关系或影响的任何团体，主要包括以下各群体。

（1）政府公众　指负责管理企业业务经营活动的有关政府机构。对于药品企业来说，除了比较常规的环保局、工商行政管理局、税务局等机构外，最为重要的便是国家卫生部，以及各级卫生、药检部门。

（2）媒介公众　指那些联系企业与外界的传播媒体，主要指报纸、杂志、广播、电视、网络等。其中专业媒体的行业影响更为直接。

（3）金融公众　指影响企业融通资金能力的各种金融组织和社会集团，如银行、投资公司等。

（4）群众团体　指各种保护消费者权益组织、环境保护组织及少数民族组织等。

（5）地方公众　指企业周围的居民和团体组织。

（6）企业内部公众　指企业内部从上到下的组织成员，包括股东、管理人员、职工等。

上述社会公众与企业存在着相互作用、彼此相连的利益关系，它们对企业的各项营销活动既可能产生积极的推动作用，也可能出现消极的妨碍作用。因此，企业必须密切关注各类公众的态度，运用公共关系手段加强与各种公众的交流和沟通，争取得到广大社会公众的关心、理解和支持，为企业创造出一个适宜于健康发展的"人和"环境。

资 料 库

我国医药行业发展的政策环境

国家的政策环境是医药行业发展重要宏观因素，对该国医药行业的发展具有非常大的影响力。在1998年之后，我国提高了对医药行业发展的管控力度，由此我国医药行业发展状况也一改从前的规模小、低水平重复建设局面。对医药行业近年来的蓬勃发展起到了非常大的推动作用。1998年以来国家医药行业发展政策方面主要采取了两大措施：一是提高医药行业产业准入壁垒；二是加强医药行业经营管控。

在医药行业经营管控方面，近年来国家采取的改革措施主要包括：基本医疗保险制度、药品分类管理、GMP认证制度、药品集中招标采购、药品降价、降低出口退税率等。

1. 对医药市场需求环境的整顿

在市场经济条件下市场需求是决定企业发展的重要因素，而且市场需求环境的变动也必然成为医药企业发展和改革的重要驱动力。从1998年至今，从国家政策角度来讲，形成对医药市场产生影响的重要举措主要是以下几个方面。一是，基本医疗保险制度的实施。国务院在1998年底发布了《关于建立城镇职工基本医疗保险制度的决定》，揭开了医疗保险制度改革的序幕。而在2000年6月，《国家基本医疗保险药物目录》的公布以及基本医疗保险"低水平、广覆盖"的实施原则，则更是形成了对整个医药行业供给市场的重大调整。2014年，国家再次提出"三保合一"（新型农村社会养老保险和城镇居民社会养老保险合并），大病保险等医保模式将再一次成为调整医药行业市场的重要因素。二是，药品定价模式的指导和监管。为了有效满足基本医疗保险制度的实施，真正体现"低水平、广覆盖"的实施原则，将药品降价落实到实处，针对于药品的商品特性，国家在药品定价方面进行了大量的研究和论证，并最终将药品定价方式确定为三种模式：即政府定价、政府指导价和市场调节价。而从2014年以来的国家相关医药行业调整举措中也可以看出，形成低成本、高效率、社会医疗水平普遍提高的药品定价机制将是我国未来定价机制进一步完善的目标。三是，积极推行药品集中招标采购制度。按照先示范后推广的模式，有序地逐步扩大药品集中招标采购制度的推行，这对于不同状况的医药企业来讲，所面临的机遇和挑战的情况必然是不同的，也会由此形成整个医药行业市场格局的重大调整。

2. 加强对药品的管理

在医药市场当中，药品作为价值的承载体，是医药行业和市场发展必要性因素和运行效果的决定因素，是医药行业市场中生产经营和销售的对象，也必然是国家对医药行业进行管控的重点。近年来国家对药品的管控主要采取的措施有以下几种。一是，实施处方药与非处方药分类管理制度。其标志是，1999年《处方药与非处方药分类管理办法》的正式启动。无疑这项举措是对我国药品市场的行业发展的进一步规范，必然有助于我国医药行业发展的有序推进。二是，GMP认证制度的实施。这项举措是在2003年开始推行的。相关部门同时推行的是GMP、GCP、GAP认证制度。其中GMP认证制度对医药生产企业的影响最大。相关认证制度的实施，有效筛选和淘汰了部分不合格企业，对于医药行业的市场整顿和市场资源的优化组合是非常有利的。三是，2014年《药品管理法》的重新修订，针对药品的生产、上市、检测、许可、审批以及经营出口和召回等方面都做了进一步的规范化的调整。

3. 有效规范医药行业发展

近年来我国在医药行业市场方面所做出的工作，还不仅局限于医药市场需求方面的调整和药品方面的管理，从行业发展的角度也对其作出了很多重要的举措。这些措施主要包括：一是，降低出口退税率，这对于出口企业来讲，意味着出口获利空间的降低；对整个医药行业出口来讲，则是医药出口企业优胜劣汰、资源优化配置的重要途径；二是，鼓励社会办医。这项举措的推出显然是国家有意缓解医疗市场中的巨大的医疗压力。不仅如此，这项举措也必将会形成竞争强度更高的医疗市场环境，这对于我国医药行业市场的发展是非常有利的。

（资料来源：《我国医药行业发展的政策环境》 中国行业研究网 2013年12月2日 http://www.chinairn.com）。

知·识·窗

生物类似药

生物类似药是一种治疗用生物制品，因为其在功效方面相似于已经获准注册的参照药品而得名。随着社会的进步和经济生活水平的提高，医药市场中对于生物类似药的需求逐年提高。面对日益发展的生物类似药市场，很多国家都对其做了大量的科研和管理工作。据统计，全球已经制定了生物类似药相关指南的有20多个国家或组织。

在我国国家食品药品监督管理总局发布的《生物类似药研发与评价技术指导原则（试行）》（以下简称《指导原则》）中，为生物类似药的研发与评价工作进行了指导和规范。

《指导原则》的具体内容包括：生物类似药的定义；生物类似药研发和评价的基本原则，对生物类似药的药学、非临床和临床研究及评价等内容的具体要求。

《指导原则》的发布，我国对生物类似药的评价管理工作有了可供遵循的基本原则，这标志着我国生物类似药行业发展得到了进一步的规范，为我国生物类似药安全性、有效性和质量控制水平的提高奠定了良好基础。

（资料来源：国家食品药品监督管理总局 http://www.sda.gov.cn/WS01/CL0051/115102.html）

案例链接

2014年5月28日，《互联网食品药品经营监督管理办法（征求意见稿）》发布。"放开处方药在电商渠道的销售"这一信息令医药业界震惊。国家对于处方药的销售而言可谓是双管齐下、松紧搭配。作为处方药企业而言，首先就面临着形式的利弊分析问题。到底这样的环境和背景会给处方药企业带来什么样的影响？

毋庸置疑，电商销售渠道的放开是对医药行业原有销售渠道的拓展，有利于减少药品销售障碍、缩短药品销售形成，进而有利于药品消费市场和潜在市场的开发。据估算，这一举措会将原有的两千亿元的处方药市场容量扩展至近万亿元。另外，电商销售渠道的放开是政府加速实施"医药分开"管控目标的阶段性策略，有利于处方药市场的进一步调整和规范。再有，电商销售渠道的放开对原有的处方药"低底价、高中标、高利益"的临床推广模式提出了严峻的挑战，要求处方药企业要适应新的竞争要求、重新调整其经营策略。

那么在这样的一个形势和背景下,处方药企业究竟该怎么做呢?

事实上对于药品生产企业而言,产品才是其最基本、最踏实的竞争力源泉。尽管在现代医药企业生产经营过程中,营销手段的策划和实施发挥了很大的作用,但是,这些只是企业发展的推动力而已,并不是其根本决定因素。因此,对于医药企业而言,产品的精准定位和使用价值的优越性才是其最核心的竞争力。只有把握住产品的根本,追寻核心竞争力,以此为基础开展有效的市场营销活动,才能够为药品企业获取更大的收益空间。

(资料来源:医药观察家报 2015年3月11日 http://www.chinamsr.com/2015/0311/84425.shtml)

◀◀ 小试牛刀 ▶▶

盖中盖的宣传定位

哈药六厂凭借多年的营销策略,赢得了发展与效益,"盖中盖"作为其主要产品行销全国,并一度出现过脱销现象。

但是我们细心观察不难发现,我国已故著名老年演员——李丁,为"盖中盖"作产品代理已经好多年了,而且广告词也颇有韵味——新"盖中盖"高钙片,一片顶过去五片……上五楼不费劲……

这些广告词已经深入人心。

市场证明了哈药六厂决策的合理性,你认为呢?

相关参考:

在我国老年人口总量已经超过1.5亿,为了掌握老年人的消费心理特征,老年人的购买规律,有关机构进行了详细的调查。

调查中发现,老年消费者的消费心理特征如下:

(1) 有51.2%的老年消费者是理智型消费者。随着年龄的增加,他们的消费经验也不断增加,哪些商品能满足自己的需要,他们心中有数。因此,他们会多家选择,充分考虑各种因素,购买自己满意的商品。

(2) 有20%左右的老年消费者属于习惯型消费者。他们经过反复购买、使用某种商品时这种商品已经留有深刻的印象,渐渐形成消费、购买习惯,并且不会轻易改变。

(3) 随着时代的进步和生活节奏的加快,老年人把商品的实用性作为购买的第一目的,他们更看重商品的质量可靠、方便实用、经济合理、舒适安全。至于商品的品牌、款式、颜色和包装等,则放在第二位。

(4) 一部分老年人有消费补偿动机。在子女独立、经济负担减轻之后,一些老年人试图进行补偿性消费。他们随时寻找机会补偿过去由于条件限制未能实现的消费需求,在美容美发、穿着打扮、营养食品、健身娱乐、旅游观光等方面有着强烈的消费兴趣。

调查中也发现,老年消费者的购买行为,主要有如下特征。

(1) 在购买方式上,多数老年人选择大商场和离家较近的商店购买。这是由于大商场的商品质量能够得到保障,老年人体力有所下降,希望在较近的地方买到商品,并希望得到如导购、送货上门等服务,对于电视直销、电话购物等新型的购物方式,部分老年消费者能够适应。

(2) 由于大多数老年人害怕寂寞,而子女由于工作等原因闲暇时间较少,所以老年人多选择与老伴或同龄人一起出门购物。老年人之间有共同的话题,在购买商品时可以相互参考，出谋划策。所以，影响老年人购物的相关群体主要还是老年人。

（3）广告对老年人的影响程度较深。大多数老年人选择"影响一半"（41.9%），22.7%选择"没有影响"，剩余的老年人对广告有反感情绪。由于老年人心里成熟、经验丰富，他们相信通过多家选择和仔细判断能选出自己满意的商品。当然，他们也希望通过广告了解一些商品的性能和特点，作为选择商品时的参考。

1. 怎样理解人口环境对企业的市场营销影响？
2. "银发经济"对药品企业的影响有哪些？

复习思考题

1. 市场营销的环境特点有哪些？
2. 进行宏观市场营销环境分析时需要考虑哪几方面的因素？
3. 竞争者一般分为哪些类型？

第三章 药品市场调查

第一节 市场调查概述

一、药品市场调查的含义

市场调查是指为了进行营销决策,而系统地、客观地收集、记录、整理和分析市场信息,并形成调研成果的过程。开展市场调查的目的是为企业决策者和相关部门提供信息,帮助他们了解环境、分析问题、策划各种营销活动或评价、修订营销策略。所以,市场调查是开展营销策划活动的基础,市场调查渗透于整个市场营销策划活动之中。

二、药品市场调查的必要性

药品市场是销售药品的专业市场,一方面它遵循市场运动的一般规律,另一方面它又具有其特殊性。药品市场调查的作用主要表现在以下几个方面。

（1）药品市场调查有利于了解药品市场特征　药品的特殊性决定了药品市场不同于其他商品市场,通过药品市场调查可以使医药企业进一步认识药品市场的特征,掌握药品的流通规律,建立适宜促进药品流通的市场机制。

（2）药品市场调查有利于了解药品的供求状况　医药企业通过药品市场调查,可以了解国民经济的发展状况、消费水平和消费结构,可以了解全国药品市场或某一地区药品的供求状况,从而有的放矢,有效地组织药品生产和销售。

（3）药品市场调查有利于增强医药企业的竞争力　通过药品市场调查,可以了解本企业药品销售中存在的问题,掌握各种销售推广手段与推销人员的工作成效,同时了解竞争对手的竞争策略和营销手段,从而有针对性地改进本企业的营销策略,疏通销售渠道,选择促销手段,扬长避短,发挥优势,维持或提高市场占有率,占领目标市场。

（4）药品市场调查有利于提高医药企业的经营管理水平　对于医药企业来说,经营目标和经营策略的正确与否是企业兴衰成败的关键。信息是经营决策的前提,只有通过市场调查搜集到比较完整、系统、真实、可靠的市场信息,并对信息做出合乎实际的全面分析,才能制订出正确的经营决策。

三、药品市场调查的方法

市场调查的分类方法很多,从实用角度,按照调查的目的和功能划分,市场调查可以分为探索性调查、描述性调查和因果性调查。如图 3-1 所示。

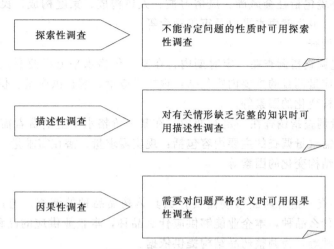

图 3-1　市场调查类型图

1. 探索性调查

探索性调查是为了使问题更明确而进行的小规模调查活动。这种调查特别有助于把一个大而模糊的问题表达为小而准确的子问题，并识别出需要进一步调研的信息。比如，某公司的市场份额下降了，公司无法——查知原因，就可用探索性调查来发掘问题：是经济衰退的影响？是广告支出的减少？是销售代理效率低？还是消费者的习惯改变了等。总之，探索性调查具有灵活性的特点，当不能肯定问题的性质时可用探索性调查。

2. 描述性调查

描述性调查是寻求对"谁"、"什么事情"、"什么时候"、"什么地点"这样一些问题的回答，即，5W1H 要素描述（what when where who why how）。它可以描述不同消费者群体在需要、态度、行为等方面的差异。描述的结果，尽管不能对"为什么"给出回答，但也可用作解决营销问题所需的全部信息。比如，某商店了解到该店 67% 的顾客主要是年龄在 18～44 岁的妇女，并经常带着家人、朋友一起来购物。这种描述性调查提供了重要的决策信息，使商店重视直接向妇女开展促销活动。可见，对有关情形缺乏完整的知识时可用描述性调查。

3. 因果性调查

因果性调查是调查一个因素的改变是否引起另一个因素改变的研究活动，目的是识别变量之间的因果关系。如预期价格包装及广告费用等对销售额是否有影响。这项工作要求调研人员对所研究的课题有相当丰富的知识，能够判断一种情况出现了，另一种情况会接着发生，并能说明其原因所在。因此，需要对问题严格定义时可用因果性调查。

四、药品市场调查的内容与类型

1. 药品市场调查的内容

（1）药品市场环境调查　药品市场环境是指影响医药企业生产经营管理活动的各因素的综合。药品市场环境包括经济环境、政治环境、人口环境、社会文化环境等。医药企业只有适应市场环境的变化，因势利导地组织生产经营活动，才能做出正确的市场决策。

① 经济环境包括国内经济环境和国际经济环境，宏观经济的发展趋势和微观经济的现状，经济结构和人们的购买力水平等。

② 政治环境指国家有关方针、路线、政策、法令法规，以及政治形势的变化等。

③ 社会文化环境包括社会风尚、风俗习惯、人口构成、家庭构成、民族特点、宗教信仰、文化教育水平、卫生健康水平以及审美观念等。

（2）药品供需调查

① 药品供应量调查指调查在一定时期内，在某一价格水平上厂商愿意而且能够供应的药品数量。药品供应量调查的主要内容包括：现实供应量、潜在供应量、供求结构状况及影响供应量和供求结构变化的因素等。

② 药品需求量调查指调查在一定时期内，在某一价格水平上消费者需要而且能够购买的药品数量。药品需求量调查的主要内容包括：现实需求量、潜在需求量、需求结构状况及影响需求量和需求结构变化的因素等。

（3）药品调查

① 药品品种调查　指对药品市场需要什么具体药品品种的调查。通过药品品种调查，着重了解市场需要什么品种，本企业能够供应什么品种，本企业供应的品种是否适销对路，市场还需要什么品种等，为调整药品结构提供依据。

② 药品质量调查　指对药品质量状况的调查，主要包括药品实质、药品形式、药品附加的疗效与功能；调查药品外观、剂型、剂量、品种、名称、包装的状况以及药品售后服务等。

③ 药品生命周期调查　主要包括药品品种、药品剂型和药品规格的寿命周期等方面的调查。

④ 新药品调查主要包括新药品开发研究应用情况、新药品与老药品替代情况、老药品淘汰情况、新药品投放市场情况等方面的调查。

（4）药品市场竞争调查

① 对竞争对手总体情况的调查即竞争者的数量、规模、分布，可提供的产品总量、满足需要的总程度等。

② 对竞争对手竞争能力的调查包括竞争企业的资金拥有情况、企业规模、技术水平、产品情况、市场占有率等。

③ 对潜在竞争对手的调查包括原来竞争能力非常弱小的竞争对手发展壮大，可能迅速成为强有力的竞争对手，以及将要出现的新竞争对手。

2. 药品市场调查的类型

（1）普查　普查亦称全面调查，是指以药品市场的总体为调查对象，在一定时点上，对药品市场上某些产品的生产、供应、销售、储存、运输状况的全面调查。例如：中药材资源普查、库存药品普查等。药品市场普查，主要适用于不能或不宜通过经常性调查来完成、具有全面精确统计要求的研究对象。

（2）重点调查　在调查对象总体中，如果某些或某个因素对经营活动影响较大，就应对这个或这些因素进行重点调查。这种方法主要在紧急情况下使用，费用少、开支小。例如：疫情调查就是一种重点调查，为了对某种疫情进行有效控制，就应对影响疫情的有关因素进行分析，同时对有关药物进行调查，以指导这类药品在一定时间内的生产和销售，从而达到"以药等病"控制疫情的社会效果。

（3）典型调查　药品市场典型调查是指对药品市场的某些典型现象、典型内容、典型单位进行的调查。由调查者根据调查现象的分布情况，有目的地选择具有代表性的现象、内容和单位进行深入调查，掌握有关资料，由此了解现象总体的一般市场状况。典型调查在药品市场调查中经常采用。

(4) 抽样调查　抽样调查即根据随机原则，从调查对象总体中按一定规则抽取部分样本而进行的调查。例如，某企业从外地购进某种药品，需要进行质量和等级检查，这种情况不必将药品全部打开进行全面验收，而是采用随机取样，从中抽出一部分进行检查，从而推算出这种药品的质量和等级情况。

五、药品市场调查的步骤

1. 确定调查目标

确定调查目标是药品市场调查的重要环节。有明确的目标才能确定调查对象、内容和采取的方法。例如，某企业的产品年度订货下降，这就要求了解到底是什么原因造成的，要针对企业销售量下降问题确定调查目标。

2. 制订调查方案

能否制订出科学合理的调查方案，是药品市场调查成败的关键。制订调查方案主要包括以下几个方面的工作。

（1）根据调查目标将调查项目按重要程度进行排队，突出重点。

（2）根据调查项目，确定收集资料的来源、性质和数量。

（3）根据调查任务的大小，明确调查人员，并将责任落实到人。

（4）明确调查方法，并按不同的调查内容确定不同的调查方法。

（5）明确调查的起止时间，安排调查进度。

（6）做出调查经费预算。

3. 设计调查表

调查表是系统地记载需要调查的问题和项目的书面登记材料，用来反映调查的具体内容，为调查人员实施调查提供依据，是实现调查目的的一种重要工具。设计调查表应注意以下几个问题。

（1）调查的内容一定要把需要与可能结合起来。列入调查表的每个项目，应是调查课题所必需的，与调查课题虽有一定关系但被调查者无法回答或者不愿回答的问题不宜列入。

（2）调查表中的问题采用哪种形式，应当根据调查内容和调查对象的特点来确定，提出问题应具体明确，以便于被调查者回答。

（3）题目的用语力求通俗易懂，简明扼要，明白无误。避免使用含糊不清，模棱两可的语句。在命题时还要注意被调查者的心理因素，避免提出引起被调查者反感的和带有偏向性的问题。

（4）调查表中应注意调查问题的排列顺序，有利于提高被调查者回答问题的效果。一般说来，同类型的或成套的问题可以排在一起，简单的问题、被调查者较为关注的问题可放在前面，复杂的问题、被调查者较难回答的问题应放在后面。

4. 整理调查资料

整理调查资料包括筛选、分类和分析。筛选要围绕调查目的进行取舍，有价值的残缺资料不可轻易放过。分类的目的在于使资料系统化，以便于查找分析。经筛选和分类的资料还应根据这些数据和事实进行分析，找出问题的实质，发现现象之间的因果关系和内在规律性，才能作出有价值的判断和结论。对资料的分析，要根据不同的需要采用不同的分析方法，如时间序列分析、因素分析、相关分析、方差分析、判断分析等。

5. 写出调查报告

写调查报告是市场调查的最后一步，是用文字、图表的形式反映整个调查内容和结论的书面材料,用调查得来的资料对所要解决的问题做出说明分析,并得出结论,供决策参考。

药品市场调查报告主要包括以下内容:调查目的、方法、步骤、结果以及调查结论、建议和必要的附件。附件是报告所引用过的重要数据和资料。调查报告要力求做到:正面回答调查方案中提出的问题,运用调查得来的资料、数字要客观准确,文字要简明扼要、重点突出,分析问题力求客观,避免主观武断和片面性,要提出解决问题的建议,避免不着边际的空谈和无明确结论的报告。

第二节 市场调查方法

一、文案调查法

文案调查法又称直接调查法,是利用企业内部和外部现有的各种信息、情报资料,对调查内容进行分析研究的一种调查方法。

文案调查应围绕调查目的,收集一切可以利用的现有资料。从企业经营的角度讲,现有资料包括企业内部资料和企业外部资料。因此,文案调查的渠道也主要是这两种。

1. 企业内部资料的收集

主要是收集企业经营活动的各种记录,包括:业务资料、统计资料、财务资料以及企业积累的其他资料。

2. 企业外部资料的收集

对于企业外部资料,可从各级政府主管部门、专业信息咨询机构、各种媒体、各种会议等相关渠道进行资料收集(图3-2)。

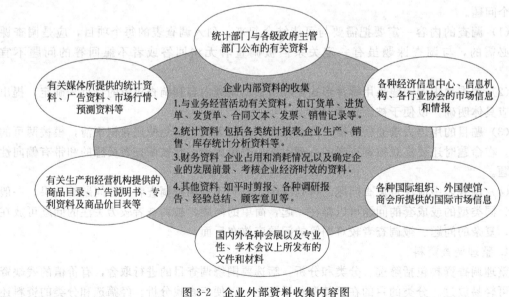

图 3-2 企业外部资料收集内容图

二、实地调查法

1. 访问调查法

访问调查法又称询问调查法,就是调查人员采用访谈询问的方式向被调查者了解市场情况的一种方法,它是市场调查中最常用、最基本的调查方法。通常包括五种方式(图3-3)。

面谈访问法	调查者根据调查提纲直接访问被调查者,当面询问有关问题,既可以是个别面谈,也可以是群体面谈
电话调查法	电话调查法是由调查人员通过电话向被调查者询问了解有关问题的一种调查方法
邮寄调查法	邮寄调查法是将调查问卷邮寄给被调查者,由被调查者根据调查问卷的填写要求填写好后寄回的一种调查方法
留置问卷调查法	留置问卷调查法是当面将调查表交给被调查者,说明调查意图和要求,由被调查者自行填写回答,再由调查者按约定日期收回的一种调查方法
日记调查法	日记调查法是指对固定样本连续调查的单位发放登记簿或账本,由被调查者逐日逐项记录,再由调查人员定期加以整理汇总的一种调查方法

图 3-3　实地调查方法分类图

2. 观察调查法

观察调查法是调查人员凭借自己的感官和各种记录工具,深入调查现场,在被调查者未察觉的情况下,直接观察和记录被调查者行为,以收集市场信息的一种方法。

观察调查法简称观察法,观察法有直接观察和测量观察两种基本调查方式。

直接观察就是观察人员直接到商店、家庭、街道等处进行实地观察。一般是只看不问,不使被调查者感觉到在接受调查。这样的调查比较自然,容易得到真实情况。这种方法可观察顾客选购商品时的表现,有助于研究购买者行为。

测量观察就是运用电子仪器或机械工具进行记录和测量,例如某广告公司想了解电视广告的效果,选择了一些家庭作调查样本,把一种特殊设计的"测录器"装在这些家庭的电视机上,自动记录所收看的节目。经过一定时间,就了解到哪些节目收看的人最多,在以后的工作中根据调查结果合理安排电视广告的播出时间,收到很好的效果。

3. 实验调查法

实验调查法是指市场调研者有目的、有意识地改变一个或几个影响因素,来观察市场现象在这些因素影响下的变动情况,以认识市场现象的本质特征和发展规律。企业的经营活动中经常运用这种方法,如开展一些小规模的包装实验、价格实验、广告实验、新产品销售实验等,来测验这些措施在市场上的反映,以实现对市场总体的推断。

实验调查法按照实验的场所可分为实验室实验法和现场实验法。实验室实验法是指在人造的环境中进行实验,研究人员可以进行严格的实验控制,比较容易操作,时间短,费用低。现场实验法是指在实际的环境中进行实验,其实验结果一般具有较大的实用意义。

4. 网络调查法

网络调查法即网络市场调研,又称网上市场调研或联机市场调研,指的是通过网络有系统、有计划、有组织地收集、调查、记录、整理、分析与产品、劳务有关的市场信息,客观地测定及评价现在市场及潜在市场,用以解决市场营销的有关问题,其调研结果可作为各项营销决策的依据。

三、抽样调查法

抽样调查法是一种专门组织的非全面调查方法。它是按照一定方式,从调查总体中抽取部分样本进行调查,用所得的结果说明总体情况的调查方法。抽样调查是现代市场调查中的重要组织形式,是目前国际上公认和普遍采用的科学的调查手段。抽样调查分为随机抽样和非随机抽样两类。

随机抽样是按照随机原则抽取样本，即在总体中抽取样本单位时，完全排除了人为主观因素的影响，使每一个单位都有同等的可能性被抽到。

非随机抽样不遵循随机原则，它是基于方便原则或根据主观的选择来抽取样本。非随机抽样无法估计和控制抽样误差，无法用样本的定量资料，采用统计方法来推断总体，但非随机抽样简单易行，尤其适用于做探测性研究。

1. 随机抽样调查法

（1）等距抽样　等距抽样又称机械抽样，就是先将总体各单位按一定标志排列起来，然后按照固定的顺序和一定的间隔来抽取样本单位。

排列所依据的标准有两种。一种是按与调查项目无关的标志排队。例如：在住户调查时，选择住户可以按住户所在街区的门牌号排队，然后每隔若干个号抽选一户进行调查。另一种是按与调查项目有关的标志排队。例如：住户调查时，可按住户平均月收入排队，再进行抽选。

（2）整群抽样　在实际工作中，为了便于调查，节省人力和时间，往往是一批一批地抽取样本，每抽一批时，把其中所有单位全部加以登记，以此来推断总体的一般情况，这种抽样方式称为整群抽样。

2. 非随机抽样调查法

（1）任意抽样　任意抽样又称便利抽样，是根据调查者方便与否来抽取样本的一种抽样方法。"街头拦人法"和"空间抽样法"是任意抽样的两种最常见的方法。其优点是简单方便，也比较经济，但是抽样偏差大，可信度较低，一般在非正式调查中应用较多。

（2）判断抽样　判断抽样又称目的抽样，它是凭调查人员的主观意愿、经验和知识，从总体中选择具有代表性的样本作为调查对象的一种抽样方法。判断抽样选取样本单位一般选择"多数型"调查对象，或以"平均型"为标准，应尽量避免选择"极端型"。判断抽样法适用于总体调查样本比较小，调查者对于调查对象比较清楚，比较追求效率的调查项目中。

（3）配额抽样　配额抽样是首先将总体中的所有单位按一定的标志分为若干类（组），然后在每一类（组）中用便利抽样或判断抽样方法选取样本单位。所不同的是，配额抽样不遵循随机原则，而是主观地确定对象分配比例。这种方法简便易行，成本不高，但是控制特性多时，计算较为复杂，且缺乏统计理论依据，无法准确估计误差。

第三节　市场调查问卷设计

市场营销的科学决策，离不开充分地市场信息，调查问卷是保证基础市场信息确凿的有效方法。在市场调查中，事先准备好的询问提纲或调查表等作为调查的依据，这些文件统称问卷。它系统地记载了所需调查的具体内容，是了解市场信息资料、实现调查目的和任务的一种重要形式。采用问卷进行调查是国际通行的一种调查方式，也是我国近年来推行最快、应用最广的一种调查手段。

一、问卷设计的概念

问卷设计是根据调查目的，将所需调查的问题具体化，使调查者能顺利地获取必要的信息资料，并便于统计分析。由于问卷方式通常是靠被调查者通过问卷间接地向调查者提供资料，所以，作为调查者与被调查者之间沟通载体的调查问卷，其设计是否科学合理，将直接影响调查的质量，影响资料的真实性、实用性，甚至问卷的回收率。因此，在市场调查中，应对问卷设计给予足够的重视。

二、问卷设计的结构

一份完整的调查问卷通常包括标题、问卷说明、被调查者基本情况、调查主题内容、编码和作业证明的记载等内容。

1. 标题

问卷的标题概括说明调查研究主题，使被调查者对所要回答什么方面的问题有一个大致的了解。标题应简明扼要，易于引起回答者的兴趣。例如"65岁以上老年人血压状况调查"、"亚健康状态理解调查"等。而不要简单采用"问卷调查"这样的标题，它容易引起回答者因不必要的怀疑而拒答。

2. 问卷说明

问卷说明旨在向被调查者说明调查的目的、意义。有些问卷说明还包括填表须知、交表时间、地点及其他说明事项等。问卷说明一般放在问卷开头，通过它可以使被调查者了解调查目的，消除顾虑，并按一定的要求填写问卷。问卷说明既可采取比较简洁、开门见山的方式，也可在问卷说明中进行一定的宣传，以引起调查对象对问卷的重视。

[例1] 同学们：

为了了解当前大学生的身体素质情况，并做出科学的分析，我们特制订此项调查问卷，希望广大同学予以积极配合，谢谢！

[例2] 女士（先生）：

改革开放以来，我国广告业蓬勃发展，已成为社会生活和经济活动中不可缺少的一部分，对社会经济的发展起着积极的推动作用。我们进行这次公众广告意识调查，其目的是加强社会各阶层人士与国家广告管理机关、广告用户和经营者等各方的沟通和交流，进一步加强和改善广告监督管理工作，促进广告业的健康发展。本次问卷调查并非知识性测验，只要求您根据自己的实际态度选答，不必进行讨论。根据《统计法》的有关规定，将对您的个人情况实行严格保密。

3. 被调查者基本情况

被调查者基本情况是指被调查者的一些主要特征，如在消费者调查中，消费者的性别、年龄、民族、家庭人口、婚姻状况、文化程度、职业、单位、收入、所在地区等。又如，对企业调查中的企业名称、地址、所有制性质、主管部门、职工人数、商品销售额（或产品销售量）等。通过这些项目，便于对调查资料进行统计分组、分析。在实际调查中，列入哪些项目，列入多少项目，应根据调查目的、调查要求而定，并非多多益善。

4. 调查主题内容

调查主题内容是调查者所要了解的基本内容，也是调查问卷中最重要的部分。它主要是以提问的形式提供给被调查者，这部分内容设计的好坏直接影响整个调查的价值。

主题内容主要包括以下几方面：①对人们的行为进行调查，包括对被调查者本人行为进行了解或通过被调查者了解他人的行为；②对人们的行为后果进行调查；③对人们的态度、意见、感觉、偏好等进行调查。

5. 编码

编码是将问卷中的调查项目变成数字的工作过程，大多数市场调查问卷均需加以编码，以便分类、整理，更加易于进行计算机处理和统计分析。所以，在问卷设计时，应确定每一个调查项目的编号，通常是在每一个调查项目的最左边按顺序编号。

如：①您的姓名；②您的年龄……而在调查项目的最右边，根据每个调查项目允许选择的数目，在其下方划相应的若干短线，以便编码时填上相应的数字代号。

6. 作业证明的记载

在调查表的最后，附上调查员的姓名、访问日期、时间等，以明确调查人员完成任务的情况。如有必要，还可写上被调查者的姓名、单位或家庭住址、电话等，以便于审核和进一步追踪调查。但对于一些涉及被调查者隐私的问卷，上述内容则不宜列入其中。

三、问卷设计的原则

1. 目的性原则

问卷调查是通过连续地向被调查者询问问题来进行调查的，所以，询问的问题必须是与调查主题有密切相关。这就要求在问卷设计时，重点必须突出，避免无效问题，并把主题详细分解，即把它分别做成具体的询问形式，以便供被调查者迅速回答。

2. 可接受性原则

调查问卷的问题设计要容易让被调查者接受。由于被调查者对是否参加调查具有绝对的选择权，不能强迫调查者给予配合，调查对于他们来说是一种额外负担，既可以接受调查，也可以拒绝调查。因此，请求合作就成为问卷设计中一个十分重要的问题。应在问卷说明中，将调查目的明确告诉被调查者，让对方知道该项调查的意义和自身回答对整调查结果的重要性。问卷说明词要亲切、温和，提问部分要自然、有礼貌和有趣味性，必要时可采用一些物质鼓励，并为被调查者保密，以消除其某种心理压力，使被调查者自愿参与，认真填好问卷。此外，还应使用适合被调查者身份、素质的用语，尽量避免列入一些会令被调查者难堪或反感的问题。

3. 顺序性原则

顺序性原则是指在设计问卷时，使问卷条理清楚，排列有序，顺理成章，以提高回答问题的效果。问卷中的问题一般可按下列顺序排列。

（1）容易回答的问题（如行为性问题）放在前面；较难回答的问题（如态度性问题）放在中间；敏感性问题（如动机性问题、涉及隐私的问题等问题）放在后面；关于个人情况的事实性问题放在末尾。

（2）封闭性问题放在前面，开放性问题放在后面。这是由于封闭性问题已由设计者列出备选的全部答案，较易回答，而开放性问题需被调查者花费一些时间考虑，放在前面易使被调查者产生畏难情绪。

（3）要注意问题的逻辑顺序，如可按时间顺序、类别顺序排列。

4. 简明性原则

简明性原则主要体现在三个方面。

（1）调查内容要简明、易读、易懂，与主题没有关系、没有价值的问题不要设计。

（2）调查时间要简短，问题和整个问卷都不宜过长。设计问卷时，不能单纯从调查者角度出发，而要为被调查者着想。调查内容过多，调查时间过长，都会招致被调查者的反感，增加调查的难度。

5. 匹配性原则

匹配性原则是指要使被调查者的回答便于进行检查、数据处理和分析。所提问题都应事先考虑到能对问题结果做适当分类和解释，便于对所得资料做交叉分析。

四、询问技术

问题是调查问卷的核心，问卷的语句由若干个问题所构成，在进行问卷设计时，必须对问题的类别和提问方法仔细考虑，否则会使整个问卷产生很大的偏差，导致市场调查的失败。因此，在设计问卷时，要清楚地了解调查的目的与方式，并善于根据调查目的和具体情况选择适当的询问方式。问题的主要类型有以下几类。

1. 直接性问题、间接性问题和假设性问题

直接性问题是指在问卷中能够通过直接提问方式得到答案的问题。直接性问题通常给被调查者一个明确的范围，所问的是个人基本情况或意见，比如，"您的年龄"、"您的职业"、"您最喜欢的洗发水是什么牌子的"，这些都可获得明确的答案。这种提问对统计分析比较方便，但遇到一些窘迫性问题时，采用这种提问方式，可能无法得到所需要的答案。

间接性问题是指那些不宜于直接回答，而采用间接的提问方式得到所需答案的问题。通常是指那些被调查者因对所需回答的问题产生顾虑，不敢或不愿真实地表达意见的问题。调查者不应为得到直接的结果而强迫被调查者，使他们感到不愉快或难堪。这时，如果采用间接回答方式，使被调查者认为很多意见已被其他调查者提出来了，他所要做的只不过是对这些意见加以评价罢了，这样，就能排除调查者和被调查者之间的某些障碍，使被调查者有可能对已得到的结论提出自己不带掩饰的意见。

例如，"您认为妇女的权力是否应该得到保障？"

如果把问卷的选择答案只是设计成"是"或"不是"，而实际情况则表明许多人对妇女权力有着不同的看法。如果改问：

"A：有人认为妇女权力应该得到保障的问题应该得到重视。"

"B：有人认为妇女权力问题并不一定需要特别提出。"

您认为哪些看法更为正确？

对 A 看法的意见：①完全同意；②有保留的同意；③不同意。

对 B 看法的意见：①完全同意；②有保留的同意；③不同意。

采用这种提问方式会比采用直接提问方式收集到更多的信息。

假设性问题是通过假设某一情景或现象存在而向被调查者提出的问题。例如："有人认为目前的电视广告过多，您的看法是怎样的？""如果在购买汽车和住宅中您只能选择一种，您可能会选择何种？"这些都属于假设性提问。

2. 开放性问题和封闭性问题

所谓开放性问题是指所提出问题并没有明确的答案，回答者需要根据自己的理解做出回答。开放性问题一般提问比较简单，由被调查者在自主状态下对问题进行回答，回答比较真实，其结果一般作为定性分析素材，通常是将回答进行分类，难以对结果做定量分析。

封闭性问题指一般有确切性答案的问题，比如一些是非性问题，在调查问卷中已事先设计了各种可能的答案的问题，被调查者只要或只能从中选择即可。

3. 事实性问题、行为性问题、动机性问题、态度性问题

事实性问题是要求被调查者回答一些有关事实性的问题。例如："您通常什么时候看电视？"这类问题的主要目的是为了获得有关事实性资料。因此，问题的意见必须清楚，使被调查者容易理解并回答。

行为性问题是要求对被调查者的行为特征进行调查。例如，您是否购买过减肥茶？

动机性问题为了调查被调查者的行为意图而设计的问题。例如：您为什么选择中药降压药物？

态度性问题是要求被调查者回答观点、评价、意见等的问题。例如，您曾经使用过的减肥产品哪种实际效果让您最为满意？

一份有效的市场调查问卷，需要紧紧地围绕调查目的、调查任务进行合理的问题设计，问题的方式没有好坏优劣之分，采用何种提问方式，采用多少完全可以根据具体情况而定。

五、答案设计

在市场调查中，除了设计问题的提问方式，还要设计相关问题的备选答案或回答方式，这直接关系到调查的实际效果与效率。在设计答案时，可以根据具体情况采用不同的设计形式。

1. 二项选择法

二项选择法也称真伪法或二分法，是指被调查者对所提问题用"是"或"否"、"有"或"无"、"大"或"小"、"喜欢"或"不喜欢"、"同意"或"不同意"等来回答。

例如：您服用过羚羊感冒片吗？　□是　□否

这种方法的优点是：易于理解和可迅速得到明确的答案，便于统计处理，分析也比较容易。但被调查者没有进一步阐明理由的机会，难以反映被调查者意见与程度的差别，了解的情况也不够深入。这种方法，适用于互相排斥的两项择一式问题，及询问较为简单的事实性问题。

2. 多项选择法

多项选择法是指对所提出的问题事先预备好两个以上的答案，回答者可任选其中的一项或几项。

例如，您用过下列哪一种补钙产品？（在您认为合适的□内划√）
□盖中盖　□葡萄糖酸钙　□劲得钙　□植物钙　□其他
您服用脑白金的主要原因是：
□增加食欲　□延缓衰老　□增强抵抗力　□改善睡眠　□朋友推荐　□其他

由于所设答案不一定能表达出被调查者所有的看法，所以在问题的最后通常可设"其他"项目，以便使被调查者表达自己的看法。这个方法的优点是比二项选择法的强制选择有所缓和，答案有一定的范围，也比较便于统计处理。但采用这种方法时，设计者要考虑以下两种情况。

（1）要考虑到全部可能出现的结果，及答案可能出现的重复或遗漏。

（2）要注意选择答案的排列顺序。有些被调查者常常喜欢选择第一个答案，从而使调查结果发生偏差。此外，答案较多，使被调查者无从选择，或产生厌烦。一般这种多项选择答案应控制在8个以内，当样本数量有限时，多项选择易使结果分散，缺乏说服力。

3. 顺位法

顺位法是列出若干项目，由被调查者按重要性确定先后顺序，顺位法主要有两种：一种是对全部答案排序；另一种是只对其中的某些答案排序，究竟采用何种方法，应由调查者来决定。具体排列顺序，则由被调查者根据自己所喜欢的事物和认识事物的程度等进行排序。

例如，您选择感冒药时，请对下列因素的重视程度作出评价，从高到低，请将所给答案按重要顺序1、2、3填写在□中
□治疗效果好　□价格合理　□使用或服用方便　□厂家信誉好　□包装好

顺位法便于被调查者对其意见、动机、感觉等做衡量和比较性的表达，也便于对调查结果加以统计，适用于要求答案有先后顺序的问题。但调查项目不宜过多，过多则容易分散，很难顺位，同时所设定的排列顺序也可能对被调查者产生某种暗示影响。

4. 评价问卷

评价问卷要求被调查者表明对某个问题的态度，一般用于对同质问题的程度研究。

例如：您认为 21 金维他的价格如何？
□偏高　□略高　□适中　□偏低　□太低

5. 比较法

比较法是采用对比提问方式，要求被调查者作出肯定回答的方法。

例如，请比较下列不同品牌的饮料，哪种更好喝？（在各项您认为好喝的品牌的□中划√）

苗条□　　午后□
午后□　　冰红□
冰红□　　脉动□
脉动□　　可口□
可口□　　百事□
百事□　　非常□

比较法适用于对质量和效用等问题作出评价。所回答问题中的商品品牌等项目调查者应该比较熟悉，否则将会出现空项现象。

6. 自由回答法

自由回答法是指提问时可自由提出问题，被调查者可以自由回答想法，并无已经拟定好的答案。

例如，您认为应该如何改进丰胸类产品的电视广告？

这种方法的优点是涉及面广，灵活性大，所收集的信息量大，被调查者可充分发表意见，可为调查者搜集到某些意料之外的资料，缩短调查者和被调查者之间的距离。缺点是由于被调查者提供答案的想法和角度不同，不能预期答案或不能限定答案范围的问题，在答案分类时往往会出现困难，资料还可能因被调查者表达能力的差异形成调查偏差，被调查者往往放弃回答或答非所问，因此，此种问题不宜过多。

7. 过滤法

过滤法又称漏斗法，是指最初提出的是离调查主题相对较远的问题，由远及近，逐渐缩小提问范围，最后有目的的引向要调查的某个专题性问题。这种方法的技巧性强，要求调查人员善于把握对方心理，善于引导。

此方法的不足是不易控制调查时间。这种方法适合于被调查者在回答相关问题时有所顾虑，或者一时不便于直接表达对某个问题的具体意见时。例如，对那些涉及被调查者自尊或隐私等问题，如收入、文化程度、妇女年龄等，可采取这种询问方式。

◀◀ 小试牛刀 ▶▶

某外资知名保健品公司的市场部经理正在考虑是否推出家庭组合包装的补充微量元素的功能食品，将原来的单品销售变成儿童、女士、老年微量元素补充产品打包成一个礼盒，进行整体销售。

这样做的目的源于两个方面，第一方面是方便顾客，因为现在人们的健康意识很强，无论老幼，还是青年、中年，由于工作、学习压力比较大，有很多家庭有分别购买保健产品（包括微量元素产品）的现象，这样可以大大方便顾客购买。第二方面是希望借新品上市之际吸引更多的品牌关注，吸引更多的消费群体，尤其适合礼品购买者。

微量元素保健品市场比较成熟，在正式作出采用新包装的决策之前，必须获得以下问题的答案：新包装是否有足够的市场？目标市场是什么？哪类顾客最为关注这类产品，一般这类客户希望在哪里购买此类产品？该公司会同某市场调查公司主要做以下几方面的研究：

(1) 测试消费者对组合包装产品的接受可能性；

(2) 组合包装产品的潜在购买者和使用者；

(3) 判断顾客希望在哪类商店买到这种产品；

(4) 判断潜在的市场大小。

调查样本将是18岁以上购买过相关保健产品的人。信息收集将通过在百货公司等地方拦截顾客并以面谈访问方式进行，并向被调查者出示新包装的图片和样品。

◀◀ 调查问卷 ▶▶

亲爱的女士、先生：

您好！

我是××市场调研公司的员工，我们正在进行有关微量元素保健品市场的调查，可以占用您几分钟时间问您几个问题吗？您所提供的信息对我们这次调查的结果相当重要。

谢谢您的合作！

××市场调研公司

(1) 您已经18岁了吗？（视情况发问）

是（ ）否（ ）

(2) 您购买过保健产品吗？

是（ ）否（ ）

(3) 您使用过什么类型的保健产品？

心脑血管类（ ） 益智类（ ） 美容类（ ） 抗疲劳类（ ） 维生素类（ ） 其他（ ）

(4) 您用过微量元素类的保健食品吗？

是（ ）否（ ）

(5) 您身边有使用补充微量元素保健食品的人吗？

有（ ） 没有（ ）

(6) 您多长时间购买一次补充微量元素的产品？

一个月（ ） 二个月（ ） 三个月（ ）

五个月（ ） 不确定（ ）

(7) 您在购买补充微量元素的产品后有其他人参与使用吗？

没有（ ） 父母（ ） 孩子（ ）

爱人（ ） 朋友（ ） 同事（ ）

其他情况（ ）

(8) 您知道补充微量元素的产品有组合包装出售吗？

是（ ）否（ ）

(9) 您认为将补充微量元素的产品按家庭成员使用情况组合包装在一起销售这种方法如何？

好主意（ ） 不好（ ） 无所谓（ ）

(10) 为什么？

(11) 您喝过×产品吗？

是（ ）否（ ）

说明:该公司现正准备改进产品包装,采用家庭组合装推出。
(12)如果价格不比单品装减少,但总价会高,您愿意购买这种包装的产品吗?
愿意( )可能( )不愿意( )不知道( )
(13)为什么?
(14)您希望在哪类商店买到这种组合包装的产品?
食品商店( )专卖店( )人员直销( )
药店( )超市( )
(15)您觉得这种包装的产品应该与哪类产品摆在一起?
补钙类( )补锌类( )礼品区( )
综合补充微量元素产品区域( )其他( )
1. 问卷初稿和研究设计是否符合研究目的?
2. 可否用其他问题了解顾客态度和购买意向,可用什么方法获得有用的信息?
3. 对问卷中的内容,还有哪些需要修改的地方?

案例链接

中小医药企业如何发展

目前,在我国市场格局和定位中,中小企业发展已经成为社会经济发展的瓶颈。这主要是由于主要企业本身资金实力比较弱,在产品创新性和风险抵抗能力方面,无法与大中型企业抗衡。而由此导致中小企业一方面没有办法获取比较高的垄断利润,另一方面规模小又没有办法获取低成本所带来的更大的市场占有率。因此在市场竞争中,大部分中小企业会选择产品差异化策略和夹缝式生存方式,在市场中获取自身的生存和发展空间。

相比较其他行业的中小企业而言,医药行业的中小企业发展真是难上加难。原因在于,作为医药行业产品的药品,其使用价值的体现,要比其他行业产品更集中、更单一,药品的同质化特性决定了医药行业发展的差异化策略实施必然会受到严格的制约。事实上,在产品同质化非常严重的情况下,价格必然会成为企业发展所使用的重要的竞争手段。而作为中小药企而言,无论是在技术水平还是在规模方面都是处于劣势的状态,在规模效益的获取方面必然会受到严重的制约。其生存和发展的压力问题由此更为突出。

事实上对于中小药企的营销策略而言,市场细分和目标市场的定位工作尤为重要。不同于大中型医药企业,中小企业要将这一工作做得精致而专业,要通过自身的特色化服务和销售吸引市场。

在市场定位方面,要做好三个方面的工作。一是,做好市场分析工作。通过这一工作,充分挖掘被大中型医药企业所忽略或未开发的领域,以此作为自身的市场潜在开发空间。二是,做好市场细分工作。针对市场潜在空间,尽最大可能地进行市场细分,以此把握市场需求者的需求特征,作为进一步制订市场营销策略和开展市场营销工作的基础。三是,针对目标市场,做好目标市场的定位服务。专注于目标市场的相关领域的营销工作,通过不断地改进产品质量,提高服务效率来促进自身的发展。

在客户体验方面,要做好两个方面的工作。一是树立良好的外部客户体验口碑。二是,建立良好的内部客户忠诚关系。其实,作为客户体验的这两个方面的工作,相比较而言,建立良好的内部客户忠诚关系更为重要。这其中的原因不难分析。一方面,药企全部的药品营销工作都是针对于外部客户来展开的,这就决定了外部客户一直是药企营销工作的重点和核心,任何药企都会重视这一环节的工作,那在做足相关工作的基础上再次提高其效率和能量就非常有限了；另一方面，药企的全部的外部客户体验工作的实施都是依赖于内部职工来完成的。职工的忠诚度和工作效率决定了外部客户体验程度和口碑状态。

由以上可以看出，对于中小型药企的发展来讲，建立良好的内部客户忠诚关系也是非常重要的。这样一来，如何培养员工的忠诚度就成为现代药企的重要课题。为提高员工的忠诚度，就要在理念和实践上建立良好的用人机制：从理念角度讲就是要建立良好的用人观，能从思想意识角度提高对人才的重视度；从实践角度讲就是要通过相关机制制度和措施保障人才的真正有效利用。

(资料来源：王运启　《专业制胜：中小药企成长王道》　中国医药联盟　2014年9月2日 http://www.chinamsr.com/2014/0902/81196.shtml)

◀◀ 小试牛刀 ▶▶

2013年8月，北京同仁堂诚安药材有限公司正式成立。该公司以各类养生茶作为销售的主体对象，专注于打造第一款具有互联网基因的养生茶。主要经营范围包括大麦茶、玫瑰花茶、黑苦荞茶和苦荞茶等。经过半年的运筹，2015年3月18日，同仁堂正式宣布这一为互联网而订制的养生茶的正式推出，并在3月20日在京东商城开始众筹预售，随后在天猫、1号店、京东、亚马逊等各大电商平台全网销售。

同仁堂将产品质量作为其营销活动开展的基础，在其产品的生产过程中严格执行代用茶国家行业标准 GH/T 1091—2014（2014年10月1日正式实施）。从原料到包装全部由具备食品药品双标准的生产企业进行加工生产，并实行全国诚信企业商品流通追溯防伪标签，通过一品一码实施对产品质量的严格保障。

(资料来源：中国经济网 2015年3月20日 http://www.chinamsr.com/2015/0320/84867.shtml)

同仁堂采取的是何种目标市场策略？怎样看待这种营销策略？

复习思考题

1. 市场调查的方法有哪些？
2. 怎样分步骤进行市场调查？
3. 调查问卷的设计原则是什么？

第四章
药品市场细分与目标市场选择

现阶段，药品、保健品等产品的诞生一般是来源市场，又走到市场去的，没哪一种产品适合任何人，任何市场。企业需要集中自己的优势资源，更有效率地获得更大的经济成果。为此，企业必须对目标市场进行行之有效的分析与选择，市场细分即是市场分析，资源投放的必要的研究过程；市场细分、目标市场选择及市场定位是企业营销机会选择和确定过程中的三个互相联系、不可分割的环节，其中市场细分是企业目标市场选择、市场定位的基础和前提。

第一节 市场细分

一、药品市场细分的含义

在市场经济条件下，任何一个企业都不可能满足所有消费者的所有需求，而只能满足部分消费者的部分需求。在现代的市场中，用户对同类产品的要求，由于品种、规格、质量、价格、式样等的不同，他们的要求也各不相同。有的偏重于质量，有的偏重于价格，有的偏重于式样，也有的用户对质量、价格、式样都有要求。在这种情况下，企业必须通过市场细分化，明确企业应为哪一类用户服务，满足他们哪一种需要，从而选择出对自己最为有利的目标市场。

市场细分的概念是美国市场学家温德尔·史密斯（Wendell R. Smith）于20世纪50年代中期提出来的。在此之前，企业往往把消费者看成具有同样需求的整体市场，就单一产品为所有的购买者进行大量生产、大量分配和大量促销，即进行大众化营销。大众化营销可以以最低的成本，进而以较低的价格获取较高的毛利。早期的福特公司是奉行这一策略的典型代表，它只提供单一的黑色T型汽车给所有的用户；早期的可口可乐公司也只生产一种6.5盎司的瓶装可乐。然而随着生产力水平的发展，生产规模的扩大，企业之间的竞争日益激烈；同时人们的收入水平不断提高，消费者的需求日益多样化，这些都给大众化营销造成了很大的困难，从而导致了市场细分概念的提出。

所谓药品市场细分就是指按照消费者对药品的需求、购买行为、习惯等的差异性，把一个总体市场划分成若干个具有共同特征的子市场的过程。分属于同一药品细分市场的消费者，他们的需要和欲望极为相似；分属于不同细分市场的消费者，对同一产品的需要和欲望存在着明显的差别。

二、药品市场细分的作用

1. 有利于药品生产和药品经营企业发现市场机会，开拓新市场

通过药品市场细分，企业可以对每一个药品细分市场的购买潜力、满足程度、竞争情况等进行分析对比，可以了解到不同消费群体的需求情况，发现尚未满足或没有被充分满足的消费需求，并根据竞争者的市场占有情况来分析市场未被充分满足的程度，探索出有利于本企业的市场机会，使企业及时根据本企业的条件编制新产品开拓计划，掌握产品更新换代的主动权，开拓新市场，夺取优势市场的地位。通过市场细分，他们可以发现那些被企业所忽视且尚未满足或没有被充分满足的消费需求，拾遗补缺，以便在激烈的市场竞争中占有一席之地。

2. 有利于企业扬长避短，增强企业竞争力

任何一个企业在激烈的市场竞争中都不可能占据全部优势，竞争力不足的企业也总有自己的长处。对大企业来说，可以凭借自己的经济实力，抓住有利市场，独占鳌头；对于中小企业来说，技术力量、资金和资源有限，但只要认真地研究市场细分化策略，完全有可能在复杂的市场竞争中，发现某些特定的市场，满足这一部分用户的特定需要。

3. 有利于企业分析市场情况，调整营销目标，提高企业的应变能力

企业通过细分市场，可以深入了解每一个细分市场的需求情况和购买潜力，以及同行的情况。这样，企业可以把各个细分市场的外部环境与自己的生产技术条件结合起来，进行反复的权衡比较，选择出自己最有利的市场，以便集中力量，取得最好的经济效益。

4. 有利于企业掌握市场变化趋势，更好地满足消费需要

市场细分可以增强企业对市场调查的迫切性，准确地预测各类消费者需求的变化情况，挖掘潜在需要。这样企业不仅可以针对消费者现实的需要以需定产，而且还可以根据潜在需要发展新药品，开拓新市场，满足消费者不断变化的新需要。

三、药品市场细分的要求

为了使市场细分符合实际情况，更好地为选择目标市场提供有价值的依据，对市场的细分提出以下基本要求。

1. 实用要求

市场细分要注意两种倾向：一是市场细分化标准不宜过细，过细的标准会使市场容量有限，致使营销成本过大；二是市场细分范围不宜过大，范围过大的细分市场仍然不具体、不准确，不利于企业选择目标市场。选择细分标准，要因地、因时、因市场、因企业而制订，做到"针对需求，切实可行"。

2. 动态要求

不同时间、不同企业、不同市场、不同药品，市场细分化的标准是不同的。随着时间的推移或市场的变化，消费者购买药品所追求的利益会发生变化。因此，市场细分时，应经常加以研究和调整，使市场细分建立在动态观念上，注意灵活性，使细分标准有新意。只有这样，才能使细分后的市场符合客观实际，为企业选择目标市场提供可靠的依据。

3. 组合要求

对企业来说，一个理想的目标市场是用一系列的组合因素来确定的，因为消费者的需求往往不是由一个因素所决定的，而是多因素综合影响的结果。这就需要把各种标准、各种因素组合起来统筹考虑，考虑的因素越多，市场划分就越细，也就越容易找到本企业的目标市场。但这绝不是说，采用的标准越多越好，采用的标准应该既能找到目标市场，又能使目标

市场具有相当潜力的恰当组合。

4. 盈利要求

企业选定的细分市场的规模要足以使企业有利可图，而且要有相当的发展潜力。企业所选定的细分市场就是一个适合设计一套独立的市场营销组合的最小单位。但是，如果这个细分市场的规模过小，潜在消费者的人数和购买力都很小，企业要在这样的细分市场上开展营销活动就会收不抵支，这样的细分市场对企业而言是没有意义的。

前面我们已经提到，细分市场并不是越细越好。如果太细，企业会陷入疲于应付众多细分市场的困境之中。如何寻找合适的细分标准，对市场进行有效细分，在营销实践中并非易事。

四、药品市场细分的依据

药品市场细分的前提是消费者需求的差异性，产生这些差异的因素就是进行药品市场细分的依据，也称为药品市场细分的标准或药品市场细分的变量。由于消费者市场与产业市场的购买动机与目的不同，进行市场细分的依据差异较大，因此市场细分也包含许多变量，不同的行业，不同的产品，不同的企业都各有不同，没有严格统一的标准。药品市场细分的依据一般有以下几种。

1. 地理因素细分

是根据消费者工作或居住位置进行细分的方法（表 4-1）。俗话说"一方水土养育一方人"，由于地域环境、自然气候、文化传统、风俗习惯和经济发展水平等因素的影响，处在同一地理环境下的消费者的需求与偏好往往具有相似性，购买行为、习惯、对企业采取的营销策略与措施的反应也有相似性。

表 4-1　市场细分中的地理因素分析

地区因素	细分变数
国界	国内、国际（具体分不同国家）
地区	某国有东部、西部、南部、北部
政区	省、市、地、县等所属地区
城市	大城市、中等城市、小城市
农村	近郊、远郊、边远地区
地形	平原、高原、山地、盆地、丘陵等
气候	热带、亚热带、温带、寒带等

（1）地区　根据地理位置将市场细分为东北、华北、华东、中南、西北、西南等。

（2）城市与农村　城市与农村市场在用药习惯、用药常识、购买能力等方面都存在明显的差异。

（3）气候　由于气候的差异，疾病的发生情况有很大的不同。如鼻炎为寒冷气候条件下的多发病。

（4）人口密度　人口密度与市场规模直接相关，这一变量对一般常用的OTC药品经营企业的市场细分较有意义。

（5）人口的地区间流动　这一因素既影响了药品需求的总量，又改变了需求结构。对于人口流入较多的地区，如北京、上海，流动人口已经超过 400 万，这些流动人口本身就构成了一个很大的市场，不但会引起用药需求总量的增长，同时外来人口通常没有医疗保险，因而直接在药店中购药的较多。

2. 人口与社会经济因素细分

人是市场营销活动的最终对象，也是造成市场需求差异的本质性动因。人口统计变量比较容易衡量，有关数据相对容易获取，因此，企业经常以它作为市场细分的依据（表4-2）。

表 4-2　市场细分中的人口因素分析

人口因素	细分变数
人口数	一个国家或地区的人口数量
年龄	儿童、青少年、成年、老年
性别	男、女
职业	学生、干部、工人、农民等
收入	高收入、中收入、低收入
文化教育	小学、中学、大学
民族	主要民族、少数民族

（1）年龄　由于生理、审美、生活方式、价值观、社会角色、社会活动等方面存在差异，不同年龄的消费者必然会有不同的需求特点。一方面，不同年龄段的疾病发生情况有很大差异，如高血压病、骨质疏松症为中老年人的多发病，而在青年人中较少见；另一方面，不同年龄段的消费者的社会经历、价值观等都不同，其对药品的选择也有很大的差异，如老年人购买药品时通常以经济、方便为首选条件，他们有充裕的时间反复挑选；而年轻人具有时尚、不在意价格、易受广告影响、易产生购买冲动的消费特点。

（2）性别　由于生理上的差别，男性与女性在产品需求与偏好上有很大不同，如美容、减肥产品通常都是针对女性消费者的需求设计的。

（3）购买者的收入　收入是引起需求差异的一个直接而重要的因素，既有购买欲望又有购买力的人才能构成一种药品的市场，而购买力在很大程度上是由收入所决定的。消费者收入水平直接影响市场的大小和消费者的支出模式。如高收入者对保健品的需求会高于低收入者。

（4）购买者的支付方式　随着我国医疗体制改革，公费医疗已被取消，更多的人是医保支付方式。因为医保支付既会受到医疗保险用药范围的限制，又会受到渠道限制，其购买行为与现金支付者会有所不同。

（5）购买者受教育程度　购买者受教育程度不同，其价值观、文化素养、知识水平不同，会影响他们对药品种类的选择和购买行为。受教育程度较高的人获取药品知识相对较多，保健意识也强，其购买行为会相对较为理性；受教育程度较低的人其购买行为一般受他人和广告的影响较大。

人口和社会经济因素还包括职业、民族、宗教风俗等，如藏医、藏药、苗医、苗药在民族地区具有很强的影响力。

3. 心理因素细分

有很多消费者在收入水平以及所处地理环境相同的条件下，却有着截然不同的消费习惯与特点，这就是消费者心理因素在起作用。心理因素包括消费者购买类型、购买习惯、生活方式、个人性格等。

市场细分中的心理因素分析见表4-3。

表 4-3　市场细分中的心理因素分析

心理因素	细分变数
购买类型	保守型、自主型、依赖型
购买习惯	经常、偶尔、尝试
生活方式	时尚、艰苦、朴实
利益追求	经济、便利、声望、新颖

4. 市场行为因素细分

按行为因素细分市场，即把消费者购买或使用某种药品的动机、购买频率、购买状态、营销敏感性等作为细分市场的依据（表 4-4）。购买频率是指消费者对某种药品购买和使用的次数；购买状态是指消费者对药品的购买现状和态度；营销敏感性是指对药品的价格、厂牌、广告和服务等的信赖和敏感程度。能否用这些因素细分市场是企业能否选准目标市场的关键。

表 4-4　市场细分中的行为因素分析

行为因素	细分变数
购买动机	治疗、滋补、馈赠
购买频率	经常购买、按期购买、偶尔购买
购买状态	大量购买、批量购买、零星购买
营销敏感性	不受影响、轻微影响、反应强烈

五、药品市场细分的方法

1. 单一变量细分法

就是根据影响消费者需求的某一个重要因素进行市场细分。如根据年龄这一变量可以将感冒药市场分为成人与儿童两个市场，优卡丹就是专门针对儿童感冒药市场的。

2. 多个变量综合细分法

就是根据影响消费者需求的两种或两种以上的因素进行市场细分。比如，针对高血压药物市场，可按年龄及病情程度将市场细分为青年患者的轻、中、重度高血压，中年患者的轻、中、重度高血压，老年患者的轻、中、重度高血压 9 个细分市场。

采用多个变量综合细分法，当使用的变量增加时，细分市场的数量会按几何级数增加，这会给细分市场的选择带来困难，同时也不必要。因此很多企业采用了系列变量细分法。

3. 系列变量细分法

就是根据企业经营的特点并按照影响消费者需求的诸因素，由粗到细地进行市场细分。这种方法可使目标市场更加明确而具体，有利于企业更好地制订相应的市场营销策略。我们以红牛功能饮料市场细分为例，如图 4-1 所示。

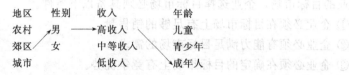

图 4-1　系列变量示意图

第二节　药品目标市场选择

案例阅读

"三精葡萄糖酸钙"、"三精葡萄糖酸锌"已经成为我国补钙、补锌市场的领导性品牌，该公司所投放的大量高空广告，为其品牌的树立功不可没。

稍加注意，我们不满发现，我国著名演员陈小艺携其子为三精产品作广告代言已经好多年了，从该产品上市不久一直至今，三精的主体广告人选与格调基本没有改变。

该广告的主体画面是母子俩个人共同演绎了以下广告词：
——不喝，笨！
——笨熊，喝！
——蓝瓶的，好喝的
——
你认为该公司这么做合理吗？

一、药品目标市场概述

目标市场选择与市场细分有着密切的联系。市场细分是按不同的购买欲望和需求划分消费者群的过程。目标市场选择，则是根据自身条件和特点确定某一个或几个细分市场作为营销对象的过程（图4-2）。由此可见，市场细分是目标市场选择的前提和条件，而目标市场选择则是市场细分的基本目的。

药品目标市场是医药企业为满足现实或潜在的消费需求而开拓的特定市场。目标市场是在市场细分和确定企业机会的基础上形成的，企业通过市场细分，可以发现不同需求的消费者群，发现未得到满足的需求市场。这种"未满足的需求"就是市场机会。

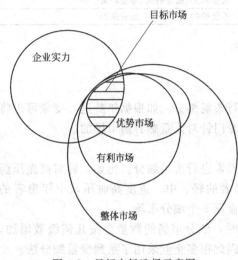

图4-2 目标市场选择示意图

二、选择目标市场的条件

目标市场的选择是否得当直接关系着企业的营销成果。经过细分后的市场，可供企业选择的子市场较多，但并不是每一个子市场都能成为企业的目标市场，企业选择目标市场必须具备以下条件。

① 企业必须在目标市场上有足够的销售量。
② 企业必须有能力满足目标市场的需求。
③ 企业必须在确定的目标市场上有竞争优势。
④ 目标市场必须在一定时期内相对稳定。

三、进入目标市场的策略

目标市场选定后，就要决定进入目标市场的策略，一般来说，可供企业选用的目标市场策略有以下几种。

1. 无差异性市场策略

无差异性市场策略指企业基于整个市场上的消费者对某种药品的需求没有差异或差异性不大，运用一套市场营销组合策略，试图为整个市场服务的策略。

采用这种策略有两种情况：一种是某种药品的需求本来就不存在差异，无须采取差异性营销策略；二是消费需求存在差异，但企业舍弃这些差异，只抓住各个细分市场中的共同需求开展市场营销。

采用这种策略的优点是：在每一个细分市场中所占的份额可能较小，但各个细分市场的份额总和可能较大；品种线单一，生产批量大，可以不断提高工人的生产熟练程度，并易于采用机械化、自动化生产，便于生产过程的管理和控制，可降低成本；由于分销渠道简单、固定，可以简化企业药品的销售过程，降低流通费用，可以相应地减少设计、调研、促销等费用支出。

采用这种策略的缺点是：企业忽视消费需求的差异，可能会失去一些很好的市场机会和企业机会；在无差别市场需求尚未得到满足的情况下，会引来众多的竞争者，以致竞争过度，不同程度地损害所有同类企业的利益；企业过分依赖一种策略，会降低企业对市场的应变能力，有一定的市场风险性。无差异性市场策略如图4-3所示。由图4-3可以看出，经市场细分后，有A、B、C子市场。企业采用无差异性市场策略，舍弃各个子市场的差异性需求，选其共性需求（阴影部分），以形成本企业完整的目标市场。

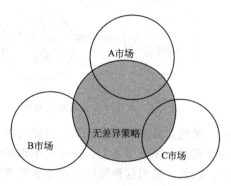

图4-3 无差异性市场策略示意图

2. 差异性市场策略

差异性市场策略指企业以两个或两个以上的细分市场为目标市场，并根据各目标市场的需求差异分别生产经营不同的品种和采用不同的营销组合，以满足不同目标市场需求的策略。

差异性市场策略按覆盖市场的方式不同，又分为以下三种：一是品种覆盖策略，指企业以品种的系列化覆盖目标市场需求的多样化；二是流通覆盖策略，指企业对流通各环节分别采取不同的营销手段，以适应流通环节的各种消费需要；三是消费覆盖策略，指企业对各个目标消费者群提供尽可能详尽周到的营销服务，以满足各消费者群的个性需要。

差异性市场策略的优点是：由于注意各细分市场消费者各种不同类型的需求，可以更好地满足消费需要，抓住本企业可以取得的市场机会，扩大销售；由于选择的市场面比较多，批量比较小，可具有很强的适应性，避免过分集中于某一细分市场而引起激烈竞争，给企业带来风险；可以提高企业声誉，争取长期稳定的顾客，从多方面取得利润，增加利润总量。

采用差异性市场策略的缺点是：企业成本增加以及营销费用上升；由于生产经营过程的多样化，增加了管理控制的难度；因强调品种特色，销售对广告的依赖性较大。差异性市场策略如图4-4所示。

由图4-4可以看出，针对细分市场A、B、C的不同特色（阴影部分），企业采用差异性市场策略，运用A、B、C不同的市场营销组合，以形成企业的目标市场。

3. 集中性市场策略

集中性市场策略指企业以一个或少数几个细分市场为目标市场，针对一部分特定消费者群的需求，实行专业化生产和经营的策略（图4-5）。

集中性市场策略的优点是：企业集中全部力量对一个或少数几个细分市场目标进行开发，可以对目标消费者及目标市场中的其他情况有深入的了解，集中优势资源建立某一领域或地域品牌。唐山太阳石药业在儿童用药市场上树立了专业的儿童药企业品牌与形象，在儿童感冒、咳嗽、发热的治疗，微量元素的补充等方面开发出了"好娃娃"系列产品，在儿童用药方面树立了自己的专业形象与优势，取得了良好的市场业绩。采用集中性市场策略不见得市场效益也受局限，关键是要看企业的集中性市场策略优势有多大。

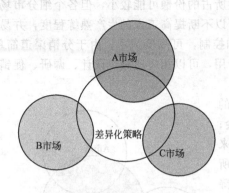
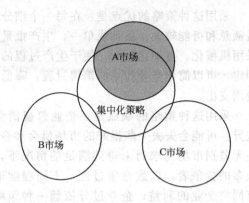

图 4-4　差异性市场策略示意图　　　　图 4-5　集中性市场策略示意图

采用这种策略的缺点是：有较大的风险性，因为企业将其全部力量都投放在范围较小的一个或几个细分市场上，一旦这个市场的情况突变，企业很可能承受不住这种压力而陷入困境。因此，采用这种策略的企业必须密切关注目标市场情况的细微变化，并预先做好应付各种突发事件的准备。

四、药品市场定位

企业一旦选定了自己的目标市场，并确定了目标市场策略，也就明确了自己所服务的对象及所要面对的竞争对手。如何在众多的竞争对手中突出自己的个性和特色，使自己在竞争中处在有利的位置，是每一个企业都要面临的问题。市场定位就是为解决这一问题的。

1. 药品市场定位的含义

定位是由艾里斯和杰克-特劳特于 1972 年在《广告时代》发表的一系列名为"定位时代"的文章中提出来的。他们认为："定位始于一件产品，一次服务，一家公司，一个机构，或者甚至一个人……。然而，定位并不是你对一件产品本身做些什么，而是你在有可能成为顾客的人的心目中做些什么。也就是说，你得给产品在有可能成为顾客的人的心目中确定一个适当的位置。"它专注于使产品在顾客心中留下某种印象，而和产品本身几乎没有什么关系。科特勒给了定位更简单的定义，他认为："定位是为了适应消费者心目中的某一特定地位而设计公司产品和营销组合的行为。"

药品市场定位是指根据竞争者现有的药品在市场上所处的位置和购买者、用药指导者对药品的特征属性的重视程度，塑造本企业药品与众不同的个性，并把这种个性传达给购买者和用药指导者，以确定本企业药品在市场上的位置。

药品市场定位的核心就是要塑造本企业药品与竞争者相区别的个性，也就是要使本企业的药品"差别化"。这种"差别化"可以是多方面的，而不仅是药品本身的差异。它可以是药品实体的差异化，如药品的成分、剂量、剂型、疗效等方面；可以是质量、价格、渠道、服务、形象上的差异化。如某些药品经营企业提供免费煎药就是服务差异化，有些 OTC 药品经营企业采用网上销售就是渠道差异化。

然而有些企业还会遇到这样的现象：即使企业已经对其产品进行了市场定位，但客户对其产品所形成的印象与企业的定位并不一致，这就失去了定位的意义。因此企业还必须将所塑造出来的差异性的特色正确地传达给客户，并被其目标客户所认同。

2. 药品市场定位的过程

我们将一个完整的药品市场定位过程总结为以下几个环节。

（1）了解竞争者现有的药品在市场中的状况。

(2) 研究医生和患者对这类药品的属性和特征的关注程度及他们的评价标准。对于药品，大部分医生和患者最关注的首先是药品的疗效。而由于药品的专业性较强，患者通常会从症状的缓解程度来判断疗效，医生则更关注其药理作用。

(3) 确定本企业药品的特点与市场差异化特征。

(4) 通过制订和实施一系列的市场营销组合，将这种特色传递给患者和用药指导者。

3. 药品市场定位的方向

药品市场定位的宗旨是要寻求使患者和医生认同的特色，要想准确、合适地定位，就要找到我们可以定位的方向，即树立自身特色的角度。

(1) 使用者定位　通过使用者定位，要使客户群体有这样的印象：这种药品是专门为他们定制的，因而最能满足他们的需求。如好娃娃就突出宣传为儿童使用的系列药品。

(2) 利益定位　任何消费者购买产品都不是购买产品本身，而是购买产品能为其带来的利益。购买药品所追求的核心利益是健康，但同时也有附加利益，如服用方便等。市场上的一些儿童降温脐贴采用的就是利益定位，它除了宣传其功能外，突出强调可以不打针，不吃药，方便儿童使用，为患者带来方便的利益。

(3) 质量和价格定位　质量和价格一般是消费者最关注的两个因素，因此宣传高质低价是很多企业采用的方式。

(4) 药品的类别定位　是指根据药品的性能功效划归的类别，以突出自己鲜明的特征。如为突出治疗作用，一些药品突出宣传自己是"药品"，而不是"保健品"。也有某些药品，更加侧重日常保健药品定位，如逍遥丸，在很多女性心目中是必备的身体调理用药，而且具有一定的美容效果。

(5) 药品的用途定位　是指根据药品的适应证来突出自身的特色。以往我国的许多制药企业在宣传自己的产品时，总是以"包治百病"的面目出现，过度宣传会让患者有"包治百病并不能真正治病"的感觉。新康泰克的定位宣传为缓解流泪、流鼻涕、打喷嚏三大感冒症状。

(6) 竞争定位　将药品定位于与竞争者直接有关的属性或利益，暗示自己与竞争者的不同。患者和医生所关注的属性往往不是单一的，因此很多企业将以上的多种因素结合起来，使患者觉得本企业的药品具有多重特性和多种功能。如新盖中盖的定位宣传：含钙量高（质量）；一天一片，方便（附加利益）；效果不错（核心利益）；还实惠（价格）。

4. 药品市场定位策略

定位除了要树立自己的特色，还要考虑竞争对手的影响，确定自己在竞争中的地位。从这种意义上说，定位策略也是一种竞争策略。市场中的现有产品在顾客心中都有一个位置。竞争者一般会采用以下策略。

(1) 避强定位　避开强有力的竞争对手，将自己的产品定位于另一个市场，略避开了强大的竞争对手，风险较小。如辉瑞公司的伟哥（万艾可）这些产品占据了同类产品中首要的位置，其他竞争者很难与其并列竞争，类似产品一般选择不同渠道或寻找不同的产品卖点。

(2) 迎头定位　与市场上最强的竞争对手正面竞争，进入与其相同的市场。如脑白金与黄金搭档的定位。

(3) 重新定位　企业调整原有的市场定位，进行二次定位。市场是不断变化的，产品定位的适时调整也是合理的，很多市场主导品牌都是在不断调整中取得市场份额的。

(4) 共享定位　也称"高级俱乐部"战略。企业把自己划分到某"高级俱乐部"，其含义是，俱乐部的成员都是最佳的，我也是最佳的。如宣称自己是三大公司之一。通常市场中最大的公司或品牌是不会提出这种概念的。

5. 药品市场定位的有效性原则

为了保证药品市场定位的有效性,企业在进行定位时应遵循以下原则。

(1) 重要性　即企业所突出的特色应是客户所关注的。
(2) 独特性　这种定位应是区别于竞争对手的,与众不同的。
(3) 难以替代性　这种定位应是竞争对手难以模仿的。
(4) 可传达性　这种定位应易于传递给客户并被客户正确理解。
(5) 可接近性　客户有购买这种产品的能力。
(6) 可盈利性　企业通过这种定位能获取预期的利润。

复习思考题

1. 市场细分的依据与方法有哪些?
2. 市场定位的方向一般有哪些?
3. 市场调查的方法有哪些?

第五章
药品营销产品策略

药品的功能与主治是药品使用者追求的最核心价值，也是企业实现其经济目的的本质载体。现代市场营销观念倡导以市场需求为核心的产品开发观念，同时，利用营销组合（产品、价格、渠道、促销）等多种手段实现市场目标。以产品为核心的市场竞争策略，是药品经营企业的整体经营策略中不可或缺的重要组成部分，是市场营销组合中的重要环节。

第一节 产品概述

一、药品的定义

什么是药品，在不同的社会阶段，不同的角度或观点，将有不同的解释。《中华人民共和国药品管理法》中关于药品的定义是："药品，指用于预防、治疗、诊断人的疾病，有目的地调节人的生理机能并规定有适应症或功能主治、用法和用量的物质，包括中药材、中药饮片、中成药、化学原料药及其制剂、抗生素、生化药品、放射性药品、血清、疫苗、血液制品和诊断药品等。"

（一）把握药品定义的要点

第一，使用目的和使用方法是区别药品与食品、毒品等其他物质的基本点。没有任何物质其本质就是药品，只有当人们为了防治疾病，遵照医嘱或说明书，按照一定方法和数量使用该物质，达到治疗或预防或诊断人的某种疾病时，或能有目的地调节某项生理功能时，才称它为药品，而食品或毒品的使用目的显然与药品不同，使用方法也不同。

第二，我国法律上明确规定传统药（中药材、中药饮片、中成药）和现代药（化学药品等）均是药品，这和一些西方国家不完全相同。这一规定有利于继承、整理、提高和发扬中医药文化，更有效地开发利用医药资源为现代医疗保健服务。这一定义反映了未来药品研究开发方向的高瞻远瞩。

第三，明确了《药品管理法》管理的是人用药品，而这一点和日本、美国、英国等许多国家的药事法、药品法对药品的定义不同，他们的药品定义包括了人用药和兽用药，在我国特指人用药品。

第四，药品的所涵类别广泛，定义明确了以"药品"作为药物、原料药、制剂、药材、成药、中药、西药、医药等用语的总称。"药品"一词与美国的drugs，英国的medicines同义。在《药品管理法》英译本中，药品的对应英文是 drugs。

（二）药品的整体产品概念

整体产品是产品的系统概念，产品是指能够满足人们需要的任何东西，既包括有形的汽车、书籍、药品，也包括无形的教育、咨询、创意等都是产品。整体产品由三个层次组成，即核心产品层、形式产品层、延伸产品层，如图 5-1 所示。

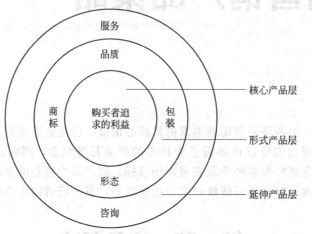

图 5-1　产品整体概念示意图

1. 核心产品层

指产品的使用价值，即满足顾客需要的产品的基本效用。是产品最基本和最实质性的内容，也是顾客需求的中心内容。产品若没有使用价值，包装再精致，形式再新颖，服务再周到，也无存在的价值，顾客也不会购买。顾客到药店去买某种药品，不是单纯为了购买某种剂型、某种包装的药品，而是为了解除某种疾病的痛苦、恢复身体健康等。

2. 形式产品层

指产品呈现在市场上的具体形态，是产品的实体性，一般通过产品的外观、质量特色、保障、标识等表现出来。为满足消费者心理上和精神上的某种要求，产品品牌的塑造不能忽略产品形式的塑造。形式产品受生产技术所制约，随着社会消费水平的不断提高，消费者对形式产品的要求也随之提高，人们对药品的形状、质量、品牌、包装、口感等形式产品的要求也越来越高，特别是在药品同质化市场竞争比较激烈时，这些产品的不同表现形式都不同程度地影响着药品的销售，影响着人们对药品的评价。

3. 延伸产品层

指人们购买有形产品时所获得的一系列附加利益和服务，包括送货、保证、使用产品的免费教学、解答疑难问题的免费电话等。顾客的需求能否得到满足，不仅取决于药品的生产和流通过程，还包括药品的使用过程。药品的服务对医药企业而言，并不是可有可无的，而是药品功能的延伸和销售的继续，并将成为今后医药企业间竞争的一个关键内容，医药企业应把服务当成整体产品的一个重要组成部分，而不能看成企业的额外负担。能向顾客提供完善周到的服务，才有可能成为市场上的优胜者。

药品整体概念是指具有某种使用价值的物质形体，由药品实质、药品形式和药品延伸构成。从满足消费者需求的角度来研究药品，不能只看到药品的实体，否则是一种不完善的药品概念。完整的药品概念既包括药品的实体，包括为消费者提供的方式、形式，以及相关的医疗咨询与后继服务。药品整体概念的三层含义是一个有机的整体，只有三层含义都是优质的，才算是优质药品。在市场经济条件下，没有药品整体概念，企业在现代市场竞争中就难以生存和发展。

二、药品的分类

药品的分类方法很多，这里介绍的是药品管理法律、法规中有关药品分类管理的类别。

1. 现代药与传统药

《药品管理法》中规定："国家发展现代药和传统药"。

（1）现代药　现代药一般是指 19 世纪以来发展起来的化学药品、抗生素、生化药品、放射性药品、血清疫苗、血液制品等。其特点是用现代医学的理论和方法筛选确定其药效，并按照现代医学理论用以防治疾病，一般是用合成、分离提取、化学修饰、生物技术等方法制备的物质，结构基本清楚，有控制质量的标准和方法。这类药发展很快，已有数万种，因为这类药最初在西方国家发展起来，后传入我国，因此又称为西药。

（2）传统药　传统药一般是指历史上流传下来的药物，主要是动、植物药和矿物药，又称天然药物。我国的传统药又称中药，具有系统的中药治病的经验和理论，如性味、归经、功效、应用、用法、用量、禁忌，都是在中医辨证理论的指导下，根据药物的性能组合在方剂中使用。中药最本质的特点是在中医理论指导下应用，中医药是一个整体，中医药不仅历史悠久，而且至今仍是我国人民防治疾病不可缺少的药物，特别是在治疗某些慢性疾病方面非常独到，而且在世界各国影响很大，被誉为中国的第五大发明。

2. 处方药与非处方药

我国《药品管理法》规定"国家对药品实行处方药与非处方药分类管理制度"，分类管理的目的是有效地加强药品监督管理，保障人民用药安全有效，合理利用医疗卫生与药品资源，推动基本医疗保险制度的建立，提高人们自我保健意识。药品分类是根据安全有效、使用方便的原则，依其品种、规格、适应证、剂量及给药途径不同，分别按处方药和非处方药进行管理。

（1）处方药的定义　处方药是指凭执业医师或执业助理医师处方方可购买、调配和使用的药品。

被列为处方药的药品一般是：特殊管理的药品（又称控制物质）；由于药品的毒性或其他潜在影响使用不安全的药品；因使用方法的规定（如注射剂），用药时有附加要求，病人自行使用不安全，需在医务人员指导下使用的药品；或是新化合物、新药等。目前国家药品监督管理部门公布禁止在大众媒介发布广告的处方药有：粉针剂类；大输液类；抗生素类的抗感染药物等。

（2）非处方药定义　非处方药是指由国务院药品监督管理部门公布的，不需要凭执业医师或执业助理医师处方，消费者可以自行判断、购买和使用的药品，也称 OTC 药品。根据药品的安全性，非处方药分为甲、乙两类。

被列为非处方药的药品具有以下特点：药品适应证可自我诊断、可自我治疗，通常限于自身疾病；药品的毒性在公认的安全范围内，其效用与风险比值大；药品滥用、误用的潜在可能性小，药品作用不掩盖其他疾病，药品不致细菌耐药性；一般公众能理解药品标签的忠告性内容，使用无需医师监督和实验监测。

各国政府公布的非处方药主要有：维生素、滋补剂、微量元素补充剂、感冒咳嗽药、抗酸剂、消胀剂、轻泻剂、口服止痛药、外用镇痛药和麻醉剂、其他外用药、足部保健制剂、口腔清洁用品、支气管扩张剂等。

截止到 2014 年年底，国务院药品食品监督管理部门已公布六批非处方药目录，共有

3835 种，其中甲类非处方药 2713 种，乙类非处方药 1122 种；化学药品 767 种，中药制剂 3068 种。其中对经营甲类非处方药的药品零售企业必须配备执业药师或其他依法认定的药学技术人员。国际上有些国家对非处方用药的分类一般分为两大类，一类是必须在注册药房卖的（pharmacy medicine），一类是可在任何商店卖的（general sales list medicines）。

3. 新药与普药

（1）新药是指未曾在中国境内上市销售的药品，或已上市药品改变剂型、改变给药途径的，按照新药管理。

首次在中国销售的药品是国内或国外药品生产企业第一次在中国销售的药品。包括不同药品生产企业生产的相同品种。

医疗机构制剂是指医疗机构根据本单位临床需要经批准而配制、自用的固定处方制剂，医疗机构制剂不得上市销售。

（2）普药 是指 OTC 药品和在临床上已经广泛使用或使用多年，已经被专业技术人员、患者广为接受，专利保护已过期药品。在药品营销领域普药生产企业一般通过医药商业渠道进行大面积的市场辐射，很少直接做医院促销工作。

普药一般具有如下特征：①如技术含量低，疗效和生产技术上都没有显著特点和优势，容易仿制；②品种多，目前大约有万余种药品是普药；因此同一品种生产厂家众多，市场竞争激烈，还有很多厂家有生产批文，产品进入市场比较容易；③包装差、剂型多、价格较低，竞争集中在价格竞争上；④临床上已经形成固定的用药习惯，经过长期的市场销售，消费者已经认识，因此无需广告，消费者也能接受；⑤区域性较强，由于价格低，利润较低，运输成本高，而且生产厂家众多。

4. 国家基本药物、基本医疗保险药品目录、农村医疗合作保险目录、特殊管理药品

（1）国家基本药物 1975 年 WHO 向会员国建议，根据其国家的卫生需求选择并以合理的价格采购质量合格的基本药物。WHO 对基本药物的定义是："基本药物就是那些能够满足大部分人口卫生保健需求的药物。因此，在任何时候都应当能够以充足的数量和合适的剂型提供应用。"WHO 还提出了基本药物示范目录，现行示范目录为第九次修订目录，包括药物 27 类 345 个品种。

我国于 1982 年首次公布国家基本药物目录。国家基本药物是从已有国家药品标准的药品和进口药品中遴选的。遴选国家基本药品的原则是：临床必需、安全有效、价格合理、使用方便、中西药并举。国务院药品监督管理部门公布的 2012 年版国家基本药物目录，共计 520 个品种，其中，化学药品和生物制品 317 种，中成药 203 种。

（2）《国家基本医疗保险药品目录》（简称《药品目录》） 为了保障城镇职工基本医疗保险用药，合理控制药品费用，规范基本医疗保险用药范围管理，由国家社会劳动保障部组织制定并发布《国家基本医疗保险药品目录》。纳入《药品目录》的药品是有国家药品标准的品种和进口药品，并符合"临床必需、安全有效、价格合理、使用方便、市场能保证供应"的原则。《药品目录》所列药品包括西药、中成药、中药饮片。列入基本医疗保险准予支付的药品目录的西药和中成药，采用通用名称并标明剂型。中药饮片不在药品目录范围之内。《药品目录》分为"甲类目录"和"乙类目录"。纳入"甲类目录"的药品是临床治疗必需，使用广泛，疗效好，同类药品中价格低的药品。纳入"乙类目录"的药品是可供临床治疗选择使用，疗效好，同类药品中比"甲类目录"药品价格略高的药品。"甲类目录"由国家统一制定，各地方不得调整，"乙类目录"由国家制定，各地（省级）可适当调整，但是调整的比例不大，一般控制在每年 5% 范围以内。

（3）农村医疗合作保险目录 我国十五期间就已经开始规划农村医疗保险模式，并逐步

试点酝酿实施。2008 年，我国基本确立了低标准，广覆盖的新的农村医疗保险体系。进入该目录的基本药物除进入《国家基本医疗保险药品目录》的要求以外，还要适合农村医药的消费特点、流通特点与经济特点。新的农村医疗合作制度的实施，使得我国农村医药消费量大大增加，市场结构发生变化，市场推广形式也随之产生变化。

（4）特殊管理的药品（the drugs of special control） 国家对麻醉药品（narcotic drugs）、精神药品（psychotropic substances）、医疗用毒性药品（medicine toxic drugs）、放射性药品（radio-active pharmaceuticals）实行特殊管理。这 4 类药品被称为特殊管理的药品。此类药品的生产、销售、流通监管十分严格，必须具备一定的资质方可经营。

第二节 药品组合策略

一、药品组合相关概念

药品组合是指企业生产或经营药品的范围，它由药品组合的广度、深度和关联性构成。不论是生产药品的生产企业，还是销售药品的经营企业，很少有企业只经营单一品种产品，也不可能经营所有产品，但都生产或经营着许多药品。为了充分利用企业资源，有效的利用有效的资源，企业必须规划能够作哪些产品，应该做哪些产品。如何将多个产品合理组织起来，这就是产品组合问题。

1. 产品项目

指企业产品目录上列出的每一个产品。即产品线中不同型号、号码、规格、大小、价格的产品。

2. 产品线

指密切相关的满足同类需求的一组产品项目。一个企业可生产经营一条或几条不同的产品线。如图 5-2 所示，某企业的生产线用生产线 1、2、3 等分别代表片剂、胶囊剂、颗粒剂等，产品有头孢氨苄，头孢拉定等抗生素产品（以 a、b 等代替）。企业根据市场销量、价格、成本等因素会将相关的产品选择不同的产品线生产。

药品线 1	深度					
药品线 2	1a	1b	1e	1d		
药品线 3	2a	2b	2c	2d		
	3a	3b	3e	3d	3e	3f
药品线 4	4a	4b	4e	4d	4e	
产品线广度	5					

图 5-2 药品线的深度和广度结构图

3. 产品组合

指一个企业生产经营的全部产品的有机构成和量的比例关系。产品组合由若干产品线组成，每条产品线又由许多产品项目构成。产品线和产品项目如何组合，要适应产品消费对象的需要，这与企业的目标市场和市场营销策略有着密切的关系。

如某药厂有 4 条生产线：片剂、胶囊、冲剂、搽剂。其中，片剂产品线包括安降片、复方胃友胃溶薄膜片、复方胃友糖衣片 3 个产品项目；胶囊产品线包括头孢氨苄胶囊、复方必消痰胶囊、酮基布洛芬胶囊、感冒灵胶囊、环丙沙星胶囊 5 个产品项目；冲剂产品线包括头孢氨苄颗粒剂、小儿速效感冒冲剂、活性钙冲剂 3 个产品项目；搽剂产品线有肤施乐 1 个产品项目。产品虽然不少，但不一定全部生产，生产数量也各不相同。由于企业资源有限，企业需要根据自身的资源情况与市场需求情况寻找一个能够使企业获得利润最大的产品组合，确定生产哪些产品，生产多少等问题。

二、药品组合的变化因素

药品组合的变化要素包括宽度、深度和密度（关联性、一致性）。

1. 宽度

指企业产品组合中包含的产品线的数量，又称广度。产品线越多，说明该企业产品组合的宽度越宽，二者成正比，同时也反映一个企业市场服务面的宽窄程度和承担投资风险的能力。产品组合宽度的宽窄各有利弊和不同的适用条件。

2. 深度

指一条产品线上包含的产品项目的数量。一条产品线上包含的产品项目越多，说明产品组合的深度越深。它反映一个企业在同类细分市场中满足顾客不同需求的程度，可计算平均深度。

3. 密度

指每条产品线之间在最终用途、生产条件、销售渠道以及其他方面相互关联的程度。其关联程度越密切，说明企业各产品线之间越具有一致性；反之，则缺乏一致性。产品组合的关联度强，可以使企业充分发挥某一方面的优势，提高企业在某一地区或某一行业的声誉。但企业在整个市场上的影响就有一定的局限性。产品组合的关联度弱，可以使企业在更广泛的市场范围内发挥其影响力，要求企业必须具有雄厚的多种多样的资源和技术力量、完善的组织结构和管理体系。

三、药品组合策略

药品组合策略是指企业根据自己的营销目标对药品组合的宽度、广度、密度进行的最优组合决策。药品组合应考虑企业资源、市场需求状况、竞争条件等因素。

药品组合策略共有六大类型。

1. 全线全面型

指企业着眼于所有细分市场，提供其所需要的一切产品和服务。狭义指提供某一行业所需的全部产品，产品组合关联度很强。广义指尽可能增加产品组合的广度和深度，而不受产品间关联度的约束，力图满足整个市场的需要。

2. 市场专业型

指企业向某个专业市场（某类顾客）提供其所需要的各种产品的产品组合策略。如某医疗器械厂专门为各大医院生产各种医疗器械。采用这种策略是强调产品组合的宽度和关联度，而产品组合的深度一般较浅。

3. 产品线专业型

指企业专注于生产和经营某一类产品，并将其推销给各类顾客的产品组合策略。如某企业生产各种抗生素类药品，可以满足各类不同消费者的需求。采用这种策略是强调产品组合的深度和关联度，而产品组合的宽度一般较小。

4. 有限产品线专业型

指企业根据自己的专长集中生产和经营有限的甚至是单一的产品线，以适应有限的或单一的消费者需求的产品组合策略。如某医疗器械企业只生产和经营各种轮椅,来满足一部分残疾人和老年人的需求。

5. 特殊产品线专业型

指企业根据某些顾客的特殊需要专门生产经营某一种特殊产品的组合策略。如某企业专门为有听力障碍者生产各种助听器。由于产品特殊,市场容量小,竞争威胁小,有利于企业利用自己的专长树立产品形象,长期占领市场。但难以扩大经营,一般适合于小型企业。

6. 特别专业型

指企业凭借其特殊的条件,如凭借其拥有的知识产权或特许经营权,排斥竞争者涉足,意图垄断市场的产品组合策略。如基因药品的生产。

第三节 药品生命周期及其经营策略

一、药品生命周期

产品的市场生命周期是指一种产品从规划开发出来投放市场开始,到被市场淘汰的整个过程。药品生命周期也是如此大致可以分为四个阶段,包括投入期、成长期、成熟期、衰退期(图5-3)。产品投放到市场上都不是久盛不衰的,这一规律已经被广泛证实,企业需要不断地调整对产品的资源投入,才可能获得市场份额,但是不是每一个产品都会均匀的经历着四个产品周期。

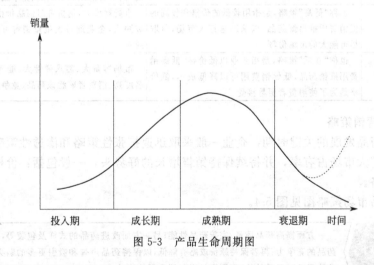

图 5-3 产品生命周期图

药品生命周期的不同阶段具有不同的特点。掌握这些特点,对于企业有针对性地采取营销策略,具有一定的现实意义。

(1)投入期 是指药品试制成功后投入市场试销阶段。其主要特点是:销量小、成本高、利润少、竞争缓。产品上市之初,需要市场有一个认识与接受的过程,销售一般不大,医生、药房、患者接受新药需要产品具有某些特有的优势,另一方面,先期维持产品的流通渠道畅通需要的资金量比较大,比如目前各大医药连锁与医药卖场向厂家索要产品进场费等。

(2)成长期 是药品投入市场试销成功后,扩大销售的阶段。其主要特征是:销量升、成本降、利润增。产品经过先期的市场投放取得成功之后,产品逐步被市场接受,市场扩大,销售增长非常明显。

(3) 成熟期 是经过批量生产、扩大销售市场已达到饱和阶段。其主要特征是：销量最大、成本最低、利润最高。由于其他同类产品以及市场的其他跟随者或模仿者的不断进入市场，竞争比较剧烈。

(4) 衰退期 是药品相对老化，逐渐被市场淘汰的阶段。其主要特征是：销量下降、成本上升、利润下降。这一时期的产品一般竞争能力较弱，一般不是企业的主要经营品种。

二、药品生命周期各阶段的经营策略

企业的核心目的是追求市场利润。缩短投入期，使药品尽快为消费者所接受；延长成长期，使药品尽可能保持增长势头；维持成熟期，使药品尽量保持高销售额，增加利润收入；调整衰退期，即使药品尽量不被市场淘汰或进入另一个销售增长阶段。

1. 投入期营销策略

投入期的市场营销策略，对企业和新药品市场的拓展极为重要，选择和运用的好坏决定着药品的前途。把价格高低和促销费用高低组合起来，可以制定出 4 种不同的销售策略，如表 5-1 所示。

表 5-1　产品投入期市场营销策略表

策略	说明	适用情况
快速夺取策略	也称"双高"策略，是指企业用费用较高的促销手段，迅速占领市场，同时药品价格定得较高，可以树立高格调药品形象，并能及早收回成本	消费者愿出高价购买的药品，并且企业面临潜在竞争者的威胁，急需大造声势，先声夺人
缓慢夺取策略	指药品以高价格、低促销费用上市销售	市场规模有限、消费者相对稳定、药品知名度高、消费者愿出高价购买、竞争威胁小
快速渗透策略	也称"低高"策略，是指用较低的价格和较高的促销费用推出新药品，以求迅速打入市场，争取尽可能大的市场份额	市场规模大，消费者对药品价格十分敏感，竞争威胁大，企业通过大批量销售可以降低单位药品成本
缓慢渗透策略	也称"双低"策略，是指企业以低价格、低促销费用推销药品，低促销费用可以降低成本，低价格是为了使消费者更易接受	市场容量大、需求弹性大、能薄利多销、药品知名度高、消费者熟悉该药品、竞争威胁大

2. 成长期营销策略

成长期是药品发展的关键时期，企业一般采取迅速扩张性策略和渗透性策略，使药品迅速得到普及，扩大市场占有率，并持续保持销售增长的好势头，一般包括：价格策略，渠道策略，促销策略。

成长期产品市场策略图见图 5-4。

价格策略	一方面提高药品质量，完善药品性能；另一方面改进药品的式样及包装等，增强药品的竞争力；再者保持原价或略有降低，以保持药品声誉和吸引更多的购买者。此阶段不可轻易抬价，否则容易引起消费者的波动
渠道策略	进一步开拓市场，寻找广泛的分销途径，适应销售量的增加，争取更多的消费者，并增加对渠道的促销活动
促销策略	宣传、推广的重点应从介绍药品转向宣传药品的特色，树立药品的形象，争取创立名牌，使消费者产生信任

图 5-4　成长期产品市场策略图

3. 成熟期营销策略

产品销售成熟期阶段，销售增长放缓或者小幅波动，但是一般情况下是企业获取利润的黄金阶段，这一阶段销量最大，投入相对减少。但这时市场竞争十分激烈，企业一方面要努力延长成熟期；另一方面采取措施，确保市场占有率。企业在产品的成熟期一般采取改进、优化市场策略（图5-5）。

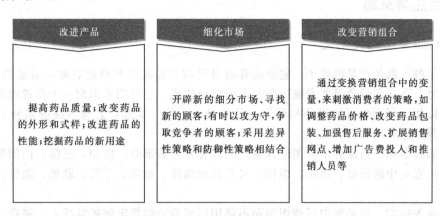

图 5-5　成熟期产品市场策略图

4. 衰退期营销策略

进入衰退期的产品有可能是由于产品功能的老化，逐渐被新品取代；也有可能是市场策略导致的市场竞争的结果，而产品的基本使用功能还是很好的。进入衰退期的产品不见得立即被企业抛弃，也可能追加另一些新的产品要素后变成另一个产品或开始另一个市场生命周期。根据具体实际情况企业既可以收缩经营，也可以降价促销，更可以改进技术，降低成本确保利润。转变市场观念与产品形式是改变衰退期产品策略的主要思想（图5-6）。

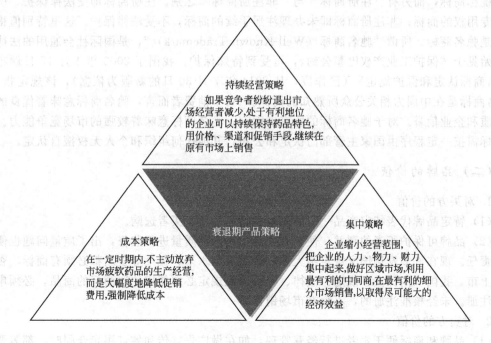

图 5-6　衰退期产品市场策略

第四节 药品品牌与包装策略

一、药品品牌策略

(一) 品牌及相关定义

(1) 品牌　就是产品的牌子,它是卖者给自己的产品规定的商业名称,通常是由文字、标记、符号、图案和颜色等要素或这些要素的组合构成,它可用来识别一个卖者或卖者集团的产品,以便于同竞争者的产品相区别。品牌是一个集合概念,它包含品牌名称、品牌标志、商标等概念在内。

(2) 品牌名称　指品牌中可用语言表达的即可发声的部分。例如,三精、白加黑、脑白金等名称;家电中的长虹、海尔、康佳;世界品牌微软、福特、三星、联想、强生、拜耳等名称。

(3) 品牌标志　指品牌中可被识别而不能用语言表达的特定的视觉标志,包括专门设计的符号、图案、色彩、文字等。

(4) 商标　是一个专门的法律术语,品牌或品牌的一部分在政府有关部门依法注册后,称为商标。商标受到法律的保护,享有长期专用权(与专利权或著作权不同,后者是有期限的专用权),是一项重要的工业产权和知识产权。国际市场上的驰名商标,往往在许多国家注册。在市场经济的条件下,商标依其知名度的高低和获利的大小,具有不同价值,是企业一项重要的无形资产,其产权和使用权可买卖或转让。

在我国商标的概念有所不同。我国习惯上对一切品牌(包括名称和标志)不论注册与否,统称商标,而另有"注册商标"与"非注册商标"之别。注册商标即受法律保护、所有者有专用权的商标;非注册商标即未办理注册手续的商标,不受法律保护。这里特别值得一提的是驰名商标,所谓"驰名商标(Well-Known Trademark)",是国际社会通用的法律术语,始见于《保护工业产权巴黎公约》,可受到特殊保护。我国于 2003 年 4 月 17 日颁布了《驰名商标认定和保护规定》(已作废,从 2014 年 7 月 30 日的新版为依据),该规定指出:"驰名商标是在中国为相关公众所熟知的商标。"对于消费者而言,驰名商标意味着优良的商品品质和企业信誉。对于驰名商标的所有者而言,驰名商标意味着较强的市场竞争能力。驰名商标需按一定程序由国家主管部门认定和公布,其他任何组织和个人无权擅自认定。

(二) 品牌的价值

1. 对买方的价值

(1) 特定品牌代表特定产品一定的质量和特色,便于买者选购。

(2) 品牌可保护买者的利益,便于有关部门对产品质量进行监督,出了质量问题也便于追查责任。现在许多发达国家规定绝大多数产品甚至水果、蔬菜等食品都必须有商标,否则不准上市。我国《商标法》规定:法律、行政法规规定必须使用注册商标的商品,必须申请商标注册。未经核准注册的,不得在市场销售。

2. 对卖方的价值

(1) 品牌和商标便于卖者进行经营管理,如在做广告宣传和签订买卖合同时,都需要品牌,以简化交易手续,便于进入市场。

(2) 注册商标受法律保护，具有排他性，可保护产品特色，防止他人假冒，发现冒牌商品可依法追究责任，提出索赔。

(3) 品牌代表特定的属性和价值，有助于市场定位，企业可按不同细分市场的需要，建立不同的品牌，以不同品牌分别投入不同的细分市场。

(4) 品牌可建立稳定的顾客群，吸引那些具有品牌忠诚性的消费者，使企业的销售保持稳定和增长。美国有人做过一个试验：把几种牌子的啤酒分别倒在相同的杯子里，请各品牌的忠诚者们品尝鉴别，结果很少有人能准确地尝出他所偏好的品牌。由此可见，品牌具有一定的心理作用，可在消费者中树立形象，取得好感，从而稳定和扩大销售，增加效益；尤其著名品牌可使产品大幅增值，大大增加企业的收益。

3. 对整个社会的价值

(1) 品牌可促进质量的不断提高。由于购买者按品牌购货，生产者不能不关心品牌的声誉，加强质量管理，从而使全社会的产品质量普遍提高。

(2) 品牌可加强社会的创新精神，鼓励生产者在竞争中不断创新，从而使市场上的产品丰富多彩，日新月异。

(3) 商标专用权可保护企业间的公平竞争，使商品流通有序地进行，促使整个社会经济健康发展。

(三) 药品品牌策略

品牌是产品整体的一个重要组成部分，企业中的"三流的企业做产品，二流的企业做品牌，一流的企业做文化"，这句话多少道出了品牌在现代企业经营中的重要价值。在当今时代，产品品牌管理与建设已经成为营销者的一项基本任务，营销者需要就有关品牌管理做出诸多的决策。药品企业根据自身资源情况、消费人群、市场定位、企业战略等多方面因素一般采取以下品牌策略。

1. 统一品牌策略

企业所有的产品使用同一品牌，如我国的"同仁堂"、"雷允上"等医药企业，其他类品牌如"长虹"、"TCL"等公司所生产的家用电器都使用单一品牌。它的好处是：推出新产品时可省去命名的麻烦，并可节省大量的广告费用。如果该品牌已有良好声誉，可以很容易地用它推出新产品。但是，任何一种产品的失败都会使整个家族品牌蒙受损失。因此，使用单一品牌的企业，必须对所有产品的质量严格控制。

2. 个别品牌策略

企业每种产品使用不同的品牌，如东盛药业旗下有多个保留品牌，"白加黑"、"小白"等多个品牌，并且品牌之间的相关性不大；再如上海联合利华公司生产的牙膏名"洁诺"，洗衣粉名"奥妙"等。

这种策略最大的好处是：可把个别产品的成败同企业形象分开，不至于因个别产品的失败而败坏整个企业形象。但这要为每一个品牌分别做广告宣传，费用开支较大，且较难树立企业形象。

3. 产品品牌策略

企业以产品为主要品牌载体，以产品品牌涵盖企业品牌，如"脑白金"、"乐力"。这一策略使得企业可以更加集中的集中优势资源塑造产品品牌，几乎忽略企业印象，适用于企业产品不多，产品特征明显，市场容量较大的企业。

4. 企业品牌策略

企业的品牌建设主要集中在以某些产品为支撑的企业品牌上，如"鲁抗"、"华北制药"

等,企业品牌在市场的反应良好,从而对企业的某些产品具有较高的认知度。

5. 双重品牌策略

企业的产品一种一个牌子,同时在品牌之前均冠以公司名称,以公司表明产品出处,以品牌表明产品特色。这种策略的好处是:既可利用公司声誉推出新产品,节省广告宣传费用,又可使各个品牌保持自己相对的独立性,"哈药六厂"有众多知名产品——盖中盖、严迪、朴血等,便是这一策略的典型代表。汽车领域这一策略也比较明显,如上海大众汽车公司曾在大众商标下推出"Santana"、"Passat"、"Polo"、"Touran"等系列轿车,就是采用的这种品牌策略。

6. 品牌延伸决策

品牌延伸就是利用已出名的品牌推出新产品或改良的产品,例如:中国名牌"海尔(Haier)"已延伸到数百种电器、电子产品;同时涉足药品行业,曾经隆重推出过(海尔药业)补血产品"采力"。

我国已经进入老龄化社会,老年保健市场巨大,哈药集团以其广泛的市场知名度,继续向老年保健品市场延伸,以哈药"金晚霞"作为其延伸品牌,并取得良好市场业绩。

二、药品商标策略

1. 药品的商标基本含义

商标是商品的标记,商标经过注册便成为注册商标,注册商标有两个特点:一是具有排他性;二是具有专用性。

商标经注册登记后,受法律保护,任何企业或个人仿制或假冒已经注册的商标,都是法律不允许的;一旦发现被侵犯使用,可通过法律予以干涉。我国于1983年3月1日开始施行《中华人民共和国商标法》,它对国内外企业申请商标注册等问题,作了明确的规定。

2. 商标的作用

(1) 商标有利于提高药品质量 我国《中华人民共和国商标法实施条例》规定:注册商标要报送质量标准,凡不按注册商标质量标准生产药品,粗制滥造的,可由商标管理部门撤销商标或处以罚款。

(2) 商标有利于卖主推销药品 生产企业在保证药品质量的前提下,选用一个好的商标,并极力宣传它,目的是树立一个好的药品形象,使消费者印象牢固,产生兴趣,从而有力地扩大销售。

(3) 商标有利于消费者选购药品 消费者可以根据商标迅速地认出他所需要的药品。药品是密封包装,不必启封查看药品,因为商标在消费者心中已建立了良好的信誉,他们可以凭着商标的商业信誉大胆购货。

3. 商标设计要求

(1) 符合市场所在地的法律规范 品牌只有合法才能向有关部门申请注册,取得商标专用权。

(2) 醒目易记,有强烈艺术感染力 品牌名称应易读易记,中文品牌名称一般不多,如我国的同仁堂、桂发祥、冠生园等老字号都是朗朗上口。又如,麦当劳的大m字母标志非常醒目。

(3) 有创意,有特色,有内涵 例如,20世纪30年代天津东亚公司首创的国产毛线"抵羊牌",北京的老字号"六必居"、"内联升"等品牌名称都有深刻含义;台湾食品业的"味全"、"康师傅"等,也是很有特色的成功品牌。

(4) 符合传统文化,为公众喜闻乐见 品牌名称和标志要特别注意各地区、各民族的风俗习惯、心理特征，尊重当地传统文化，切勿触犯禁忌。尤其是涉外商品的商标更要注意这个问题，最好是针对目标市场的特点专门命名和设计，切不可直接把中文商标附加汉语拼音，如果用音译或意译，要注意译名在外语中的含义是否妥当。有些品牌刻意迎合顾客心理对促进销售也很有作用，如"金六福"酒、"庄吉"服装、"金利来"男士用品等，适应了消费者的某种心理需要，很受欢迎。

（5）商标设计既要如产品设计一样跟上时代潮流，不断更新，又要保持著名商标的相对稳定性，不宜变得面目全非。例如，"可口可乐"商标曾多次更新，但英文花字这一基本设计一百多年未变过，驰名全球，成为美国文化的一种象征。

总之，品牌商标的命名和设计，是一项专门的学问，不但要讲艺术性，要研究美学，且要研究经济学、营销学、社会学等，要使艺术性和商业性相结合。一个品牌的最持久的含义应是它的价值、文化和个性。

4．商标策略

正确地运用商标策略，可以取得出奇制胜的效果，商标策略如下。

（1）统一商标策略　指某企业所生产的所有药品均使用统一商标进入市场。这种策略的优点是：可以节省大量的广告费用，可以利用原有商标知名度来推销新药品。其缺点是：若有某一种药品失败，会使整个产品系列受到损失。

（2）多种商标策略　指同一企业生产的不同药品，分别使用不同商标的策略。这种策略的优点是：个别药品失败不会影响其他药品，可以用不同的商标适应不同的市场。其缺点是：多种商标并存不利于管理；广告、设计、印制费用支出高。

三、药品包装策略

1．药品包装涵义

药品包装是指包装器材和包装方法的总和。包装器材是指包装药品的容器及材料，包装方法是指对药品进行包装的操作过程。药品包装是药品实体的一个重要组成部分，它的功能由药品的运输、销售和使用的需要决定。现代市场营销观念，对包装的概念赋予了新的内容，成为刺激消费者购买的一个重要因素。因此，企业对药品的包装必须给予高度的重视。

2．包装的作用

（1）保护药品　这是药品包装的基本作用。药品从生产领域向消费领域转移的过程中，要经过运输、装卸、储存、销售等环节，良好的包装可以起到使药品在空间转移和时间转移过程中避免因震动碰撞、风吹日晒而受损，保证药品完好。

（2）美化药品　消费者在选购药品时，首先看到的就是药品的包装。精美的包装能够起到美化药品的作用，对消费者产生极大的吸引力。

（3）促进销售　一件好的包装本身就是一幅宣传广告，人们往往根据包装来选购药品，尤其在自选商场更是如此。因此，包装被誉为"无声的推销员"，它默默地起着宣传药品、介绍药品、激发消费者购买欲望的作用。

（4）增加利润　包装是药品质量的组成部分，优良精美的包装能提高药品的身价，消费者愿意付出较高的价格来购买，超出的价格往往远高于包装的附加成本。同时，完善的包装也会减少药品损耗，从而使企业的盈利增加。

3．包装设计的基本要求

产品包装的设计应以包装的基本功能和作用为转移，要突出特定产品包装的主要功能。不同产品包装的功能重点不同，对包装设计有不同的要求。有些包装以促销功能为主，有些以保护功能为主，各有不同要求。就促销功能来说，生活消费品包装的设计应尽量适应目标市场的需要，符合以下几项基本要求。

(1) 独具特色　包装应力求新颖别致，美观大方，使人耳目一新，而不应流俗模仿。一味模仿名牌，毫无创意与特色的包装，应予摒弃。

(2) 便利消费　包装应便利消费者选购、携带、使用和保存，适应不同消费者的需要，应有不同的规格和分量。

(3) 真实无欺　包装的外形、规格、分量等必须与产品实际相一致，不应使顾客产生误解。包装的促销作用应建立在真实性的基础上，欺骗性的包装同现代营销观念是背道而驰的。

(4) 安全卫生　包装要注意保护消费者安全和卫生，如国外许多药品包装瓶均采用安全型，以防儿童误食；还有杀虫剂、消毒液等喷雾剂也趋向安全型包装；食品包装要特别注意卫生，防止污染。

(5) 尊重风俗习惯和宗教禁忌　包装的造型、色彩、图案和文字等要符合当地的风俗习惯和宗教信仰，切勿触犯禁忌。

(6) 绿色环保　尤其是与人们生活健康息息相关的产品，要坚决避免用有害材料做包装，注意尽量减少包装材料的浪费，节约社会资源，严格控制废弃包装物对环境的污染。如液体食品应大力提倡纸盒无菌包装。

总之，根据以上几项要求，包装设计者应从经济、科学、艺术等方面综合考虑，精心安排，使包装设计的各种要素——色彩、形状、尺寸、分量、材料、图案、文字和商标等，保持协调统一；同时，还要与产品价格、渠道、广告促销等其他营销要素相配合。

4. 药品包装的基本策略

药品包装是药品整体的一部分，正确地选用包装策略，可以有力地促进药品销售。常用的包装策略主要有以下几种。

(1) 类似包装策略　即将企业生产的各种药品，采用大致相同的包装外形，使消费者很容易联想到是同一企业的药品。这种策略的优点是：节省包装设计宣传费用；可以扩大企业产品的影响，促进各类药品的销售。其缺点是：只适用于质量水平相当的药品，质量性能相差悬殊的药品不宜采用该策略。

(2) 组合包装策略　将企业生产的几种有关联的药品，配套组合在同一个包装内，如家庭常用"急救箱"。这种策略的优点是：给消费者提供方便，起到提高销售量的作用。其缺点是：只能适应一些最基本的药品。

(3) 再用包装策略　指包装容器内原有的药品用完之后，空的包装容器还具有其他用途的包装策略，如某些药品的容器可当茶杯使用。这种策略的优点是：买一种药品可以有多种用途，增强了药品的吸引力；包装上的文字说明能起到广告宣传作用。

(4) 附赠包装策略　就是在药品包装物上或包装内附有奖券或实物的策略。这种策略使消费者感到有意外的收获，能引起消费者的购买兴趣，还能刺激消费者重复购买。企业应根据产品特征和市场定位，采取不同的包装策略。

(5) 统一包装策略　企业对自己生产经营的产品采用统一的包装模式，即在颜色、图案、造型等方面具有类似特征，使人一见即知是某家企业的产品。这样，可加强企业形象，有利于推出新产品和节省促销等费用。

第五节　新药注册分类与开发策略

药品企业市场竞争力，很大程度上取决于产品，产品的创新很大程度上取决于研发新药品，新产品的开发、注册、上市均有相关的规定与特点。纵观我国及世界大型医药企业，每个企业均把产品的研发、创新放在企业战略层面考虑。企业要想获得长足发展必须以适合市场需求的后备产品作为支撑。

美国制药界在过去的 20 年间，每隔 5 年研究开发费用就增加 1 倍。2003 年，世界制药业的"三巨头"——美国辉瑞公司、葛兰素史克公司和诺华制药公司的研究开发费用分别达 71 亿美元、46 亿美元和 35.5 亿美元，研究开发费用占全年销售额的比例均在 15％～16％。

为了保证药品的安全、有效和质量可控，规范药品注册行为，国家食品药品监督管理总局（以下简称 CFDA）根据《中华人民共和国药品管理法》、《中华人民共和国药品管理法实施条例》，制定发布了《药品注册管理办法》，其适用范围是，在中国境内从事药物研制和临床研究，申请药物临床研究、药品生产或者进口，以及进行相关的药品注册检验、监督管理。

一、相关定义

1. 药品注册

药品注册（register the drugs） 是指依照法定程序，对拟上市销售的药品的安全性、有效性、质量可控性等进行系统评价，并作出是否同意进行药物临床研究、生产药品或者进口药品决定的审批过程，包括对申请变更药品批准证明文件及其附件中载明内容的审批。

2. 药品注册申请人

药品注册申请人（以下简称申请人），是指提出药品注册申请，承担相应法律责任，并在该申请获得批准后持有药品批准证明文件的机构，境内申请人应当是在中国境内合法登记的了法人机构，境外申请人应当是境外合法制药厂商，境外申请人办理进口药品注册应当由其驻中国境内的办事机构或者由其委托的中国境内代理机构办理。

3. 进口药品

进口药品申请，是指在境外生产的药品在中国上市销售的注册申请。

二、新药的分类

1. 新药分类的定义

新药管理的品种范畴差别很大，创新药和已经上市药品改变剂型相比差别很大，若都按照同一模式进行研究和审批，显然是不合适的，为了保证新药质量，同时又能提高新药研制的投入和产出效率，我国采用对新药进行分类审批管理的办法，分类审批管理首先是对新药进行分类，然后对各类新药申请注册时应提交的研究资料分门别类作出规定。

药品注册管理办法明确了新药注册的基本分类：中药、天然药物注册共分为 9 类；化学药品注册分为 6 类；生物制品注册分为 15 类。

2. 中药、天然药物的注册分类

(1) 未在国内上市销售的从植物、动物、矿物等物质中提取的有效成分及其制剂。

(2) 新发现的药材及其制剂。

(3) 新的中药材代用品。

(4) 药材新的药用部位及其制剂。

(5) 未在国内上市销售的从植物、动物、矿物等物质中提取的有效部位及其制剂。

(6) 未在国内上市销售的中药、天然药物复方制剂。

(7) 改变国内已上市销售中药、天然药物给药途径的制剂。

(8) 改变国内已上市销售中药、天然药物剂型的制剂。

(9) 已有国家标准的中药、天然药物。

3. 新化学药品

(1) 未在国内外上市销售的药品

① 通过合成或者半合成的方法制得的原料药及其制剂；

② 天然物质中提取或者通过发酵提取的新的有效单体及其制剂；

③ 用拆分或者合成等方法制得的已知药物中的光学异构体及其制剂；

④ 由已上市销售的多组分药物制备为较少组分的药物；

⑤ 新的复方制剂；

⑥ 已在国内上市销售的制剂增加国内外均未批准的新适应证。

(2) 改变给药途径且尚未在国内外上市销售的制剂。

(3) 已在国外上市销售但尚未在国内上市销售的药品

① 已在国外上市销售的制剂及其原料药，和/或改变该制剂的剂型，但不改变给药途径的制剂；

② 已在国外上市销售的复方制剂，和/或改变该制剂的剂型，但不改变给药途径的制剂；

③ 改变给药途径并已在国外上市销售的制剂；

④ 国内上市销售的制剂增加已在国外批准的新适应证。

(4) 改变已上市销售盐类药物的酸根、碱基（或者金属元素），但不改变其药理作用的原料药及其制剂。

(5) 改变国内已上市销售药品的剂型，但不改变给药途径的制剂。

(6) 已有国家药品标准的原料药或者制剂。

三、新药批准文号

新药品经过申报程序，申报成功后便会获得 SFDA 颁发的药品批文及药品批准文号，并且是一药一号，也是药品的身份识别。在我国，由于历史上的原因，目前已上市药品的批准文号的格式不尽相同，很大程度上影响了药品的统一管理和监督。为加强药品批准文号管理，2002 年 1 月，原国家药品监督管理局下发《关于统一换发并规范药品批准文号的通知》，规范了新的药品批准文号格式，并对全国药品生产企业已合法生产的药品统一换发药品批准文号。

(1) 自 2002 年 1 月 1 日以后批准生产的新药、仿制药品一律采用新的药品批准文号格式，即：国药准字＋1 位字母＋8 位数字，其中字母后的前 4 位数字为公元年号，后 4 位为顺序号。如 2003 年批准生产的某生物制品新药批准文号为：国药准字 S20030001。

(2) 2001 年 12 月 31 日前，原国家药品监督管理局核发的批准文号统一换发为：国药准（试）字＋1 位字母＋4 位原公元年号＋4 位顺序号。

① 化学药品 字母从"X"换发为"H"。1998 年批准的新药顺序号重新编排，1999 年批准的新药顺序号自 1000 起编排，原批准文号为"国药准 X00000000"的药品顺序号不变。1998 年批准的仿制药品顺序号从 3000 起编排，1999 年批准的仿制药品顺序号自 4000 起编排，原批准文号为"国药准字 XF00000000"的药品顺序号自 3000 起编排。如"国药试字 X20010001"，换发为"国药试字 H20010001"，"国药准字 XF19990001"，换发为"国药准字 H19994001"

② 中药 字母为"Z"。中药药品批准文号换发后，不再使用"ZZ"前缀。

③ 生物制品 字母为"S"，顺序号的编排与化学药品相似。

④ 体外化学诊断试剂　字母从"D"换发为"T"。顺序号重新编排。
⑤ 进口分包装药品　字母为"J"。顺序号重新编排。
⑥ 药用辅料　字母为"F"。顺序号重新编排。

 资·料·库

2014年12月23日，CFDA通过官网发布《2013年度食品药品监管统计年报》。现摘取其中与医药行业相关的内容。几个数字值得关注：2013年，全国共有原料药和制剂生产企业4875家；2013年，批准新药临床148件，新药证书4件，批准文号66件，新药证书及批准文号45件。

药品注册情况

2013年全年批准新药临床148件，新药证书4件，批准文号66件，新药证书及批准文号45件。其中：按照《药品注册管理办法》规定，中药、天然药物注册分类中的1~5类批准生产0个品种，批准临床0个品种；化学药品注册分类中的1.1~1.5类批准生产2个品种，批准临床82个品种；生物制品注册分类中的1类批准生产1个品种，批准临床4个品种。

2013年全年批准按新药申请程序申报的临床申请120件，新药证书0件，生产6件，新药证书及生产32件。

2013年全年批准仿制药临床申请92件，生产申请176件。

2013年全年批准进口药品临床申请251件，批准上市申请17件。

2013年全年总局共批准药品补充申请2055件，备案530件。全国各省局共批准药品补充申请5385件，备案20153件。

2013年全年总局批准直接接触药品的包装材料和容器生产申请571件，再注册申请506件，进口补充申请19件；省局批准国产补充申请140件。

药品、医疗器械、保健食品、化妆品生产企业情况

截至2013年年底，全国共有原料药和制剂生产企业4875家。

截至2013年年底，全国共有医疗器械生产企业15698家，其中：Ⅰ类医疗器械生产企业4218家；Ⅱ类医疗器械生产企业8804家；Ⅲ类医疗器械生产企业2676家。

截至2013年年底，全国共有保健食品生产企业2616家。

截至2013年年底，全国共有化妆品生产企业4015家。

医疗器械注册情况

2013年全国共批准Ⅰ类医疗器械首次注册4252件，重新注册3738件；Ⅱ类医疗器械首次注册4391件，重新注册5801件；批准Ⅲ类医疗器械首次注册1030件，重新注册1852件；港澳台医疗器械首次注册229件，重新注册66件；进口医疗器械首次注册3916件，重新注册3798件。

药品、医疗器械经营企业情况

截至2013年年底，全国持有《药品经营许可证》的企业共有451129家，其中法人批发企业12849家、非法人批发企业2051家；零售连锁企业3570家，零售连锁企业门店158244家；零售单体药店274415家。

截至2013年年底，全国共有实施许可证管理（Ⅱ类、Ⅲ类医疗器械）医疗器械经营企业183809家。

广告审批和查处情况

2013年全国共批准药品广告30662件,其中:异地备案21092件。向工商行政管理部门移送违法药品广告160917件;撤销药品广告批准文号共58件。

2013年全国共审批医疗器械广告2773件,向工商行政管理部门移送违法医疗器械广告20438件;撤销医疗器械广告批准文号共28件。

2013年全国共审批保健食品广告4217件,向工商行政管理部门移送违法保健食品广告28903件;收回保健食品广告批准文号共91件。

中药品种保护情况

截至2013年年底,共有中药品种保护证书504个,其中初次申报品种131个,同品种20个,延长保护期353个。

四、新药品的开发策略

1. 开发新药品的意义

药品市场需求是现实存在的,由于每种药品都要经过由弱到强、由盛到衰的过程。那么,当老药品衰退时,就必须由新药品来取代。而且消费需求总是不断发展的,当消费者有了新的需求时,也必须由新药品来满足。因此,在科学技术迅速发展、人们的需求日益提高的情况下,开发新药品有着重要的意义。

(1) 开发新药品是企业生存和发展的需要 在市场上,企业防止药品老化的关键就是不断创新,推出新药品。不断推出新药品,可以提高企业的信誉和市场地位,使企业能够生存和发展。

(2) 开发新药品是适应市场变化的需要 随着社会的发展和消费水平的提高,人们在药品性能和使用方便等方面,都会提出更高的要求。这些变化,一方面给企业造成威胁,企业不得不淘汰那些不能适应消费需求的老药品。另一方面,消费需求的变化也给企业带来机会,需求的变化使企业得到了开发新药品的机会,促使企业不断创新,取得更大的利润。

(3) 开发新药品是企业增强市场竞争力的需要 在现代市场经济中,企业只有不断地提高药品质量,扩充新品种,才能打开市场销路,得到用户的欢迎。开发新药品是赢得顾客的一种有效办法,不仅可以提高企业的声誉和效益,而且可以在竞争中取胜,立于不败之地。

2. 开发新药品的方向与要求

(1) 根据市场发展趋势,新药品开发的方向是安全、高效、多能、简易、绿色、经济。这也是人们多年来的药物使用的现实需求。用药安全仍然是人们药物使用首要考虑的因素,服用药物的根本原则是治病、防病,用药之后又添新病是目前人们最担心的问题。好多药物是人们使用几十年后才发现其危害之大,比如,四环素,保泰松(易引起造血功能障碍)。

(2) 从市场营销与经济效益等方面考虑,开发新药品应满足市场容量大、药品性能新、企业能力足、经济效益高的要求。

3. 开发新药品的程序

新药品开发的步骤主要包括以下7个阶段。

构思──→筛选──→形成概念──→综合分析──→研制──→试销──→投入

(1) 在构思阶段,新药品的构思主要来源于顾客、科技人员与情报、竞争者、营销人员。

(2) 在筛选阶段,汇总各方面的构思之后,设想开发的新药品项目很多,这时企业应当根据自己的目标和资源状况进行评估筛选。剔除不具有发展前途的构思，对好的构思进一步开发。

（3）在形成概念阶段，一般来说，经过筛选后保留下来的设想药品，需要进一步将其设计成一个完整的药品概念，即对该药品的目标市场、产品特点、用途、价格、包装等都有具体的描述。

（4）在综合分析阶段，分析的内容主要包括目标分析、成本效益分析、数量分析和采用者分析。

（5）在研制阶段，它是将可行性研究的抽象概念交给研究设计部门，将其转化为具体药品的阶段。

（6）在试销阶段，试销是将试制成功的药品小批量投放市场销售，这是对药品进行的最有效、最可信赖的检验。

（7）在投入市场阶段，新药品经过试销，从反馈的信息资料证明药品是成功的，企业就可以决定批量生产，将试制药品正式投入市场。

4. 新药品的开发方式

获得新药的方式很多，可以是企业自行研发的，可以是购买的，也可以是从国外引进的；还有时下在我国发展比较迅速的"委托其他研究机构研发（委托研发或合同开发）"的技术交易模式。无论通过哪种方式获得新产品均必须经过国家注册、备案。

新药品的开发方式应根据企业的经济状况和开发能力来决定，一般有以下几种开发方式。

（1）独创型开发方式　独创型就是根据国内外市场情况和用户的要求，开展有关新技术、新材料等方面的研究，从而研制出具有本企业特色的新药品。这种开发方式能抢先占领市场，领导消费，使企业居于领先地位，帮助企业树立良好的形象。但是，这种方式费用高昂，失败率也较高。

（2）引进型开发方式　通过与外商合作，引进国外比较先进和成熟的技术，或通过来料加工、购买专利来发展自己的新药品。采用这种方式发展新药品，是一条发展技术的有效途径。

（3）合同开发方式　合同开发、委托开发方式是项目需求方将项目部分或全部委托给一家或多加科研单位，共同完成研发项目。这种方式受到国内外众多医药企业的重视，合同研法的市场份额也逐年扩大。世界各大医药公司均比较看重我国医药合同研发市场，一方面成本较低，仅仅是美国研发成本的四分之一，另一方面，我国具有医药科技开发人才，能够支持科研项目快速开展。

（4）综合型开发方式，即将企业内外技术力量结合起来，开发新药品。采用这种方式时，企业采用联合、购并、控股、合作等多种方式与众多科学研究机构、高等院校等结成一个联合科研小组，共同攻关，完成科研战略合作。

5. 新产品开发策略

（1）**优质策略**　指开发起点高、质量高的优质产品。采用这种策略不能一味追求技术先进、质量好，必须注意适合国情、适合顾客需要，要考虑市场潜力的大小。

（2）**低成本策略**　开发过程中注意大力降低成本，从研制的技术路线、产品结构、使用材料、工艺改革等方面挖掘潜力。

（3）**配套策略**　根据企业自身的具体情况，主动为支柱产业和大型企业开发生产所需的配套产品，为其提供配套服务。

（4）**拾遗补缺策略**　深入分析市场，从产品功能、价格、剂型、规格等多方面进行补充开发。

资·料·库

《国家基本药物目录》(2012年版)由卫生部于2013年3月13日(卫生部令第93号)发布,自2013年5月1日起施行。2009年8月18日发布的《国家基本药物目录(基层医疗卫生机构配备使用部分)》(2009版)(中华人民共和国卫生部令第69号)同时废止。

国家基本药物目录(2012年版)

说明

基本药物是适应基本医疗卫生需求,剂型适宜,价格合理,能够保障供应,公众可公平获得的药品。国家基本药物目录是各级医疗卫生机构配备使用药品的依据。

一、目录的构成

目录中的药品包括化学药品和生物制品、中成药和中药饮片3部分。目录后附有索引。化学药品和生物制品为中文笔画索引、中文拼音索引和英文索引;中成药为中文笔画索引、中文拼音索引。

二、目录的编排

化学药品和生物制品、中成药分别按药品品种编号,有"注释"的除外。

不同剂型同一主要化学成分或处方组成的编一个号,重复出现时标注"＊"号。

药品编号的先后次序无特别涵义。"备注"栏内标注"△"号表示药品应在具备相应处方资质的医师或在专科医师指导下使用。

三、目录的分类

化学药品和生物制品主要依据临床药理学分类,共317个品种;中成药主要依据功能分类,共203个品种;中药饮片不列具体品种,用文字表述。药品的使用不受目录分类类别的限制,但应遵照有关规定。

四、品种的名称

化学药品和生物制品名称采用中文通用名称和英文国际非专利药名称(International Nonproprietary Names, INN)中表达的化学成分的部分,剂型单列,有"注释"的药品除外;未标明酸根或盐基的药品,其主要化学成分相同而酸根或盐基不同的均为目录的药品;酯类衍生物的药品单独标明。中成药采用药品通用名称。

五、品种的剂型

品种的剂型主要依据2010年版《中华人民共和国药典》"制剂通则"等有关规定进行归类处理,未归类的剂型以目录中标注的为准。

目录收录口服剂型、注射剂型、外用剂型和其他剂型。

口服剂型包括片剂(即普通片)、分散片、肠溶片、缓释(含控释)片、口腔崩解片、胶囊(即硬胶囊)、软胶囊、肠溶胶囊、缓释(含控释)胶囊、颗粒剂、混悬液、干混悬剂、口服溶液剂、合剂(含口服液)、糖浆剂、散剂、滴丸剂、丸剂、酊剂、煎膏剂、酒剂。

注射剂型包括注射液、注射用无菌粉末(含冻干粉针剂)。

外用剂型包括软膏剂、乳膏剂、外用溶液剂、胶浆剂、贴膏剂、膏药、酊剂、洗剂、散剂、冻干粉。

其他剂型包括气雾剂、雾化溶液剂、吸入溶液剂、灌肠剂、滴眼剂、眼膏剂、滴鼻剂、滴耳剂、栓剂、阴道片、阴道泡腾片、阴道软胶囊。

六、品种的规格

品种的规格主要依据2010年版《中华人民共和国药典》。同一品种剂量相同但表述方式不同的暂视为同一规格；未标注具体规格的，其剂型对应的规格暂以国家药品管理部门批准的规格为准。

七、对"注释"的说明

（一）化学药品和生物制品

注释1：第37号"耐多药肺结核用药"是指按规定列入《耐多药肺结核防治管理工作方案》中的耐多药肺结核治疗药品。

注释2：第43号"艾滋病用药"包括抗艾滋病用药及艾滋病机会性感染用药。抗艾滋病用药是指国家免费治疗艾滋病的药品；艾滋病机会性感染用药是指按规定用于治疗艾滋病患者机会性感染的药品。

注释3：第47号"青蒿素类药物"是指按规定列入《抗疟药使用原则和用药方案（修订稿）》中的以青蒿素类药物为基础的复方制剂、联合用药的药物和青蒿素类药物注射剂。

注释4：第125号"依那普利"包括依那普利和依那普利叶酸。

注释5：第199号"血友病用药"包括冻干人凝血因子Ⅷ、冻干人凝血酶原复合物和冻干人纤维蛋白原。

注释6：第287号"抗蛇毒血清"包括抗蝮蛇毒血清、抗五步蛇毒血清、抗银环蛇毒血清、抗眼镜蛇毒血清。

注释7：第288号"国家免疫规划用疫苗"是指纳入国家免疫规划的疫苗。

注释8：第317号"避孕药"是指按规定列入《计划生育避孕药具政府采购目录》中的避孕药。

（二）中成药

中成药成分中的"麝香"为人工麝香，"牛黄"为人工牛黄，有"注释"的除外。

注释1：目录第53号"安宫牛黄丸"成分中的"牛黄"为天然牛黄、体内培植牛黄或体外培育牛黄。

八、目录中的中药饮片

目录中的中药饮片国家标准是指2010年版《中华人民共和国药典》收载的饮片标准。中药饮片的基本药物管理暂按国务院有关部门关于中药饮片定价、采购、配送、使用和基本医疗保险给付等政策规定执行。

知·识·窗

查阅我国的药品名称目录，会发现在我国的药品市场中，存在着很多名字相似的药品，但是在它们的功能和特性上有的却存在着很大的差异。

典型的名字相似的药品举例。

（1）优降宁与优降糖　尽管只有一字之差，但是这两类药的效能却是完全不同的。优降宁是用来治疗重度高血压的降压药，而优降糖则是用于轻、中度非胰岛素依赖型糖尿病的治疗。

（2）利血平与利血生　利血平是降压药，利血生是白细胞增生药。

（3）消心痛与消炎痛　消心痛专用于防治心绞痛，而消炎痛是抗炎止痛药。

（4）灭滴灵与灭吐灵。灭滴灵为抗滴虫病药，灭吐灵则用于由各种原因引起的恶心与呕吐。

(5) 菌必治与淋必治　菌必治用于敏感菌所致的各种炎症及躯体部位的感染、败血症和脑膜炎，淋必治则主要应用于淋球菌所引起的泌尿系统感染性疾病的治疗。

(6) 他巴唑与地巴唑　他巴唑主治甲状腺功能亢进症，而地巴唑是扩张血管药主要用于治疗轻度高血压及脑血管痉挛。

(7) 安定与安坦　安定是镇静剂；而安坦则主要用于改善僵直、运动障碍等症状。

名称相似、但是功能完全不同的药品还包括异丙嗪与氯丙嗪、罗红霉素与柔红霉素、氟哌酸与氟哌醇、潘生丁与潘特生、肝泰乐与安泰乐、阿糖腺苷与阿糖胞苷、磺胺嘧啶与乙胺嘧啶、氯化铵与氯化钾、鱼油与鱼肝油、安律酮与安眠酮、氟胞嘧啶与氟尿嘧啶等。

其实在我国药品市场中作为药品名称所存在的问题还不仅仅局限于此，除了上述的商品名相近以外，还包括一药多名、药物名称的发音相同、曾用名过多等问题。

药品名称上的混乱问题，确实会给很多消费者带来药品选择上的障碍，已经严重影响到患者的用药安全度以及医药信息的传达。

但是应该如何去区分这些不同类型的药品呢？

事实上，对于任何药品来讲都至少有三个名字。第一个名字是"通用名称"，是中国药典委员会按照《中国药品通用名称命名原则》制定的药品名称；第二个名字叫"化学名称"，是根据药物的化学结构进行命名的；第三个名称是"商品名称"，是具有专利性质用来区分品牌的商标名。

(资料来源，大众网东营频道，2015年3月26日，http://dongying.dzwww.com/jk/jktt/201503/t20150326_12113351.htm，由邹旭芳整理)

◀◀◀ 小试牛刀 ▶▶▶

以下是我国医药行业市场营销活动的成功典范。

1. 哈药集团

哈药集团是我国医药行业的非常具有竞争力的实力型医药企业，数年来其经营业绩稳居全国医药行业首位。哈药集团的这一经营业绩的获取，除了其在医药产品的研制和技术方面的优势之外，还离不开其"使经营能力大于生产能力"的经营理念。哈药集团的盖中盖、严迪、护彤、三精等品牌能够稳固占据社会大众的消费视线，无不取决于哈药集团的庞大的广告投入。事实证明，广告给哈药集团带来的收益是巨大的。

2. 修正药业

修正药业在其问世之初，就是一个市场竞争的参与者。其药品斯达舒从推出时起，就顶着已经占据大量市场的三九胃泰、胃炎平、丽珠得乐、吗叮啉等名牌产品的竞争压力。在举步维艰的困境面前，修正药业选择的是多渠道开展营销攻势。

与此同时，修正药业非常注重产品的定位和内部客户关系的梳理。

修正药业对产品定位的重视体现在营销渠道的精准定位和适用群体的精准定位两个方面。在营销渠道上，修正药业选择了相对聚焦的央视和重点卫视作为宣传的媒介和途径；在适用群体定位上，修正药业明确其药品的适用症状，突出其产品的特殊功效。

在内部客户关系的梳理上，修正药业实施的是人海战术。利用高额的利润空间、强有力的组织保障和丰厚的激励机制，调动内部员工的积极性，提高其忠诚度，获取了非常好的经营业绩。

3. 扬子江药业

扬子江药业的营销策略可以用"一揽子产品群策略"来概括，销售人员的积极性是其成功的重要因素。资料表明，扬子江药业提供给医院的利润空间要高出同行业的三倍之多，这最终促成了扬子江药业的极大发展，以至于不仅占领了省、市、县三级医院，而且进驻乡镇医院，占据非常大的市场份额。

4. 江中药业

为了能够让"江中草珊瑚"含片家喻户晓，江中药业不仅在广告方面倾注了大量的投资，而且对于广告的定位和精准性也进行了周密的筹划，较前卫的采用了娱乐化营销策略和精准的产品效能定位相结合的模式。

而后，江中药业在营销渠道的开拓和维护方面也是做足了功课。经过对渠道终端实施精耕细作，在2004年，所拥有的协议二级商就已经达到2000家左右。当然，与此同时，修正药业也在积极地开拓和加强第三终端的营销力度，并通过终端维价、产品陈列、终端包装、打击仿冒品等措施，最终建立了良好的渠道和终端秩序，获取了非常好的经营效益。

5. 蜀中模式

蜀中药业的市场定位是其成功的关键性因素。不同于其他药企，蜀中药业将农村市场作为目标市场。并针对农村市场进行了药品营销活动的策划和开展。"普药精做"、"遍地开花"的经营理念使阿莫西林胶囊占该品种全国市场的3成以上，使氨咖黄敏胶囊、板蓝根颗粒、氯芬黄敏片等普药品种的销量跃居全国第一。

在营销渠道的选择和培养上，蜀中药业采取的是双管齐下的策略：一方面与安徽华源、湖北九州通等达成战略合作；另一方面积极与县一级医药公司建立新型工商联盟，实现对第三终端的广泛覆盖。

为了更好地占据农村市场份额，低成本低价位就成为了蜀中药业的竞争关键。如何在当时的市场环境下，更好地降低药品制造成本呢？蜀中药业的选择是规模化低成本。一方面，与农户合作，建立原材料种植基地；另一方面扩大空心胶囊生产规模。这为蜀中药业带来了极大的成本节约。

6. 杨森药业

西安杨森产品的技术领先性，决心了杨森药业营销工作的重点是药品的宣传和推广。各种产品推介会、学术推广会和宣讲会、研讨会的召开，让更多的医务工作者有了对杨森产品的更深刻的了解和认识。

不仅如此，杨森集团也非常重视对产品品牌的打造。一方面，采用高强度的广告覆盖策略，涉足于各大媒体进行产品的宣传和推广。另一方面，选择国有商业企业作为营销主渠道，以让利的模式实施合作。

（资料来源：《盘点我国医药营销成功模式六大典型》）

请对案例中的药品品牌策略的使用进行分析。

复习思考题

1. 产品在不同的生命周期具有哪些特点？
2. 处方药与非处方药的区别？
3. 新药开发的意义与策略是什么？
4. 品牌价值具有哪些含义？
5. 药品品牌策略有哪些？

第六章
药品价格策略

第一节 药品价格体系中的基本概念

一、药品价格

药品价格是药品价值的货币体现,也是消费者决定是否购买药品的重要因素之一。因此,如何通过制定合理的价格来吸引顾客,成为药品企业的工作重点。越来越多的药品企业开始通过制定合理的价格来实现自己的营销战略,价格制定是否成功,也成为公司销售能否成功的关键因素。制定药品价格,首先应该确定定价策略,进而在符合国家的相关法令、法规的前提下,根据药品成本,利用适当的定价方法制定合适的价格。

二、药品定价机制

所谓药品定价机制,是指在药品的定价过程中,药品价格各构成要素之间相互联系和作用的关系及其功能。一般来讲,药品定价机制包括是市场定价、政府指导价和政府定价三种。市场定价是指由药品企业自主制定,通过市场竞争形成的价格。政府指导价是指依照《价格法》规定,由政府价格主管部门或者其他有关部门,按照定价权限和范围规定基准价及其浮动幅度,指导药品企业制定的药品价格。政府定价是指依照《价格法》规定,由政府价格主管部门或者其他有关部门,按照定价权限和范围制定的药品价格。

长期以来,我国本着根据政府宏观调控与市场调节相结合的原则,在药品价格的制定方面一直实行的是政府定价和市场定价相结合的机制。价格制定,主要是市场定价和政府定价两种形式。其中,大部分新药上市企业需要根据市场状况向药品监管部门申报或备案。只有少部分药品的价格属于国家政府定价与企业自主定价范围之内。

在2015年5月,国家发展改革委会同国家卫生计生委等部门联合发布了《推进药品价格改革的意见》,决定从6月1日起取消绝大部分药品政府定价,这标志着我国药品价格定价机制的市场化转型。

一般情况下大多数新药的上市不会直接进入国家医疗保险目录,需要经过一段时间的市场推广,得到市场的广泛认可之后,并且等到国家下一次医疗保险目录调整时提出申请,并再一次调整价格。其中,政府定价药品主要有两种管理形式。

1. 制定最高零售价

对列入国家及省级《基本医疗药品药品目录》的药品、生产经营具有垄断性的专利药品和一、二类新药，价格主管部门按照通用名称（中药为药典或部颁标准规定的正式名称）制定、公布最高零售价格。生产经营企业在不突破政府制定的最高零售价格的前提下，自主制定其实际销售价格。

2. 部分特殊药品制定出厂、批发和零售三个价格

国家计委制定、公布出厂价格或口岸价，省级价格主管部门制定、公布药品的批发价格和零售价格。具体为：《国家计委定价药品目录》中的麻醉、精神、计生药具和预防免疫类药品由国家计委制定、公布出厂价格（或口岸价），其中麻醉药品和一类精神药品的批发价格和零售价格，由省级价格主管部门制定。对这类药品，生产经营企业必须严格按政府制定的出厂、批发和零售价格执行。主要是因为这些药品都属于特殊管理的药品，国家对其生产、流通、使用均实行严格的计划管理，按照特殊药品特殊对待的原则，对其实行特殊的价格管理办法。

目前，计划经济体制下"三级批发、一级零售"的经营体制已被彻底打破，同种药品多家生产、经营的市场格局已经形成，药品在出厂、批发环节形成了较为充分的市场竞争，而药品零售环节，特别是占市场零售份额80％以上的医疗机构，药品价格缺乏竞争。因此，对于已经形成充分竞争的出厂、批发环节不再进行价格管理，而只制定药品零售价格。同时，为了在政府定价中引入市场竞争机制，鼓励医疗机构之间、零售药店之间、医疗机构与零售药店之间展开竞争，政府只制定、公布最高零售价格，允许医疗机构、零售药店低于政府规定的价格销售。

药品的市场定价机制是由药品市场形成价格的机制。这是在市场经济条件下占据主导地位的定价机制。在这种机制下，药品企业拥有一定的制定药品价格的权力，药品企业在国家有关部门的监管下自主定价，并非是任意定价、随意定价，并通过市场竞争形成市场价格。

三、药品价格的构成要素

药品价格具体包括生产成本、流通费用、企业利润及政府税金等内容。

1. 生产成本

药品的生产成本是决定药品价格的重要因素，是药品定价的基础。因此了解药品的生产成本对于药品定价具有重要意义。

成本是一个综合的概念，按照支出项目及其特征的不同，它可以分为以下几种类型。这些不同类型的成本，构成商品定价的不同基础。

（1）固定成本　即支付在各种固定生产要素上的费用，如厂房、机器设备、管理费用、利息等。这些费用在一定时期内与一定的生产能力范围内不随产量的变化而变化。

（2）变动成本　即支付在各种变动生产要素上的费用，如购买各种原材料、电力、工人工资等。这种成本随着产量的变化而变化。

（3）总成本　即固定成本与变动成本之和。当产量为零时，总成本等于固定成本。

（4）边际成本　指在现有产品数量基础上，每增加一个或减少一个单位产量造成的总成本的变动量。

（5）机会成本　指企业经营某一项经营活动而放弃另一项经营活动的机会，而经营另一项经营活动所应取得的收益即为该项经营活动的成本。研究机会成本的目的在于正确选择企业的经营活动，以使有限的资源得到最佳的利用。区分成本的不同种类，可使企业在定价决策时有所侧重。药品价格的确定除了需在生产过程中严格控制成本开支，以取得竞争优势外，还需要通过下面的分析对比，确定企业的盈利水平。盈利水平是价格确定的另一个重要因素。

2. 流通费用

流通费用主要由两部分构成。一是生产企业的药品销售费用，如生产企业的药品推销广告费用等。这只是流通费用的一小部分，它往往成为生产企业药品总成本的一部分。二是发生在流通环节的费用，包括在采购、运输、储存、销售等环节支出的费用，这就是经营企业的药品流通费用。

3. 国家税金

税金是国家财政的一个重要来源，生产经营者必须按税法义务缴纳税金。它具有无偿性、强制性的特点。它是药品价格构成的要素之一。

4. 企业利润

企业利润是生产经营者出售药品所得到的收入减去生产和经营这种药品所支出的成本及税金的余额。企业利润也是药品价格构成的要素之一。

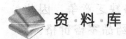

资 料 库

药价如此之高究竟该怎么办？

恰逢新医改进入第六个年头之际，2015年全国两会上，广西花红药业董事长韦飞燕语出惊人，声称九成药品都有降价空间，价格砍掉一半毫无问题。一时间，药价虚高的话题再度被推到医药改革的聚光灯下。

在我国药品市场上，由于没有公开的确凿数据，哪怕一些行业内的专家也难理清药价究竟有多少水分，这更成为百姓、行业外人士不甚了了的灰色地带。

近日，一位"草根"药改行家的举动撕开了药价的"神秘面纱"，70多万种药品零售价、出厂价的比对清单被其在网站上公布，部分药品的价差高得令人咋舌。

中欧国际工商学院卫生管理与政策研究中心主任蔡江南在接受《每日经济新闻》记者采访时表示，虽然目前没有看到任何官方公布的数据，但据估测，药品零售价比出厂价高出5～6倍是普遍现象。

药品底价遭某网站曝光

《长江商报》近日的一则报道，将卫柏兴和他的"降药价网"再次推到公众面前。卫柏兴自称"草根"药改行家，从1997年开始从事医药销售职业，并在2011年创立了降药价网。该网站显示，这是一家已经取得互联网药品信息服务非经营性资格证的网站。在该网站上，共列出含70多万种药品零售价、出厂价的比对清单，同时也列出了药品名称、规格、剂型以及生产厂家。

记者浏览降药价网发现，有不少药品的零售价是出厂价的七八倍。例如，一款头孢尼西注射剂，每支0.5g的规格零售价为32.8元，而出厂价仅为4.9元；同样，片剂贝沙坦氢氯噻嗪片是治疗原发性高血压的常用药，162.5mg×7的规格零售价38.07元，出厂价为4.75元。

这些药品底价究竟从何得知？卫柏兴在接受《每日经济新闻》记者采访时表示，降药价网在全国各个省市共设有40个数据采集点，包括医药公司、连锁药店、个人代理和药厂的业务员。有一部分数据是降药价网花钱买来的。"我们已大约花了几十万来购买药企的数据，手里有非常多的药价单。按条收费，根据传真数量不同，我们可能每月要花费八千元。"卫柏兴表示，来自药企的价格数据大约占全部的60%。

针对药品底价可靠性的质疑，卫柏兴解释说，降药价网会比较同类药品不同药企提供的价格，通常情况下，差异不会超过10%～20%，"其实药价在行业里一直是透明的，只不过我们把这个行业都明白的事公布给公众而已，价格（数据）真实可靠没有任何问题。"

药企人士称无益于价格改革

针对降药价网揭露药企产品出厂底价的做法，和黄药业有限公司一位负责人对《每日经济新闻》记者表示，药品的招商价格应是行业内公开的，虽然目前药企同类药品出厂价格会有差异，但药企都会按照规定将药品的成本价格和批发价格上报国家有关部门，并经过审批。

东盛集团董事张斌在接受记者采访时表示，如果公布所谓的药品"底价"是唯低价是取，那么这种做法只考虑到药品的原材料成本，置研发及创新成本于不顾，这种做法无益于药品价格的改革，还有可能引发经典配药的短缺。"纯粹追求低价，就连药企的合理利润也被挤压在外，导致药企被迫停产一些常用药，这也正是国家出台相应低价药品保护政策的原因。"张斌对记者说，"比如抗生素，因为药价过低，药企放弃生产第一代头孢类产品，转而生产药效更强的二代甚至三代头孢类药，不仅价格不断上涨，也没有考虑到患者耐药性带来的后果。"

当被问到降药价网上公布的药品虚高情况是否符合实际时，张斌表示并不知情，且中西药等不同药品种类和地区的定价做法不尽相同。

北京鼎臣医药管理咨询中心负责人史立臣向《每日经济新闻》记者介绍了目前我国药品流通定价的流程。药品在招标环节分为基础药品和非基础药品，前者基本上包含在医保药品目录中，后者有一部分已经列入医保，剩下的还在医保之外。各省在药品集中采购平台认购中标药品后，公立医院为了进一步压低药价，还会进行二次议价。

问题主要出在招标环节

目前，药价高、看病难依然没有得到更多改善。

专家认为，药价虚高问题主要出在招标环节。一些药企在上报药品零售价时，不仅已将专利、独家研发等成本囊括进去，甚至还包括了二次议价、医院医生收取回扣的成本。究竟药企应有多少合理利润？史立臣估测，流通类药企的利润率在4%～7%；OTC类在10%左右；而销售到医院的常用和独家药品可为企业带来17%～20%的利润。

也有专家认为，药品水分虚高的背后是利益集团的垄断。他对记者透露，我国总共四五千家药企中，只有二三百家做得不错，其余大多数都处在微利或亏损状态。有些药品销售排名靠前的企业，在公立三级甲等医院的销售占据垄断地位。同样，医院药品销售占全部药品销售总比的80%以上。

2014年11月25日，国家发改委下发的《推进药品价格改革方案（征求意见稿）》显示，政府定价角色在未来药品的形成机制中基本淡出，取消最高零售限价，医保药品的价格由医保部门接手制定支付基准价，医院采购时围绕医保支付基准价协商谈判，加强医院的议价动力；专利药和中成药独家品种等药品则引入多方谈判机制。

中国医院协会副秘书长庄一强对记者介绍说，目前我国已经逐步开始实施取消药品最高零售限价的政策，开始向卫生系统负责的中标价和人社部牵头的医保价转变。

蔡江南对记者表示，目前药企单方面向发改委提供药价存在弊端，不具备科学依据，因此未来我国的药品价格改革应继续推进包括医疗单位、药厂在内的协商机制。

史立臣坦言，目前全国存在多种药品价格改革的试行方案，其中湖南的药品指导价格被专家砍掉一半，而浙江更是直接参考全国最低价位。目前还没有发现一种最有效的方案，政府和市场也在摸着石头过河。

(摘自：七十多万种药品"底价"曝光．每日经济新闻，2015年3月27日．http：//www.chinamsr.com/2015/0327/84986.shtml)

第二节 药品定价策略因素

一、药品企业定价目标

在确定药品价格以前，医药企业首先必须确定一个定价目标。这个目标应和企业的经营总目标、销售目标相一致。因为企业的总目标与销售目标是定价目标的基础，而定价目标又是定价策略与定价方法的依据，即企业的价格策略是根据体现市场营销目标的定价目标来制订的。药品企业定价目标是企业药品定价的基础和规则，是根据企业的定价目标来确定药品的价格，完成定价行为。因此，在药品定价时，一定要遵循实现企业定价目标的原则。

一般可供医药企业选择的定价目标有利润导向型定价目标、销售导向型定价目标、竞争导向型定价目标等几种。

1. 利润导向型定价目标

利润目标是企业定价目标的重要组成部分，获取利润是企业生存和发展的必要条件，是企业经营的直接动力和最终目的。因此，利润目标为大多数企业所采用。由于企业的经营哲学及营销总目标的不同，这一目标在实践中有两种形式。

（1）以追求最大利润为目标　最大利润有长期和短期之分，还有单一产品最大利润和企业全部产品综合最大利润之别。一般而言，企业追求的应该是长期的、全部产品的综合最大利润，这样，企业就可以取得较大的市场竞争优势，占领和扩大更多的市场份额，拥有更好的发展前景。当然，对于一些中小型企业、产品生命周期较短的企业、产品在市场上供不应求的企业等，也可以谋求短期最大利润。

最大利润目标并不必然导致高价，价格太高会导致销售量下降，利润总额可能因此而减少。有时，高额利润是通过采用低价策略，待占领市场后再逐步提价来获得的；有时，企业可以采用招徕定价艺术，对部分产品定低价，赔钱销售，以扩大影响，招徕顾客，带动其他产品的销售，进而谋取最大的整体效益。

（2）以获取适度利润为目标　它是指企业在补偿社会平均成本的基础上，适当地加上一定量的利润作为商品价格，以获取正常情况下合理利润的一种定价目标。以最大利润为目标，尽管从理论上讲十分完美，也十分诱人，但实际运用时常常会受到各种限制。所以，很多企业按适度原则确定利润水平，并以此为目标制定价格。采用适度利润目标有各种原因，以适度利润为目标使产品价格不会显得太高，从而可以阻止激烈的市场竞争，或由于某些企业为了协调投资者和消费者的关系，树立良好的企业形象，而以适度利润为其目标。

由于以适度利润为目标确定的价格不仅使企业可以避免不必要的竞争，又能获得长期利润，而且由于价格适中，消费者愿意接受，还符合政府的价格指导方针，因此这是一种兼顾企业利益和社会利益的定价目标。需要指出的是，适度利润的实现，必须充分考虑产销量、投资成本、竞争格局和市场接受程度等因素。否则，适度利润只能是一句空话。

2. 市场占有率导向型定价目标

市场占有率，又称市场份额，是指一个医药企业的销售额占整个行业销售额的百分比，或者是指某个医药企业的某个商品在某市场上的销量在同类商品在该市场销售总量的比重。市场占有率是企业经营状况和企业产品竞争力的直接反映。作为定价目标，市场占有率与利润的相关性很强，从长期来看，高的市场占有率必然带来高利润。美国市场营销战略影响利润系统的分析指出：当市场占有率在10%以下时，投资收益率大约为8%；市场占有率在10%~20%时，投资收益率在14%；市场占有率在20%~30%时，投资收益约为22%；市场占有率在30%~40%时，投资收益率约为24%；当市场占有率在40%以上时，投资收益率为29%。因此，以销售额为定价目标具有获取长期较好的利润的可能性。市场占有率目标在运用时存在着保持和扩大两个互相递进的层次。保持市场占有率的定价目标的特征是根据竞争对手的价格水平不断调整价格，以保证足够的竞争优势，防止竞争对手占有自己的市场份额。扩大市场占有率的定价目标就是从竞争对手那里夺来市场份额，以达到扩大企业销售市场乃至控制整个市场的目的。

3. 竞争导向型定价目标

竞争导向型定价目标，是指药品企业的定价目标主要根据市场竞争的需要来制定，是建立在竞争对手和潜在竞争对手的定价基础上。

依据竞争导向的不同，可将竞争导向型定价目标分为三种。

(1) 应付竞争对手的竞争导向型定价目标　在一个稳定的市场环境中，变动价格对商家来说都需要一定的成本，尤其是降低价格，一般都会遭到竞争对手的报复，同时也会引起同行业的不满，因此一般公司不会采取主动降价的手段，只有当竞争对手变动价格时，有些公司尤其是大公司为应付市场变化才会变动价格。

(2) 阻止竞争对手的竞争导向型定价目标　这种情况一般在垄断性市场中比较容易出现。处于垄断地位的公司为阻止新的药品公司进入市场，可能会采取低价销售商品的手段，而新进入的公司如果采用同样的价格，就毫无利润可言，从而被拒之门外。

(3) 打击竞争对手的竞争导向型定价目标　在竞争性市场中要想打击竞争对手，就可以采取这种定价目标，尤其对于新的市场进入者而言，要想在市场中迅速取得市场份额，比较有效的方法就是采用低价格占领市场，提高知名度。

4. 投资收益导向型定价目标

投资收益导向型定价目标，是以获取预期收益为定价目标。预期收益定价目标，指以医药企业的投资额为出发点，以回收一定的投资报酬率为定价目标。即把它的预期收益水平规定为占它投资额的一定百分比。收益率高低的确定应当考虑商品的质量与功能、同期的银行利率、消费者对价格的反应以及企业在同类企业中的地位和在市场竞争中的实力等因素。预期收益率定得过高，企业会处于市场竞争不利地位，定得过低，又会影响企业投资的回收。一般情况下，预期收益适中，企业可以获得长期稳定的收益。

5. 稳定价格导向型定价目标

稳定价格导向型定价目标，是以稳定价格为定价目标，这样制定的价格又称为领导者价格。即医药企业因种种原因具有左右市场价格的能力，能够成为某药品市场的生产和销售领导者的情况下，为了稳定、巩固其市场阵地而采取的保持价格稳定的定价策略。这样做可以避免发生价格战争，不使市场价格发生大的波动。因为无力与之抗争的中小企业所定的价格，绝大多数情况下只能与大企业的价格保持一致，而大企业也可集中精力进行其他营销活动。

为达到稳定价格的目的，通常情况下是由那些拥有较高的市场占有率、经营实力较强或较具有竞争力和影响力的领导者先制定一个价格，其他企业的价格则与之保持一定的距离或比例关系。对大企业来说，这是一种稳妥的价格保护政策；对中小企业来说，由于大企业不愿意随便改变价格，竞争性减弱，其利润也可以得到保障。在钢铁、采矿业、石油化工等行业内，稳定价格目标得到最广泛的应用。

将定价目标分为利润目标、销售额目标、市场占有率目标和稳定价格目标，只是一种实践经验的总结，它既没有穷尽所有可能的定价目标，又没有限制每个企业只能选用其中的一种。由于资源的约束，企业规模和管理方法的差异，企业可能从不同的角度选择自己的定价目标。不同行业的企业有不同的定价目标，同一行业的不同企业可能有不同的定价目标，同一企业在不同的时期、不同的市场条件下也可能有不同的定价目标，即使采用同一种定价目标，其价格策略、定价方法和技巧也可能不同。企业应根据自身的性质和特点，具体情况具体分析，权衡各种定价目标的利弊，灵活确定自己的定价目标。

二、药品需求弹性

1. 药品需求弹性的含义

需求是决定商品定价的一个重要因素。分析药品需求弹性的目的是为了确定药品价格的变动对药品需求量的影响程度，需求弹性是用来衡量药品需求数量变化的比例与药品价格变化的比例的相对关系。不同药品的需求变动受价格影响的程度不同，即需求弹性不同。

一般来讲，药品需求量随价格变动而变动分为完全无弹性、缺乏弹性、单位弹性、富有弹性和完全弹性五种类型。需求量因价格变动而变动的程度越大的，其价格弹性就越大，极端情况为完全弹性；需求量因价格变动而变动的程度越小的，其价格弹性越小，极端情况为完全无弹性。药品的价格策略的效果因其需求的不同而不同。对于需求弹性较高的药品，小幅度的价格下降，就会引起其需求量的大幅度增加，且由于需求量的增加所带来的收益的增加远远大于因价格下降而导致的损失，即整体收益是增加的，如名贵药材。而对于需求弹性较低的药品来讲，价格的下降只会引起需求量的较小幅度的增加，而且由于需求量的增加所带来的收益的增加不足以抵补因价格下降而导致的损失，即整体收益下降，如医疗器械。因此，企业在给某种药品定价时，必须考虑该种药品的需求弹性。对于需求弹性较高药品，采取低价策略有利，通过薄利多销，可使销售总收入增加，争取更大利润；而对于需求弹性较低药品，采取高价策略有利，为了避免高价位给产品竞争带来不利影响，可以选择平均价，同时配合其他市场营销手段，提高盈利率。

2. 药品需求弹性的影响因素

药品需求弹性的影响因素，概括起来主要包括以下几种。

(1) 药品对消费者生活的重要程度　一般说来，处方类新药的需求弹性较小，普药的市场需求弹性较大。

(2) 药品的可替代的程度　一般说来，一种药品的可替代品越多，相近程度越高，则该药品的需求弹性往往就越大；相反，该药品的需求弹性往往就越小。对一种药品所下的定义越明确越狭窄，这种药品的相近的替代品往往就越少，需求弹性也就越小。

(3) 药品的用途的广泛性　一般说来，一种药品用途越是广泛，它的需求弹性就可能越大；相反，用途越是狭窄，它的需求弹性就可能越小。

(4) 药品的消费支出在消费者预算总支出中所占的比重　消费者在某种药品上的消费支出在预算总支出中所占的比重越大，该药品的需求弹性可能越大；反之，则越小。

(5) 与消费者做出调整的时间有关　价格调整的时间越短，弹性就越小；时间越长，相对而言，弹性就越高。

三、药品供给弹性

药品的供给弹性反映的是药品的供给量对于药品价格的反应程度。从长期来看，药品价格对于药品供给的影响必将引起药品市场供求状况的变动，从而打破原有的市场格局，影响原有药品企业的生产经营和利润状况。因此，药品供给弹性也是药品定价时应考虑的因素之一。

1. 药品供给弹性的含义

供给价格弹性是指一种产品市场价格的相对变化所引起的供给量的相对变动，反映供给量的变动对价格变动的敏感程度。它表示为供给量的变化率与价格的变化率之比。

2. 药品供给弹性的影响因素

（1）药品产量调整的难易程度　药品产量调整得越容易，在市场因素发生变动的情况下，药品企业迅速调整产量的可能性和可操作性就越大，就越容易实现供给量的迅速调整，供给价格弹性越大。相反，药品产量调整得越困难，在市场因素发生变动的情况下，迅速调整产量的可能性和可操作性就越小，相应地，药品供给量的变化量就越小，即该药品的供给弹性就越小。从企业生产的角度讲，供给弹性过小是非常不利的。一般采用柔性生产、大规模定制生产方式来增加药品的供给弹性。

（2）时间因素　由于药品的生产存在生产周期，所以供给量的变动随价格变动而发生变化的程度就存在着时间因素。相比较来讲，较长的期限为供给量调整提供的可能性和潜力比较大，所达到的供给量的调整幅度就比较大，所以供给弹性也就比较大；相反，短期内，供给量随价格变动而变动的可能性及程度都比较小，所以供给弹性就比较小。

四、产品组合策略以及产品组合定价策略

1. 产品组合策略

产品组合策略就是在销售产品时将不同的产品进行组合销售的策略。衡量产品组合通常根据产品组合的宽度、长度、深度以及产品组合的一致性，即产品组合中不同产品之间相关程度的高低。一般来说，同类产品组合销售的一致性较好，管理难度也小，但是风险相对比较大；而一致性差的产品组合虽然管理难度大，但是涉及的范围比较广，风险也相对较低。因此产品组合的关键在于努力提高产品组合的宽度，延伸产品组合的长度，加大产品组合的深度，并在此基础上实现产品组合的多元化，分散风险，扩大经营范围。

产品组合是金融行业也是药品行业发展的一个趋势。现在消费者需要的不仅仅是保障类的药品，药品已经成为消费者一个重要的投资工具。因此，药品生产企业也不再是单一药品产品的提供商，而越来越成为全方位的金融产品组合顾问，帮助消费者实现自己的投资目标。

2. 产品组合定价策略

产品组合定价策略包括产品线定价策略和产品组合定价策略两个层次。产品线定价的关键是要忽略产品线中不同产品的细小差别，拉开不同产品之间的差距，即要在产品线中确定一个基本的产品项目作为定价的基准，将其他产品的定价与该基准产品进行比较，以相等的定价差异来表现不同的产品项目差异。这种定价方法的好处是降低产品线的总体成本，尤其是产品线的目标消费者和市场一致时，不会导致顾客的流失。

产品组合定价的前提是必须确保安全性的原则，即产品组合的价格能满足提取准备金和费用以及未来赔付的需要，同时在此基础上还要保证一定的利润额。如果市场的风险因素发生了变化或环境发生了变化导致需要调整价格，就应该对可能发生的风险进行考虑，及时采

取措施，以确保价格的充足性。

第三节 药品定价的基本策略

药品的定价策略，是指药品企业针对不同的内部条件和外部环境因素，为实现定价目标而采取的定价策略和技巧。定价策略是作为营销整体策略的一部分而存在的。一般来说，药品的定价策略可以分为以下几种。

一、成本驱动定价策略

成本驱动定价策略可分为成本加成定价策略和投资回报定价策略两种。

成本加成定价策略，是指药品企业在制定价格过程中，在单位产品成本的基础上，加上预期的利润额作为销售价格。例如一家药品企业，希望自己的利润率为5%，那么该企业只要确定了开发产品及销售商品过程中需要的成本，在此基础上加上5%的利润就可以了。

投资回报定价策略，是指药品生产企业为了保证投资于药品开发和销售中的资金按期收回并获得利润，根据投资的成本费用和预期的销售数量，确定能够实现利润的价格。采用这种策略应更加重视药品的销售量，否则不一定能达到原定的目标。

成本驱动定价策略一般适合垄断性市场。一旦市场竞争比较激烈，该药品的价格就会同市场需求和供给密切相关，而市场竞争的结果是各家公司的价格会越来越低，各家公司的利润不再完全由自己决定，而是由市场来决定。

二、竞争对手驱动定价策略

竞争对手驱动定价策略是指药品生产企业以主要竞争对手的价格为基础，以定价来确保自己在市场体系中的地位。药品生产企业可以根据自己的整体营销策略、企业目标和定价目标，以通行价格、高于市场价格和低于市场价格来制定自己产品的价格。可以分为通行价格策略、竞争价格策略、渗透价格策略和弹性价格策略等几种形式。

1. 通行价格策略

这是指药品生产企业以通行价格来进行药品定价，将自己的价格定在药品市场的平均价格水平上，属于"迎接竞争"的策略，此策略通常以市场上主要的大药品生产企业定价作为参考基准。由于这种追随类型的定价策略在竞争对手突然降价时可能会陷入困境，因此通行价格策略比较适合在完全竞争或者寡头垄断的药品市场上实施，因为在这两种市场环境下降价的空间比较小，一般不会出现突然降价的情况。

2. 竞争价格策略

这种策略的主要目的是打击竞争对手，一般只有那些实力雄厚或者具有独特细分市场的公司才会采用。适用这种策略的药品的价格通常以主要的药品生产企业的最低价格为基准，独有的单个药品也要以较低价格出售。采用低价策略，药品生产企业首先要确定自己的目标市场和市场地位，同时在定价中要确保药品的相关变量可以被控制在一定范围，因而在低价策略中关键是设计或改进产品以适应一个选定的价格区域。

3. 渗透价格策略

这是指药品企业可以利用相对较低的价格获得市场份额并使销售量迅速上升的定价策略。这种策略的主要目的是以合适的价格取得最大的消费者群。渗透价格策略主要在以下情况比较有效。新产品进入市场时，需要取得市场份额；市场竞争激烈，降低价格能够延缓竞争对手进入市场;市场潜力大,对价格敏感,降低价格可以扩大公司的市场份额。

4. 弹性价格策略

这是指药品的价格可以在与消费者协商后再决定。弹性价格策略主要在团体药品销售时采用,大多数销售团体药品的公司采用的是可变价格策略,这主要是由于团体药品的销售一般采取竞标的方式,竞争非常激烈,单纯的根据竞争对手的历史情况而确定报价很难中标。采取弹性价格策略,根据消费者的需求来确定价格是比较有效的竞争方式。

三、消费者驱动定价策略

消费者驱动定价策略是指药品的价格能够让分销商和顾客都愿意接受。对于分销商而言,消费者驱动定价策略意味着产品定价中可能考虑更多的补偿因素,即销售该企业的药品时可以获得更高的报酬。而对于消费者而言,则意味着较低的支出;对价格敏感型的消费者,可能意味着低价带来的更大效用;对看重企业信用的消费者,则意味着公司的财务实力强大、信誉优良。采用消费者驱动定价策略的关键是药品生产企业要明确消费者看重的价值取向,并且制定出合适的药品价格,让消费者感觉自己希望实现的价值可以在这家药品生产企业的产品上得以实现。

消费者驱动定价策略一般有心理定价策略、早期获利定价策略以及促销定价策略三种方式。

1. 心理定价策略

消费者的购买心理是影响消费者购买行为的重要因素。心理定价策略是指企业运用心理学原理,针对消费者在购买过程中的状态,确定商品价格的一种策略。研究表明,与商品价格有关的消费心理主要有实惠求廉心理、高价炫耀心理、按质论价心理、习惯价格心理、价格风险心理、逆反心理、从众心理等。心理定价策略就是要迎合消费者的这些心理,灵活制定价格以刺激消费需求,达到扩大销售的目的。具体策略包括尾数定价策略、声望定价策略、招徕定价策略、习惯定价策略、整数定价策略。

(1) 尾数定价策略 尾数定价策略就是在药品定价时,保留小数点后的尾数。如 100 元的药品价值,定价为 99.98 元。这种定价方法一方面会给消费者一种精确计算、最低价格的心里感觉,从而促进消费者购买;另一方面,给消费者以价格便宜的感觉。因此,对消费者购买心理影响是巨大的。

(2) 声望定价策略 声望定价策略就是对在顾客心目中有了一定威望、声誉和被信任的药品制定较高价格的一种方法。声望定价中的高价不仅能给企业增加盈利,还能使这些消费者的优越感得到满足。如果药品价格太低,无法满足这些消费者心理需要,反而会使他们放弃购买决定。声望定价只能用于名牌药品、有声望企业的药品,价格应该确定在消费者心理和经济能够接受的水平上,并与一般商品拉开一定的档次。注意售后服务和信誉,使产生安全感和信赖感。对于一般的药品则不能随意使用,否则会适得其反。

(3) 招徕定价策略 招徕定价策略是指将产品价格调整到低于价目表价格,甚至低于成本费用,以招徕顾客促进其他产品的销售(应注意不要违反《反不正当竞争法》等法律法规)。

(4) 习惯定价策略 习惯定价策略,是指根据消费者已经熟悉,并形成心理习惯的药品价格水平来确定本企业药品价格的一种定价策略。主要用于质量稳定、需求弹性大、代用品较多的药品。

(5) 整数定价策略 整数定价策略,是指为满足人们显示自己的地位、声望、富有等心理需要,对高档货名、名优产品定价时,有意识地定成整数,舍去尾数的定价策略,所定整数一般就高不就低。一般适用于优质高档商品或馈赠礼品，且购买者消费水平较高或对价格不慎看重。

2. 早期获利定价策略

早期获利定价策略，是指药品生产企业在销售产品时向最希望购买该产品的消费者收取最可能高的价格，这种策略比较适合在药品新产品销售的初期采用。由于新开发产品的消费者认知度较小，市场上也没有同类产品可比较，消费者这时看重的就不会是价格，而主要看重产品能带来的效用或者产品能带来的身份地位。但是一旦市场上出现类似的新产品时，早期获利定价策略就很难继续采用。

3. 促销定价策略

促销定价策略是指通过以低于正常价格的价格销售某些药品以达到销售某种药品的目的。促销定价策略的常用手法是通过价格先导来吸引消费者购买公司产品，形成一定的消费者基础，进而带动其他相关产品的销售。药品行业的新市场进入者也可以采取类似的手段吸引消费者。

第四节 新药品定价策略与方法

一、新药定价策略

新药以何种方式上市非常重要，价格策略就是其中的一部分。除国家价格管理与控制外，本节注重学习新药的定价策略与方法。

新药进入市场所采取的定价策略依据其价格与利润的不同，划分为取脂定价策略（高价定价策略）、渗透定价策略（低价定价策略）和满意定价策略（中间价定价策略）三种。

1. 取脂定价策略

取脂定价策略，又称为厚利销售策略，撇油定价策略，是一种以高价进入市场的策略。即药品生产企业将药品价格制定得远远高于其成本，以高价卖给收入较高、对价格不太敏感或追求时尚的消费者，迅速获得厚利，然后随着成本的降低和竞争者的加入，逐步降低产品价格，以开发购买力较低的消费者，并提高产品的竞争能力。这种定价策略主要在市场没有同类商品的情况下使用。由于没有竞争对手，采用高价格策略可以吸引一定数量的消费者，借以弥补新产品开发的成本。对于一些独特的细分市场或者是垄断性的药品市场，由于没有竞争，新产品开发后一般可采用高价格的策略。

要求产品具备的条件：独特优越性；高档性；时尚性；先进性；专利性；不可替代性；需求弹性缺乏性；生产条件严格性。

优点在于：①在产品导入期实行高价，可以在短期内收回开发、研制和高额促销等费用，并能获得高额利润；②由于高价策略主要是针对高收入阶层，产品的高价格不会对销量产生抑制作用，再加上看齐效应的影响，也会吸引一部分中等收入消费者加入，从而扩大商品市场占有率；③如果产品质量、服务与产品价格相符，就能树立起产品的名牌形象，乃至企业形象，为产品和企业的发展奠定良好的基础。

缺点在于：利润丰厚容易引起竞争者加入，从而缩短产品生命周期；容易诱导盲目竞争，产品供给急增，使产品价格大幅下降，损害企业形象；排斥中等收入阶层的消费者，从而引起企业收益的减少。

2. 渗透定价策略

渗透定价策略又称薄利多销策略、低价策略，它是将投入市场的药品价格定得尽可能低，使药品迅速被顾客接受，以迅速打开和扩大市场。这种策略的优点是企业能够利用药品价格优势，迅速打开销路，占领市场同时，较低的价格还能排斥竞争者的介入，可以较长时间地占领市场。

这种策略的缺点是企业实行"薄利多销"，需要较长时间才能收回投资，造成投资报酬率低；另外，由于药品价格较低，容易在消费者心目中造成低档药品的印象。

采用渗透定价策略需要具备的条件有：考察药品的需求者数量足够多并且该药品需求弹性比较大，由此使得价格的降低会引起需求量的大幅度增加，从而增加企业的收益；企业的生产能力且原材料供应充足，由此保证充足的药品供给量。

3. 满意定价策略

满意定价策略，又称为中间价格策略、合理价格策略、平价销售策略，是指药品企业在制定价格时，不仅考虑到自身成本和利润的因素，而且还考虑到顾客是否会接受，从而使两者均能满意的价格策略。中间价格策略兼顾了自身成本和顾客需求，因此可以较快收回成本，同时由于受到消费者的欢迎，也容易占领市场，避免了低价带来的竞争，这是新产品推出时采用的比较明智的定价策略。一般都会使企业收回投资和获取一定盈利。但它也较保守，会使企业丧失获取高利的机会。

药品的定价方法是药品企业综合考虑定价的影响因素，对产品价格进行计算或确定的方法，是将药品企业定价战略与具体价格水平联系起来的重要环节。药品定价的方法有多种，不同的定价法反映着药品企业不同的定价指导思想和企业目标。因此，为使企业正确地制定价格，实现其营销目标，应该选择正确的定价方法。

二、成本导向定价法

企业以药品的各种成本或投资额作为制定价格依据的方法，称为成本导向定价法。它是以成本或投资额为基数，加上企业要达到的预期利润，从而制定出的药品基本价格。它有以下几种基本形式。

1. 成本加成定价法

即标高定价法、加额法，是指以单位产品全部成本加上按加成比率计算的利润额来制定价格。该方法先计算药品的单位总成本，再按一定利润率来制定药品的价格。其计算公式为：

单位药品价格＝（平均总成本＋预期利润）÷产品产量

例1：某企业生产一种药品，固定总成本为300000元，单位变动成本为10元，预计企业药品产量为10000件，企业期望获取的利润率为20%，求该药品的销售价格。

此药品定价过程如下。

固定总成本　300000元

变动总成本　10×10000＝100000（元）

总成本　400000元

预期利润　400000×20%＝80000（元）

总成本加预期利润　480000元

按上述公式计算：

单位药品的售价＝480000÷10000＝48（元/件）

成本加成定价法在定价过程中具有操作简便易行、有利于同行业之间比较的优点。但它也具有生产者定价忽视市场需求，只是"一厢情愿"的缺点，制定的价格缺乏针对性、灵活性。

2. 投资报酬率定价法

根据企业的总成本和计划的总产量，加上按投资报酬率计算的投资报酬额，作为定价基础的定价方法。其计算公式为：

$$单位药品价格 = (总成本 + 预期利润) \div 总产量$$

例2：某企业投资 250000 元生产经营一种新药品，其固定成本为 800000 元，单位变动成本为 45 元，预期投资报酬率为 15%。请计算，当销售量为 10000 件时，该种药品的售价是多少？

这种药品的定价过程为：

固定成本　800000 元

总变动成本　45×10000＝450000（元）

总成本　800000 元＋450000 元＝1250000（元）

投资报酬　250000 元×15%＝37500（元）

总产量　10000 件

单位药品价格＝（1250000＋37500）÷10000＝128.75（元/件）

只有企业把药品的价格定为 128.75 元/件时，才能获得预计的投资报酬。企业采用投资报酬定价法，便于企业对价格的控制，能够保证企业获取预期的利润。但这种方法不宜在激烈的竞争条件下采用，因为激烈的竞争必然会迫使企业降低药品价格，这样企业的预期利润就无法实现了。

3. 收支平衡定价法

收支平衡定价法是利用盈亏平衡点的原理来定价的一种方法。盈亏平衡点又称保本点。当企业的药品销售达到平衡点时，就可达到收支平衡。其计算公式如下。

$$药品的收支平衡价格 = 固定成本总额 \div 产量(销售量) + 单位药品变动成本$$

例3：某企业某种药品的固定成本总额为 30000 元，单位药品变动成本为 40 元。预计该药品市场销量可达到 5000 件，求其收支平衡价格。将上述数据代入计算公式：

该药品收支平衡价格＝30000÷5000＋40＝46（元/件）

计算结果说明，每件药品 46 元是企业销售药品的保本价格。如果药品价格低于 46 元，企业就会出现亏损。因此，企业要达到收支平衡，就必须在此价格水平上完成 5000 件的销售量。如果企业在不改变价格的基础上获取盈利，就必须使自己的销量超过 5000 件。收支平衡定价法并不是企业在任何情况下都可以采用的。它是一种侧重于保本经营的定价方法。只有在企业经营不景气的情况下，为了渡过难关，企业才采用这种定价方法。

4. 边际贡献定价法

边际贡献定价法就是企业在定价时，只计算成本中的变动成本，不计算固定成本，而以预期的边际贡献来补偿固定成本。所谓边际贡献，就是预计销售收入减去变动成本后的收益。如果边际贡献不能补偿固定成本，企业就会亏损。

这种方法主要应用于下面的情况：当市场产品销售困难时，企业如果仍按总成本定价，就会由于价格太高而卖不出去。这时企业就会减产或停产。即使减产或停产，企业的固定成本仍需支出，亏损就更大。与其这样，企业倒不如适当降低药品价格，取得边际贡献，这样就可以减少企业亏损。如果边际贡献大于企业固定成本支出，那么企业不仅不会亏损，还会盈利。边际贡献定价的计算公式如下。

$$单位药品价格 = (总变动成本 + 边际贡献) \div 总产量(总销售量)$$

例4：某企业的年固定成本为 800000 元，每件药品的单位变动成本为 70 元，计划边际贡献为 600000 元,当预计销售量为 8000 件时,求其销售价格。

该药品价格计算过程如下。

总变动成本　70×8000＝560000（元）

边际贡献　600000 元

产品销量　8000 件

代入上述计算公式:

该药品的售价＝(560000＋600000)÷8000＝145（元/件）

三、需求导向定价法

需求导向定价法就是依据买方对药品价值的感受和需求强度来定价,而不是依据卖方的成本定价。其主要形式有以下几种。

1. 理解价值定价法

理解价值定价法是需求导向定价法中最常见的一种,是企业根据消费者对其药品价格的理解程度来制定药品价格的一种方法。消费者对药品价格的理解往往不以成本为基础,因此他们认可的药品价格,并不是药品的实际价值。所以企业可以利用自己有效的营销手段,来提高消费者对自己药品价值的理解程度,使他们接受企业制定的药品价格。如市场上的某种感冒胶囊的价格大大高于同类药品,却仍被多数患者购买,就是因为消费者对这两种药品的价格理解差异较大造成的。

2. 比较定价法

比较定价法是企业根据药品价格需求弹性的研究和对市场环境的调查来决定价格的一种方法。无论是提高药品价格的方法,还是降低药品价格的方法,企业都可以运用市场调查的方法进行选择。一般做法是：企业把药品分别以高价和低价两种价格出售,然后比较它们的销量和利润,最后确定一种对企业最有利的价格。

例 5：某企业销售某药品,此药品综合成本为 20 元,将其售价定为 25 元时,月销量为 10000 件,将其售价定为 28 元时,月销量为 5000 件,请确定企业应采用的价格。

企业采用低价时的利润＝（25－20）×10000＝50000（元）

企业采用高价时的利润＝（28－20）×5000＝40000（元）

通过试销比较,企业以每件 25 元的价格销售药品,虽然其价格较低,但可以增加销量,而且其利润也比定价每件 28 元时要多。因此,企业选择每件 25 元的价格较好。

3. 反向定价法

反向定价法是以消费者接受的零售价为基础,以加成率为依据,反向计算出企业药品批发价或出厂价的方法。

例 6：某药品的市场零售价为 30 元,其零售价加成为 20%,批发价加成为 10%,求这种药品的出厂价。

由于成本加成定价法计算公式为：

单位药品价格＝单位药品总成本＋单位药品总成本×加成率

　　　　　　＝单位药品总成本×（1＋加成率）

则这种药品的出厂价计算过程如下。

药品的零售价：30 元

药品的零售价加成：30－30÷（1＋20%）＝5 元

药品的批发价（即零售商成本）：30－5＝25（元）

药品的批发价加成：25－25÷（1＋10%）＝2.27（元）

药品的出厂价（即批发商成本）：25－2.27＝22.73（元）

反向定价法是生产企业经常采用的一种定价法。这种方法制定的价格是以消费者接受的价格为基础，所以在市场上较有竞争力，满足了企业同其他类似药品竞争的需要。

四、竞争导向定价法

竞争导向定价法就是企业以竞争者同类药品的价格为依据，充分考虑自己药品的竞争能力，选择有利于在市场竞争中获胜价格的定价方法。它有以下几种主要形式。

1. 随行就市定价法

随行就市定价法是指以本行业实力最雄厚、市场占有率最高的企业的药品价格为基础，来制定本企业药品价格的一种方法，亦称为领袖价格定价或主导者价格定价。

2. 倾销定价法

倾销定价法是企业为了控制市场，以低于市场价格的价格向市场抛售产品，借低价赶走竞争对手而占领市场的定价方法，这是实力雄厚的大企业在竞争中常用的一种方法。

3. 投标定价法

投标定价法是采用招标的方式，由竞争者投标出价竞争，以最有利于招标方的价格成交的一种定价方法。

案例链接

太安堂品牌历史悠久，在近年来经过系列并购扩张及内生核心业务快速增长后，目前公司已形成不孕不育类、心脑血管类、皮肤类三大拳头产品系列。同时太安堂积极拓展中药上下游，已布局上游人参种植、中药饮片，下游连锁药店、电子商务等。

目前，我国医药电商规模不足百亿元，尚不到医药流通市场的1%，而美国网络销售额已占到整体药品零售规模的30%。目前我国处方药占据整个药品市场份额的70%左右，此次网售处方药政策的放开预计将带来革命性的变化，医药电商市场规模有望扩容至上千亿，整个医药电商行业有望实现跨越式的快速发展。

通过不断的外延扩张及定增布局，目前太安堂中药全产业链雏形初现。太安堂于2014年开始战略性布局医药电商业务，2014年9月公司以3.5亿元资金收购广东康爱多连锁药店有限公司100%股权，快速切入医药电商领域，充分显示出公司的战略发展眼光。康爱多是国内排名前五的医药电商企业，销售规模在天猫医药馆居前三位，目前公司已形成互联网官网平台、天猫平台旗舰店、移动互联网三大终端技术产品覆盖。

自太安堂收购康爱多品牌以来，知名度进一步提升，各项业务发展迅速。受益于处方药网上销售政策的放开，公司医药电商业务将进入快速成长期，未来有望成为国内领先的医药电商企业。

（资料来源：《太安堂迎跨越式发展打造医药电商第一品牌》 中国企业网 2015年3月27日）

◀◀ 小试牛刀 ▶▶

超低价减肥产品能走多远

目前，医学专家已经将肥胖与艾滋病、吸毒、酗酒并列为世界四大社会医学问题，而世界卫生组织也向全世界宣布:"肥胖症将成为全球首要的健康问题。"可以说,减肥正成为一种全球时尚,尤其对于需要的人来说是终身行为,因此减肥产品所蕴藏着的市场潜力是极大的,但竞争也是日趋激烈的。

中国巨大的减肥消费市场不仅吸引了2000多家中国的中小医药、食品等企业在生产经营减肥产品,同时也有几家大的医药企业,甚至境外厂家都进入该领域。目前减肥市场上的产品大致可分为五大类:即保健食品类,茶类,药品类,外用类,仪器类。其中以保健食品为市场主流,行业毛利率在50%以上。

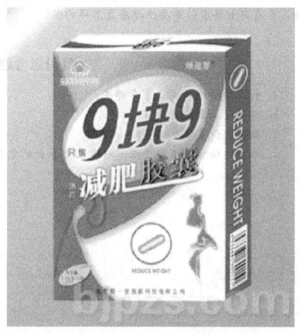

在减肥市场的产品策划与定位中,通常把中高收入者视为主要消费群,常将"小资"女性或"白领女性"作为集中消费人群,产品定价一般较高。按产品每天的服用量计算,每日花费3~5元的为低端产品,5~8元为中档产品,10元左右为高档产品。随着减肥意识的增强,减肥人群不断扩大,发现中低收入的城市女性消费者也是减肥产品的消费人群,因此坚持产品的低价策略是争得一部分消费者的最佳方式。

在这种情况下,近两年市场上不断出现低价位减肥产品。这其中"九块九"便是焦点产品。以下是某公司产品宣传网页的主要内容。

九块九减肥胶囊

【招商区域】全国

【产品类别】免疫调节

【产品性能】减肥

【产品说明】1. 本品是由左旋肉碱、丙酮酸钙、荷叶、绞股蓝、决明子等,采用现代科技技术研制成的具有减肥功能的保健食品。

2. 包装有特色,价格低,易上量,有市场保护,国食健字批文。

3. 本品是胶囊剂型,每盒0.45克/粒×10粒。食用方法是每日一次,每次两粒。

4. 本品一件货是200盒装。

该产品的一盒可以服用5天,每天的平均花费不到两元钱,比较而言属于超低价位,产品无论从宣传还是包装上直接体现其低价策略,并引起了不小的市场反响。

市场是产品的试金石,此类产品曾经对减肥市场造成了不小的冲击,同时也受到购买者与商家的多方质疑:"低价是不是低质?""价格在购买者那里起到多大的决定性作用。"这类质疑成为此类产品市场推广与销售的最大阻力,不可否认中低收入者确实有不小的减肥需求,但是仅靠低价格是否能够满足市场需求呢?

初期的产品上市是成功的,在随后的市场开发与维护工作中,仍然靠低价格吗?是否应该赋予产品低价不低质的产品形象?如何在低端减肥市场占领稳定的市场份额?这一系列问题均有待解决。

在以往的市场策划中,企业一般要针对影响购买者决策的一些要素进行调查排序,这些要素包括价格、成分、口感、禁忌、安全、毒副作用、减肥效果、减肥快慢等。根据人们就减肥产品相关因素的重要性选择排序再赋予产品不同的市场卖点。请在你身边做一个市场调查,看看以上要素的重要性排序是怎样的呢?

复习思考题

1. 药品价格的构成要素有哪些?
2. 药品企业定价目标有哪些?
3. 新药定价策略有哪些?
4. 哪些定价方法适用于以市场需求为导向的定价策略?

第七章 药品营销渠道

第一节 药品营销渠道概述

一、药品营销渠道的概念与流程

药品营销渠道是指药品从生产者向消费者转移过程中所经过的途径以及相应设置的市场营销机构。在这个过程中,生产者出售药品是渠道的起点,购买者是渠道的终点。处于生产者和消费者之间,参与销售或帮助销售的单位或个人称为中间商,如批发商、零售商和经纪商等。

药品营销渠道是生产者和消费者的中介。它有两方面的作用:一是桥梁作用,即对合格药品促进其流通,使药品尽快从生产领域转向消费领域;二是过滤器作用,即对不合格药品限制其流通,阻止其进入消费市场。一条完整的营销渠道,一般包括三个部分:一是生产者,它居于营销渠道的始点;二是消费者,它位于营销渠道的终点;三是中间商,它介于生产者和消费者之间。药品营销渠道具有双向流通性:一是物流过程,即药品所有权的转移;二是商流过程,即药品价值的实现。药品的营销渠道一般如图 7-1 所示。

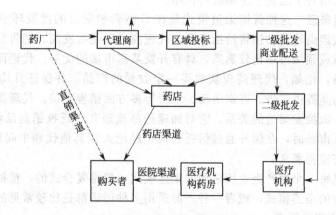

图 7-1 药品营销渠道流程图

目前我国药品购买者大部分的消费份额是在医院,医院渠道占整体医药市场的近 80%,其余大部分从药店渠道流通,只有少量的"药准字"产品生产企业直接面对购买者销售,保健产品生产企业采用直接面对购买者的销售模式的更多一些。

二、药品营销渠道的类型

在药品营销活动中,不同的药品其营销渠道也各不相同,常见的有以下几类。

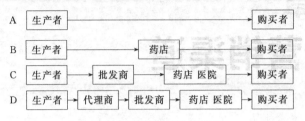

图 7-2 营销渠道分类图

1. 不同长度的营销渠道

在实际营销活动中,由于营销环节的不同,就构成了不同长度的营销渠道,如图 7-2 所示。

(1) A 型营销渠道 这是最简单、最短的渠道,由生产者直接将药品售给消费者或用户,企业用得不多,好多行业规定对这一模式作相关审批限制,但是保健品、原料药企业采用这种渠道形式的较多。这种渠道模式药品销售过程不经过任何中间环节。随着市场经济的发展,这种直销的市场营销结构逐渐被间接的营销渠道所替代。

(2) B 型营销渠道 它是生产者把药品销售给零售商,一般情况下是各种形式的零售药店,再由零售药店转卖给消费者,生产非处方药、保健品的企业较适合这种渠道模式。这种营销渠道可以通过零售商点多、面广的优势,克服药品销售与市场需求在时间和空间上的差异,把药品更广泛地销售出去。同时,这种营销渠道经过的环节少,可以使产销保持密切的联系。

(3) C 型营销渠道 这是传统的营销渠道模式,它是生产者把药品销售给批发商,批发商再转卖给零售商,最后零售商再出售给消费者。这是目前许多医药生产企业多采用的渠道模式,特别是处方药的销售,一般是经过某一医药商业公司配送到医院中取得。采用这种营销渠道,既可节约生产者的销售时间和费用,又可节省零售企业的进货时间和费用。这种营销渠道,在药品的销售中起到了主渠道的作用。

(4) D 型营销渠道 这种营销渠道模式是在 C 型营销渠道的批发环节之前,再经过一道代理商,并由代理商将药品销售给批发商,代理商可以是批发商、销售公司或个人,代理商一般对某一区域或领域市场比较熟悉,具有开发某些市场的优势。代理商一般与生产者具有密切的合作关系,比如,代理商现款购买一定数量的产品,并保证月均销售量或年销售量;而生产企业为其提供广告、咨询活动、发货等多方面销售支持。代理商可以全权代表生产厂家处理与下一级批发渠道的关系。它对加速药品流通和广泛推销药品都有积极的作用。尤其是在开发国际市场时,在国外通过信托公司、经纪人或其他代理中间商开拓国际市场、沟通产需信息具有重要意义。

需要说明的是每一个生产企业所采用的渠道模式一般是复合式的,根据产品的不同,市场的不同采用相应的渠道模式,或者一种产品采用多种渠道都是比较常见的渠道策略。

2. 不同宽度的营销渠道

(1) 宽营销渠道是指生产者选用较多的相同类型的中间商推销自己的药品,由图 7-3 可以看出(图中 A、B、C 分别代表不同层次的分销商或客户),宽营销渠道的优点是:渠道占据的产品市场流通范围较大,广大消费者可以随时随地买到药品,而且可以造成中间商之间的竞争,不断提高药品的销售效率。这种渠道的缺点是:由于同类型的中间商数目多,使中间商推销企业的药品不专一,不愿为企业付出更多的费用;另外,生产企业和中间商之间的关系比较松散,使得在交易中不断变换中间商。

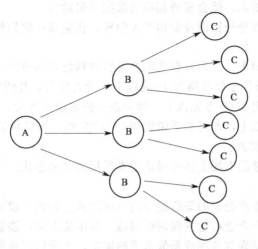

图 7-3 宽营销渠道示意图

(2) 窄营销渠道是指生产者选用较少的相同类型的中间商推销自己的药品,如图 7-4 所示。

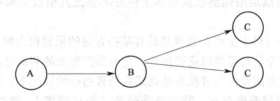

图 7-4 窄营销渠道示意图

由图 7-4 可以看出,窄营销渠道的使用范围较窄,比较适宜批量小的药品。企业和中间商的关系密切,相互之间有着很强的依附关系,即企业的药品质量好、信誉高,能促进中间商营销业务的发展,而中间商的推销情况也直接影响企业的经营情况。但是,由于双方的依赖性太强,也有它不利的一面,即一旦双方关系出现变化,中间商不再为本企业推销药品,企业就会陷入暂时困境,风险较大;另外,在生产企业产量增加的情况下,由于中间商过少,会因销售力量不足而失去市场。

三、渠道权力与种类

渠道权力是一个渠道主体对于另一个在同一渠道不同层次上渠道主体的控制力或影响力,也是渠道主体之间依赖的结果,且在被依赖和权力之间存在正相关关系,即一个渠道主体越被另一个渠道主体所依赖,它对于另一个渠道主体就拥有越大的权力。

斯特恩等认为:渠道权力是对某一时点上某一个渠道主体特性的一种重要描述,它描述了这个渠道主体目前在渠道系统中启动力量的大小。渠道权力有五种基本类型(来源):奖赏权、强制权、专长权、合法权和感召权,其中奖赏权是最基础、最重要的一种权力。

1. 奖赏权

(reward power,简称 RP)是指某一渠道主体(M)对于另一渠道主体(N)因其行为符合单方期望或双方约定而给予的补偿的利益(benefit)或报酬(return)。在分销渠道中，对成员奖赏的重点应放在财务方面，亦应贯穿于整个渠道政策的取向和谈判过程中。医药公司奖赏权的有效性取决于生产企业拥有对其认可的部分市场资源以及销售行为：商业公司如果遵从生产企业的要求，就会获得相应的报酬（奖励）。

医药生产企业为了鼓励分销商业公司扩大销售，在完成一定销售额的情况下给予销售额的一定的百分比的奖励。如：

某代理商代理河北国巾（化名）药业的产品银黄颗粒在某地级城市的市场销售，代理价格初步定为 2.2（一般市场零售价格为 10 元以上）元人民币，并约定：

每月销售额必须达到 5000 万元以上，如完成年销售额 6 万元，即给予销售额 2% 奖励，如年销售额达到 8 万元以上，即可给予销售额 5% 的奖励，如果年销售额达到 10 万元以上，即可给予销售额 10% 的奖励。

这是生产企业为了鼓励市场上各种渠道通常采用的鼓励办法。

2. 强制权

强制权来源于如果生产企业的渠道经销商（医药商业公司）没有遵从销售协议，经销商对所要承受的来自于生产企业约定的强制性措施。从本质上讲，强制可以被认为是负面的奖赏权——不给奖赏，不兑现奖赏亦或是低水平的奖赏，之所以把强制权单独列为一种渠道权力，是因为奖赏和强制带给被施行方的心理反应是截然不同的。渠道主体往往并不把负面的制裁看成是没有奖赏或较少奖赏，而是把其看成对自己或自身业务的一种攻击。当渠道主体认为只能得到较低的报酬时，他们的选择是保持冷漠或撤退，但当他们认为有强制权存在时，却会考虑反击，所以运用强制权从总体上说并不会比其他权力来得有效，通常情况下更应慎用这种权力。

同时，医药商业公司对于生产企业也是具有某些方面的强制权力的，由于某些企业对某些渠道具有市场依赖，商业公司可能以此要挟生产企业做出更大的利润让渡，而这种利润让渡是超出事先约定的范围或者商业公司并没有达到某些销售指标的情况下，要求更高的奖励。

这种现象在医药领域普遍存在，特别是普药的"协议销售"。例如太平洋药业（化名），企业品种众多，产品特点不明显，主要靠医药商业公司进行大规模销售，以多销获取更多的薄利，其主要产品见表 7-1。

表 7-1　药品名称及物理形态

药品名称	物理形态
阿莫西林	片剂
阿莫西林	颗粒
头孢氨苄	胶囊
头孢氨苄	颗粒
头孢拉定	胶囊
吲哒帕胺	胶囊
丁酸氢化可的松	
皮炎平	

还有一些比较常规的中药产品，比如银黄颗粒、清喉咽等产品。该企业长期在华北一带经营，市场基础不错，但是随着市场竞争的加剧，该药业公司对原来的商业渠道客户的依赖越来越明显，该医业公司常会提出各种名目的变相的利润要求，如周年店庆赞助、医药文化节庆典赞助等。

3. 专长权

一般情况下医药商业渠道客户具备企业目标市场上所不具备的优势或某种特殊知识和技能。事实，在渠道功能组织中，此种权力居于劳动分工、专业化和比较优势的核心地位。能够对相应的市场作最佳的判断（预测、分析）和迅捷提供数据（例如：竞争者刚刚削价）等信息也是一种专长。

4. 合法权

合法权源自于目标主体的这样一种认识：在某种程度上他有义务接受影响者的要求。当目标主体认为有责任按照法律的、约定的甚或是通常的标准，遵从是正确的和合适、必需的情况下，影响者就拥有了合法权。合法权有两种来源：法律（法律上的合法权）和惯例或者价值（传统上的合法权）。

无论是生产企业还是渠道商业公司，均必须按照国家法律规范合法经营，经销商有权利要求企业提供合乎标准的资质、产品，并给予流通领域的物流配合。产品流通渠道链上的企业的利益是相关的，同时药品经营、流通安全责任有很大的连带性，且彼此之间也有监督作用。

5. 感召权

感召权存在于这样一种情形：渠道合作某一方把另一方视为参考的标准，希望能成为另一方一样的类型。在市场分销渠道中，某个组织希望被公众与另一个组织联系起来的重要原因是威望，下游渠道主体愿意支持享有较高地位的品牌以抬升自己的形象，而上游渠道主体则利用声望较高的下游公司的名声。为了创造和保持感召权（转移威望的能力），生产商可将分销范围严格限制于选定的店铺，而下游组织则限定销售特定的品牌。

第二节　渠道的选择因素与策略

一、医药营销渠道的发展与变革

1. 历史发展

我国在计划经济年代的药品销售根本谈不上"营销"，而仅仅是一种"购销"，药品经营企业实行全国统一规划，省以下统一管理，药品计划调拨，经济统一核算，购销实行"三级批发，一级零售"，层层下达指标，层层调拨的流通模式，产品的流通方式与渠道完全掌握在国家计划之内。药品进口统一掌握，层层分配，医药批发商在流通渠道中占主导地位，其次是药品生产企业，医院有时需要与商业公司关系良好才能够拿到某些短缺药品。医药生产企业的市场营销工作几乎没有，甚至一些制药企业的销售科只有一个人就撑起了整个企业的药品销售任务。

从建国初期一直延续到 1983 年后，我国的医药行业内的完全计划体制才被打破，在全国各地，特别是中小城市以及农村出现了非国有体制的医药公司。但是一直到二十世纪九十年代初期，国有的、传统的商业渠道依然很强势，一直在行业流通中占据主导地位。与此同时由于在此期间我国经济飞速发展，医药市场整体规模不断扩大，各种所有制形式的非国有制医药经营企业也得到了良好发展。从 90 年代末期到目前，由于我国医药流通领域国有企业的经营体制弊端的不断暴露，以及改制的不断深化，医药流通领域的市场格局已经发生了很大变化，原来占有市场主导地位的国有医药流通企业已经风光不再，各种民营股份制企业经过 90 年代的快速积累以及我国相关政策的引导已经迅速崛起，并且在某些区域市场上，甚至在全国市场上有很大影响力。比如山东海王、辽宁的成大方圆、湖北九州通等均在所在省份以及周边省份，乃至全国具有很强的市场影响力。

2. 医药流通渠道的发展趋势

(1) 医药商业公司竞争激烈，数量递减　由于历史的原因，我国医药流通领域内的企业数量过多，据国家医药管理局 2002 年统计有 17000 家以上，但是这种局面到目前为止已经发生了很大变化，有些小型企业已经被淘汰、兼并或重组。商业流通领域集中化发展的趋势已经十分明朗。到 2008 年 5 月我国通过 GSP 认证的医药企业约有 12000 家，市场总体容量在不断增加，流通公司的数量却在不断减少，说明药品行业中的商业公司的业务也在不断集中，这也是我国经济与国际经济接轨的必然趋势。

当前，美国前 3 名医药公司所销售的药品占到整个市场的 96%，日本前三名商业企业销售药品占到本国药品市场的 80% 以上，中国的药品市场肯定也会出现这种局面。"2003 年国内医药商业前 3 名占医药销售总体的 13%，2004 年涨到 15%"就是一个证明。我国医药商业前 10 名销售合计的市场份额，从 2000 年的 21% 增长到 2003 年的接近 40% 已经说明这一领域的发展势态已经越来越向大企业集中化发展。（中国医药报，2005.12.2）

(2) 药品行业渠道变短，国家监管力度加大　目前，我国医药快速增长，不但业内企业生产、经营、医疗领域延伸拓展，而且行业外资本业一直在不断涌入，重复经营，导致竞争加剧，国家通过各种政策调控，不断减少药品流通的渠道长度，降低流通成本，尽可能通过一次批发、配送到零售终端，并希望以此达到减少医疗成本的目的。同时加强监督管理，保证用药安全。

(3) 外资参与，逐渐渗透　2004 年 12 月 11 日，中国政府兑现加入 WTO 所承诺的开放医药分销市场最后的期限，但是此后并没有出现原先行业内预计的外资蜂拥药品分销业的局面，新的外资医药商业公司并没有随着药品分销业的开放而大举进入中国，这也更加坚定了国内一些相关企业加大投入的信心。外资企业在中国经历了三个阶段：第一阶段是要求独资，不要中方参与其中，但他们发现这样难以把握中国市场，于是与中方合资，进入第二阶段，然而效果仍不够理想，便采用与中方合作但必须控股的方式，发展到第三阶段，这主要是因为外资企业发现单凭自己的力量在中国建网很难，一些政策也不透明。

二、影响药品营销渠道的因素

企业要把药品及时地推销出去，必须正确地选择营销渠道。在选择营销渠道之前，必须认真分析和研究影响营销渠道的因素。影响营销渠道的主要因素如下。

1. 市场特性

(1) 药品的适用范围　如果药品适用范围广、市场分布区域宽，企业无法自销，应采用较长较宽的渠道；反之，则可采用短渠道。

(2) 市场顾客集中程度　如果市场顾客集中或有区域消费特性，可采用短渠道，以在保证渠道功能的前提下降低渠道成本；如果市场顾客比较分散，则应选择长而宽的渠道，以更多地发挥中间商的功能，推广企业的产品。

(3) 销售批量和频率　销售批量大的药品可采用短渠道；销售批量小、交易次数频繁的药品，则应采用较长和较宽的渠道。

(4) 市场形势的变化　市场繁荣，需求旺盛时，企业应拓宽分销渠道；经济不景气，市场萧条时，则应减少中间环节，收缩分销渠道。

2. 竞争特性

分销渠道的选择应考虑到竞争对手的分销渠道设计和运行状况，并结合本企业药品的特点，有目的地选择与竞争对手相同或不同的分销渠道。

3. 顾客特性

生产企业在选择分销渠道时，还应充分考虑消费者的分布状况和顾客的购买频率、购买数量以及对促销手段的敏感程度等因素。当某一市场的顾客数量多、购买力大时，企业应利用有较多中间商的长渠道；反之，则使用短渠道。

4. 企业特性

（1）企业的规模和声誉　企业的规模大、声誉高、资金雄厚、销售力量强，具有强有力的管理销售业务的能力和丰富的经验，在渠道的选择上主动权就大，一般会采用比较短的分销渠道或者自己建立销售机构。如果企业规模小，品牌的知名度低，就应当依赖中间商的分销能力来销售商品。

（2）企业的营销经验和能力　营销经验丰富、营销能力强的企业，可以采用较短的分销渠道；反之，则应依靠中间商来销售。

（3）企业的财务能力　财务能力差的企业，一般都采用"佣金制"的分销渠道，特别是广招代理商，充分利用代理商的市场资源与资金实力，共同完成市场开发的目的。

（4）企业控制渠道的愿望　企业控制分销渠道的愿望有强弱之分，如果企业希望控制分销渠道，以便控制商品的价格和进行统一的促销，维护市场的有序性，就可以选择短渠道；有的企业无意于控制分销渠道，就可以采用长渠道。

5. 中间商特性

设计分销渠道时，还须考虑中间商的特性。一般来说，中间商在执行运输、广告、储存、接纳顾客等方面，以及在信用条件、退货特权、人员培训、送货频率等方面都有不同的特点与要求。

6. 其他因素

药品销售渠道，除受上述因素影响外，还受其他一些因素的影响。交通运输条件，国家对有关药品的购销政策、价格政策、法令、条例等，这些都是企业选择营销渠道时应认真考虑的。

三、药品营销渠道策略与维护

由于每个企业自身的特点及所处的环境不同，对营销渠道的选择策略也不尽相同。但是，以下几种渠道策略是从长期营销实践中总结出来的，具有一定的实用性，可以在企业选择营销渠道时借鉴。

1. 普遍性营销渠道策略

这是生产经营者为了使自己的药品能够得到广泛的推销，使消费者随时随地都可以买到自己的药品而采用的策略。这种营销渠道策略一般用于常用药品和某些经常需要的品种。生产者采用这种营销渠道策略，通常是在经销商和代理商中同时普遍采用，否则不易取得成效。采用这种营销渠道策略，中间商往往不愿意分担任何销售促进费用，如广告费、宣传费等。

2. 选择性营销渠道策略

这是生产经营者在特定的市场中，有选择地确定少数经销商或代理商来经销自己的药品所采取的策略。这种做法，由于中间商数目较少，所以生产者和中间商之间可以配合得更加密切。同时，销售成本一般比普遍性营销渠道策略低。在实际应用中，生产者由于对营销渠道的情况不大了解，可以先采取普遍性营销渠道策略。经过一段时间后，将一部分业绩与信用较差、效率较低的中间商淘汰掉，而后再采取选择性营销渠道策略。

3. 复式营销渠道策略

在一个或几个市场同时使用两种或两种以上的渠道,这就是复式营销渠道策略。复式营销渠道的构成复杂。例如,一个企业即使选择了一种营销渠道类型,但在一种营销渠道类型中,可以同时使用各不相同的中间商,这就会使一个类型的营销渠道趋向复杂化。

第三节 药品流通渠道分类与经销商评价

一、医药流通渠道的细分

1. 商业连锁药店

在当今医药市场这个竞争激烈、需求决定供给的时代,零售药店由于在整个营销链中处在与消费者最近的位置——它为消费者的现实购买提供场所,因而这决定着它具有其他营销环节所不具备的优势:它拥有多种能够影响消费者购买需求和购买行为的资源,如店员推荐、柜台陈列、终端宣传等,在消费者于整个流通链中居于核心地位的今天,拥有这样丰富的资源足以使其成为市场中的一支重要力量。药店的卖场面积是有限的,这使药品的陈列展示位、广告宣传位一应成了稀缺性资源,既然是有限的选择性资源,药店自然是要将这资源转化成商业价值的,进场费、上柜费、店面广告费等就成为制药企业产品进入许多强势药店销售的必需的成本,同时大型连锁药店和大型平价超市的兴起和增多,以及国家要求药店GSP达标引起的行业"洗牌"效应,必然促使药品零售市场走向规模化和集约化。这在一定程度上会减弱它们对商业流通企业的依赖,形成了厂店合作的新的渠道模式。

目前我国商业连锁药店的覆盖面非常广泛,是与患者最近的医药流通渠道,主要存在于我国地市级以上城市,是人们购买OTC产品的最主要的场所。目前我国的大型连锁药店数量一般在100家以上,比如哈药集团的人民同泰药店、北京金象大药房、上海华氏等,甚至像"海王星辰连锁药店"全国范围内已经超过1000家以上;小型连锁药店一般在30家左右。目前我国主要的大型连锁商业公司如表7-2所示,并且已经具有一定的规模。药店是各非处方药生产企业的产品流通必经之路,也是生产厂商进行终端促销比较集中的场所。

此类商业公司在产品的采购环节,关注的主要是产品的品牌效应与产品质量,而对于采购价格并不是十分敏感。所以,从4Cs营销理论出发,对于这类商业公司,营销的工作重点是销售的便利性与高效率的沟通形式。

对制药企业来说,洞察零售终端在药品销售实现过程中的重要作用是必要和有益的。制药企业应重视做好零售终端的建设与维护工作,包括货品的陈列和展示、店面广告的发布、店员的教育培训、店面促销活动的开展等,当企业广告、品牌、公关活动等空中攻势启动了消费需求之后,通过药店终端推广的地面接应来巩固和扩大这种需求对于区隔竞争者、赢得市场份额,是相当有效的策略。消费者从无需求、建立需求再到依据需求购买,这在很大程度上是一个心理过程。当广告、品牌等因素唤起了消费者的需求后,其在药店购药的过程中,原有需求仍有可能被阻断,从而改变需求的指向和购买的目标。因为,许多竞争者在零售终端已通过货品陈列、店员推荐、店面宣传等方式布下了攻势,进而通过这些攻势在终端一线改变消费者的消费心理和消费行为。在竞争越来越白热化的药品市场,高度重视药店这一市场力量的崛起并对其终端资源进行有效利用,是每一个志在赢得竞争的制药企业必定要做好的功课。

表 7-2 2014 年度中国非处方药生产企业综合统计排名

排名	企业名称
1	华润三九医药股份有限公司
2	扬子江药业集团
3	云南白药集团股份有限公司
4	山东东阿阿胶股份有限公司
5	辉瑞制药有限公司健康药物部
6	哈药集团股份有限公司
7	西安杨森制药有限公司
8	仁和（集团）发展有限公司
9	浙江康恩贝制药股份有限公司
10	江中药业股份有限公司
11	中美天津史克制药有限公司
12	马应龙药业集团股份有限公司
13	天津天士力医药营销集团有限公司
14	上海强生制药有限公司
15	滇虹药业集团股份有限公司
16	赛诺菲（中国）投资有限公司
17	山东达因海洋生物制药股份有限公司
18	九芝堂股份有限公司
19	西藏奇正藏药股份有限公司
20	北京韩美药品有限公司

2. 纯销为主的商业渠道

（1）纯销业务为主的商业公司　在医药商业渠道的销售形式中，一般把产品直接卖给医院、药店或患者的销售形式称为纯销。纯销为主的商业覆盖范围不大，一般以所在城市的范围为核心销售区域。以此种形式为销售模式的商业公司多注重每个产品的获利能力，特别是面对大中型医疗单位进行销售的产品需要足够的营销维护费用。我国目前的临床用药的配送，还是以纯销为主的商业渠道为主导的。此类商业渠道在产品采购时特别注重产品的科技含量与临床疗效的竞争能力，但是纯销为主的商业渠道很大程度上受国家招投标政策的影响，所经营的产品能否顺利中标是实现产品成功销售的必要条件之一。

这条渠道也是药品企业经常讲的"医院渠道"，因为处方药的销售一般以此类渠道为主，大部分的作药品纯销的一般也是以医院销售为主，这类公司也十分看重生产企业的临床推广能力，产品科技含量，主要适用于那些医院的治疗科室等。一般流程如图 7-5 所示。

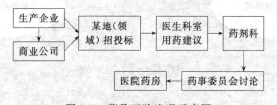

图 7-5　药品医院流通示意图

（2）医院渠道开发　医院渠道的成功开发与否直接关系到处方药生产企业生存与发展。我国目前通过医院流通的药品占总体市场近 80% 的份额。目前医院渠道到开发模式如下。

首先生产企业与所选定的经销商共同完成该地区或系统的医药招标工作，确定某一个中标价格，如某企业心脑血管治疗药物"红花黄色素"，剂型为粉针剂，在北京军区系统医院的中标价为批发价的 168 元的 90%（行业语言为九零扣），这一价格作为北京军区所辖的一百多家医院的采购价格。

然后企业销售人员会同经销商或者独自与目标开发医院进一步沟通，先是找到用药科室的有影响力的医生向该医院的药剂科、药事委员会提出用药计划，获得批准后由药剂科负责采购进入医院药房（许多医院在此环节上收取进院费）。

第三步，企业销售人员或者医药代表，根据企业产品特点与技术优势不间断地向用药科室医生做药品的学术推广工作，使得医生不断熟悉该药品的特点与优势，形成开药的习惯。针对于药品的销售量有十分重要的影响。

第四步，药品生产企业的相关人员从药房获得各医生的该产品的处方流量，并根据这一信息调整促销策略，并保证产品在这一流通渠道上不发生断货现象。

其中学术推广是医院渠道促销的重点，也是新药推广的必要措施，在国外也有比较成型的模式，但是在我国由于企业的产品同质化严重，产品科技含量不高，学术推广活动逐渐演化成为现金鼓励，即对医生给予每开一个单位的药品给予一定的现金奖励，滋生了很多行业腐败，这也是国家监管部门重点治理的范围，但是药品促销工作不会因此就不做学术推广工作。

3. 商业批发调拨渠道

近几年，是我国医药市场急剧变化的时期，这种剧变的原动力是国家药品流通体制改革和医疗体制改革的不断深化，医药行业市场化步伐加快，市场化程度的提高吸引了大量的社会资本进入这个行业，由于生产环节相对过剩，相关企业继续投资多集中在商业流通领域（比如上海华源，深圳海王），一些民营商业大鳄在市场中脱颖而出，其"大市场、大物流、大资金"的经营模式为我国医药商业市场带来震撼性影响，物流与资金流的巨额吞吐量成为近年强势的医药商业企业的重要特征。这也表明医药流通业竞争已更多体现为企业间规模的竞争、资本实力的竞争，不少规模小、资金短缺的商业企业在这一轮以及今后更多轮的竞争中将被"震荡出局"。

以快速批发调拨为主的商业经营公司一般规模比较大，具有比较广泛的辐射能力，主要业务涉及范围如图 7-6 所示，其主要客户是其他医药商业公司或医院。其经营特点是每年销售额比较巨大，利润率比较低，产品比较齐全，为达到产品的整体销售的目的，对于某些品种甚至会低于成本价进行销售。此类商业在面向医药生产企业采购产品时第一要考虑的因素是产品价格。

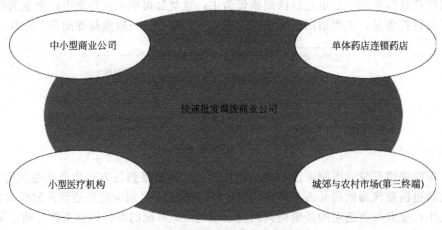

图 7-6 大型快批商业公司业务推广图

这类商业公司是我国目前辐射能力最广的商业渠道。他的运营模式主要是，批发快、品种全、价格低，薄利多销，是我国普药流通的主要渠道。生产厂商能否给予其这种经营模式的实际支持是能否合作的基础。

湖北九州通医药集团股份有限公司是我国近几年快速崛起的典型的医药调拨商业，2007年销售额不仅超过了200亿元人民币，而且先后在北京（丰科城）、济南（药山）、杭州等地设立分公司，其大范围的翻盖能力越来越强，特别是在华北、华中地区。类似的全国比较有影响力的公司还有，山东海王银河医药有限公司、上海华源医药营销有限公司等，年销售额一般在50亿元人民币以上。

4. 第三终端渠道

第三终端的含义有多种，目前在业内比较认可的是，第三终端涵盖除城市医院、药店两大终端之外的其他所有市场区域。由此推见，除了广阔的农村市场，城市社区医疗服务机构也包含在第三终端范畴里，第三终端开发主要集中在第三终端的农村市场。而这些终端又正是我们许多医药企业过去营销没有顾及到的市场，而这些市场又不断在增长。由于医药企业以往的市场竞争力主要集中在城市市场，随着我国经济的发展与城市化水平的逐渐提高，农村市场的医药消耗份额正在逐步提高，而且我国医疗合作保险的覆盖范围正向农村逐步覆盖。

关于第三终端市场的开发，早在十届人大四次会议上所作的《政府工作报告》给正在欲意开发第三终端市场的企业给予了巨大的鼓舞，该报告首先将建设社会主义新农村提高到战略高度，在医药行业中所涉及的是加快农村医疗卫生服务体系建设，大力发展城市社区卫生服务，继续深入农村药品监督网络和供应网络（简称"两网"）建设，推行"新农合"项目，并且在经过一定范围的尝试之后得到了进一步推广。

2007年党的十七大上进一步规范了农村医药合作的范围与标准，基本确立了基本保障、全面覆盖的医疗合作保险模式，几百亿元的医药市场逐渐在乡村铺开，以农村医药市场为主要服务对象的第三终端市场必然将获得更大的发展潜力。

以第三终端为主要目标的商业公司，目前还是以大型医药商业调拨公司为主，地方小型医药商业为补充。生产企业的产品定位如果符合农村医药消费特点的话，除了广告策略以外，主要还是选择合适的渠道经销商。

二、药品经销商评价

在销售工作，药品流通渠道上的经销商的选择十分重要，它关系到企业的营销战略是否得以实现，是否能够完成具体的销售任务，销售的成本的大小等。

药品经销商或代理商的经营质量会直接影响到生产企业的产品推广。生产企业需要从货款安全、产品销售、市场合作等方面考虑以下几个方面的问题：企业资质、性质、企业资信、市场覆盖范围、销售品种和数量、销售额、品类比重、付款方式以及成长状态等诸多因素（表7-3）。这些因素与生产企业的市场销售息息相关，比如，某医药公司销售额非常可观，占据某地医药市场大部分市场份额，但是通过临床促销出去的产品寥寥无几，比例极少，在这种情况下如果选择该公司作为某新上市的处方药主要渠道的话就非常不适合；另一方面，对于不符合其经营特点的产品，经销商也不乐于接受。

表7-3 经销商考察要素表

序号	考察要素	内容
1	机构资质	拥有合法经营资格的企业
2	机构性质	国有、股份、私营
3	企业资信	承诺兑现率，债务关系，违约事件

续表

序号	考察要素	内容
4	市场能力	分销范围、销售额度、客户性质
5	品类比重	品种数量,某种、某类产品占销售额度的比重
6	付款方式	货款两清、赊销、代销等
7	合作意向	产品能够带来的预期份额与利润比重影响
8	成长状态	企业的经营历史,效益水平,发展趋势

在市场营销实际医药商业公司的选择上,选择的目标客户很可能是在当地市场占主导地位的商业公司,但是要选择适合于发展,适合于产品销售特点的商业客户,同时也要密切关注该商业公司的发展状况与发展阶段,有些商业客户可能综合实力不是很强,但是发展潜力巨大,如果先期介入进行合作,必随着该渠道的不断成长,生产企业的产品销售也会随之扩大,而且先期的合作成本要比后期小得多;另一方面有些企业看似强大,实际上存在很多隐患,并已经进入衰退期,如果对其进行大量发货,或应收账款太多的话会带来很大的风险。特别是我国近几年商业公司整合频繁,在进行渠道客户选择时一定要注意其中的隐患。

企业处于不同的发展时期,具有该时期的特点和发展转机,如图 7-7 所示。

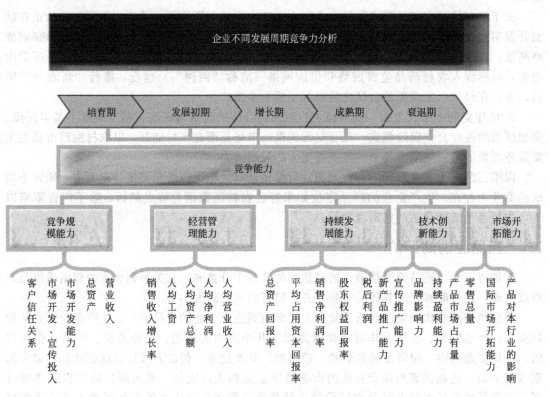

图 7-7 企业发展周期图

三、药品商业公司所关心的问题

药品生产企业无论采用何渠道策略都避免不了与经销商的商业谈判,要想获得良好的谈判或招商效果,必须树立以客户为核心的市场营销意识,了解经销商或代理商的关注焦点,有的放矢,从产品、价格、市场投入等多方面获得目标客户的青睐,知己知彼百战不殆。

经调查显示,一般情况下,经销商或代理商主要关注如表 7-4 所示的几个方面的问题,并且关注程度与重点也不尽相同。

表 7-4　商业客户药品选择要素表

要素排序及权重	"药品渠道经销商"关注要素
1(25%)	产品力及市场容量
2(22%)	广告支持力度或品牌力
3(18%)	获利空间(利润率或提成比例)
4(13%)	促销方案的可行性和实效性
5(10%)	企业背景及实力(退换货等信誉保障)
6(7%)	后继市场帮助
7(5%)	同类产品竞争力

(摘自：医药招商网)

产品是企业与市场沟通的桥梁，产品的本身的使用价值有多大是市场开发基础，围绕药品的功能、特点，如何更快、更好、更多的赚取利润是企业的共同的关注焦点。企业在做好产品的同时，还需要加大市场宣传，给予下级客户合理的获利空间，制定合理渠道激励政策，保证药品流通渠道上的经销商实现"共赢"是渠道畅通的基础。

四、渠道的维护

市场开发，特别是新市场、新产品的市场开发首先面对的是渠道的开发。市场环境是动态的，而且竞争激烈，这种环境特点注定了厂商之间的合作也是动态的，围绕着共同的利益不断相互促进。

药品生产企业经过前期的渠道开发之后，必须不断完善、维护与经销商的关系，以便业务关系稳定，业务量不断扩大。生产企业一般采用以下方法促进与经销商的关系（图 7-8）。

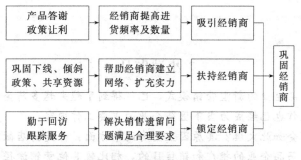

图 7-8　渠道维护示意图

1. 答谢让利

答谢让利是药品行业主要的对经销商业务关系促进的方法。首先经销商在完成双方约定的业务额度或某些市场活动后，生产企业给予约定的或额外的经济鼓励。

让利的形式比较简单，一般以现金形式居多，也可以是赠送经销商能够销售的某种产品。

答谢一般在年底进行的居多，其中包括一些让利的内容，但内容更加广泛，可以是礼品、招待、旅游等多种形式，可以是针对某些、某个关键人，也可以针对业务单位。

2. 辅助销售

互惠互利是企业间良好合作的基础，厂家如果能够帮助经销商进行市场开拓是非常受经销商欢迎的市场行为，由于厂家可能拥有更多的咨询素材或者对某些投入更加专注，可能对某些市场开发具有特殊意义和效果，借此双方可以实现资源共享，优势互补。作为生产企业是真正的以客户为核心的市场观念的行动体现。

3. 加强沟通

企业的市场科学决策离不开确实、充分的市场信息，加强与经销商的沟通可以了解更多的市场信息，了解更多经销商的真实想法以便合理的调整市场策略。

资·料·库

我国医药行业产业结构

2013年的公开数据显示，全球GDP总量是73.98万亿美元，其中，医药产业的产值约为1万亿美元，医疗器械的产值为3400亿美元，两者合计占全球GDP的1.81%。

我国医药产业在2013年的产值（销售额）大约为1万亿元，医疗器械约为2100亿元，GDP总量为56.8万亿元，医药和器械在整个经济结构中的贡献率约为2.13%，和全球的比例相近。

在发达国家，健康产业（包括服务业）产值占国内GDP的比例为15%~20%，而我国目前只占5%左右，低了至少10个百分点。

由此可见，我国医药企业的未来发展潜力还是非常大的。如何挖掘更大的医药市场，创造更多医药行业利润呢？从国内经济环境的角度讲，就是应该进一步推进医疗体制的改革。当然，我们国家也在积极推进这一工作的开展。抛开国内经济环境的改善和相关制度的实施，国外市场的广阔空间才是我国医药企业大展宏图的真正机会。

（资料来源：《我国生物医药产业的发展需要走出去》 医药医疗研究网，http://yy.chinairn.com）

◀◀ 小试牛刀 ▶▶

微信营销作为药品企业的新型营销模式，已经得到了越来越多药企的青睐，而药店微信公众平台的建立和运作也已经成为当下医药企业的重要工作内容。

为什么微信营销会如此火爆？其原因主要有两个方面：一是药店微信平台所聚拢的大量会员和客户，满足了药品企业的推广和销售目的，相比较其他营销途径而言，更具有市场针对性；二是利用微信平台工作时间零限制的优势，可以充分利用零散时间，更大限度地实现药品的推广和销售。

怎样进行微信营销呢？事实上，微信营销本身的实施也是需要配合药品的宣传和推广过程的。虚拟的网络平台和网络空间，能够给使用者带来产品信息，却无法向使用者提供产品体验。以下是羚锐制药开展微信营销的两个典型案例。

1. 羚锐制药与山东立健合作案例

活动主题："爱在重阳，贴心关爱"羚锐制药重阳节传递贴心关爱公益活动

活动时间：2014年10月2日（重阳节）

活动地点：立健医药城（彩云城店）

活动内容：羚锐"活血消痛酊"免费领取

活动对象：60周岁以上的老人

关爱老年人是全社会的责任，重阳节也是我国传统的敬老节，羚锐制药这次推出的"爱

在重阳，贴心关爱"公益活动，旨在传递对老人的贴心关爱，提醒家里有老人的朋友们要常回家看看！

活动当天，60周岁以上的老人即可凭身份证，免费领取价值50元的活血消痛酊一瓶，数量有限，送完为止！

领取时间：2014年10月2日（仅限一天），上午8：00～9：30 前20名，下午15：30～17：00 前20名。

地点：立健医药城（彩云城店）。

2. 与药店合作产品促销活动的推广

案例：羚锐制药与众生大药房合作案例

亲们 众生大药房联合羚锐膏药礼惠岛城市民 9.27～10.27凭任意厂家膏药包装盒可在活动门店领取羚锐通络祛痛膏（试用装）一袋。

活动门店：市北区：台东店、长春路店、广饶路店、北仲路店。四方区：商丘路店、兴隆路店。市南区：香港花园店、范县路店、云南路店、逍遥二路店、佳木斯路店、南京路店、田家花园。李沧区：利客来店、唐山路店、李村店。

9.27～9.28购买通络祛痛膏满5盒送拔罐器一套。数量有限，送完为止，要抓紧时间喽！

活动详情请店内垂询。

（资料来源：吴延兵.OTC药企巧用药店微信公众号营、中国医药联盟，2014年10月31日，http://www.chinamsr.com/2014/1031/82205.shtml）

思考：从案例的角度出发，对羚锐制药的两例不同策略的微信营销策略进行分析。

复习思考题

1. 药品的流通渠道有哪些类型，分别具有什么特点？
2. 影响药品流通渠道的市场因素有哪些？
3. 药品流通渠道的开发有哪些策略？
4. 对于药品经销商的评价主要涉及哪些因素？
5. 药品经销商对药品的经营主要关心的市场问题是什么？
6. 药品营销渠道的方法有哪些？

第八章
药品促销策略

第一节 促销概论

一、药品促销的含义

1. 促销的含义

促销是指企业把产品或服务向目标消费者及对目标消费者的消费行为具有影响的群体进行宣传、说服、诱导、唤起需求并最终促使其采取购买行为的活动。

促销的对象是目标消费者及对目标消费者的消费行为具有影响的群体。现代企业促销活动具有很强的针对性和计划性，它不是面对一般顾客泛泛的宣传推广，而是要针对一定的目标受众进行有效的促销活动。这些目标受众是产品或服务的购买者、使用者、购买的决策者以及对产品或服务的购买、使用产生影响的群体。

2. 药品促销的含义

药品促销又称药品促进销售，是指医药企业通过人员或非人员的方式，将药品或劳务信息传递给消费者或用户，引起其兴趣和注意，激发其购买欲望，促进其购买行为的一系列活动。药品促销有其特殊性：一方面，药品是特殊商品，专业性强，关系人的生命健康，必须在一定的教育、指导下才能充分实现产品价值，保证使用安全有效；另一方面，药品属于指导性消费产品，绝大多数产品的购买是在医生、药剂师的指导与推荐下进行的，所以药品促销在密切关注、引导市场需求的同时，必须使专业群体熟悉、接受所促销的产品，并通过促进相关产品的流通，使得专业人群更大地实现其职业价值。

促销有人员推销、广告、营业推广、公共关系等多种手段。这些手段具有不同的特点和优势，在实际的市场操作中应进行合理配合和协调。

二、药品促销的作用

促销的主要任务是传递有关组织（如企业）的行为、理念、形象以及组织提供的产品和服务的信息。企业要使其产品或服务顺利地进入市场，被目标消费者接受，必须主动及时地向消费者提供有关信息，在产品或服务投向市场的前后，广泛开展宣传活动，使更多的消费者能认知产品或服务。同时，企业要倾听消费者声音，与消费者进行双向沟通，以便更好地满足和实现消费者的需要。

促销作为市场营销组合的一个重要组成部分，在整个市场营销活动中发挥着如下作用：

唤起需求——促销可以激发潜在需求，促进消费动机向消费行为的转换，加速消费者的"显化"过程。

促进销售——刺激消费者的重复或增量购买行为。

树立形象——通过传播组织理念等信息，可以形成和强化公众对组织的积极的信念，从而建立良好的公众形象。

强化竞争——促销可以是对竞争对手发起的冲锋，也可以是对竞争对手的反击与防御。

促销的手段是宣传与说服，即宣传产品或服务知识，说服消费者购买。随着商品经济的发展，市场上供应的商品日益丰富多样，消费者对商品的选择余地日趋广阔。现代企业经营者若不重视产品宣传，不重视对消费者的说服工作，消费者将对有关产品缺乏认知和购买兴趣，即使再好的产品也难以在市场上谋得立足之地。"酒好不怕巷子深"的时代已经去而不返了，"宣传"与"说服"是现代促销的重要内容。

三、药品促销的组合策略

促销组合是指有计划、有目的地对促销要素——人员销售、广告、公共关系、营业推广、口碑、赞助等促销工具的综合运用。在促销组合中，各种沟通工具具有自身的特点和优势。促销组合的设计就是针对不同产品特点、不同的目标受众、不同的竞争环境、不同传播媒体，对具有不同特点的促销组合工具加以整合应用，达到在一定的成本下促销效率最大化或者是在一定的促销目标下达到成本最小化。

促销方式的选择决定于市场特点、产品性质、促销成本和促销效率等因素。根据促销信息流动的方向，可以将促销方式分为推式策略和拉式策略。

推式策略是指企业以促销组合中的人员销售的方式进行促销活动。在推式策略中，促销信息由企业流向中间商再流向顾客，或者由企业直接流向最终顾客，即企业销售人员直接与顾客打交道，将产品直接推销给顾客。

拉式策略是指企业通过广告、公共关系与宣传、营业推广等手段激发顾客的购买兴趣，促使其产生购买欲望并进而采取购买行为的策略。在拉式策略中，促销信息由企业流向最终顾客，产生需求。被激发的有效需求，会拉动整个渠道系统，消费者向零售商购买产品，零售商向批发商购买，批发商又向制造商订购产品，如图 8-1 所示。

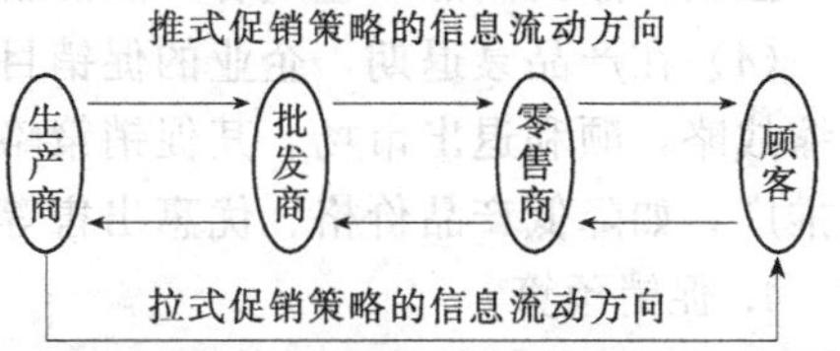

对于那些单位价值高、分销环节少、性能与使用方法复杂的产品往往需要以推式策略进行促销。

图 8-1 市场信息流通示意图

对于那些市场范围大、分销渠道长或需要及时将信息传递给广大顾客的产品，则应以拉式策略为主展开促销活动。

推式策略的主要方法有：举办产品技术应用讲座与实物展销；通过售前、售中、售后服务来促进销售；带样品或产品目录走访顾客。

拉式策略的主要方法有：通过广告进行宣传，同时配合向目标市场的中间商发函联系，介绍产品的性能、特点、价格和征订办法，为产品打开销路；组织产品展销会、订货会、邀请目标市场客户前来订货；通过代销、试销促进销售；创名牌、树信誉，增强用户对产品和企业的信任，从而促进销售。

促销组合策略的制订和运用，应当综合考虑以下因素。

1. 产品性质

不同性质的产品，市场需求特点不同，因此所采用的促销策略亦应不同，切不可一概而论。一般而言，适用范围广的OTC产品、保健品，消费面广、量大，故对其促销以广告宣传为主，营业推广为辅，并结合人员推销与公共关系的组合策略为宜。而以医院临床为主要流通渠道的药品，购买行为受医生处方限制，对其促销则以学术推广，人员推销为主，广告与公共关系相互配合的组合策略为佳。

2. 市场性质

不同的市场，其规模、类型、顾客数量不同，相应地，采取的促销策略应有差别。

(1) 从市场规模来看，在规模大、地域广阔的市场，应多采用广告宣传和公共关系促销策略；在规模小、地域狭窄的市场，应以人员推销为主，从而同顾客建立长期固定的产销关系，争取稳定的、忠诚度高的客户。

(2) 从市场类型看，消费者市场购买者众多且零星分散，人员推销效率较低，应主要采用广告宣传、商品陈列、展销、产品介绍等方法去吸引顾客。生产者市场购买者较少且相对集中，购买批量大，技术性较强，宜以人员推销为主，向用户详细介绍产品，建立关系，促成购买。

(3) 从市场上不同类型潜在顾客的数量看，若潜在顾客数量少，可采用人员推销；潜在顾客数量多，则宜采用广告宣传。

3. 产品市场生命周期

产品在其市场生命周期的不同阶段，应采取不同的促销策略。

(1) 在产品引入期，企业的促销目标是使顾客认识和了解商品，广告和人员推销都很重要，应主要采用广告宣传广泛介绍商品，运用推销人员深入特定的顾客群体详细说明和介绍产品，鼓励他们试用，还可以采用一些特殊的促销方法，如免费赠送、展销、示范等，刺激顾客试用产品，形成对产品的体验。

(2) 在产品成长期，企业的促销目标是吸引顾客购买并促其形成产品偏好。此阶段促销策略仍应以宣传为主，但广告宣传的内容应突出介绍产品的竞争性特色，以建立消费对产品的偏好。同时，辅之以人员推销和其他方法，扩大分销渠道，争夺市场占有率。

(3) 在产品成熟期，企业的促销目标是巩固市场。其促销策略应以提示性广告宣传为主，强调产品的附加利益或者产品的新用途。

(4) 在产品衰退期，企业的促销目标是尽快甩出存货，减少损失，减少促销费用，采取收缩战略，顺利退出市场。其促销策略是对企业的老顾客进行提示性广告宣传，并配合以营业推广，如降低产品价格、优惠出售等手段，尽快销出存货，减少库存。

4. 促销预算

企业用于促销的费用预算，也是决定促销策略的重要依据。各种促销方法所需费用多少不同，为提高促销效益，应力求以促销费用尽可能少而促销效果尽可能好的方式去促销。这就要求企业在制订促销策略时，应根据促销目标，对企业的财力状况、各种促销方式的费用、可能提供的经济效益以及竞争者的促销预算等多方面因素进行全面权衡，选择适宜的促销方案。

促销策略的选择和应用除了考虑上述因素外，还要考虑消费行为和消费习惯、经济状况、分销成本和分销效率、技术条件等。

第二节 人员推销

一、人员推销的定义

所谓人员推销是指企业销售人员通过与顾客（或潜在顾客）的人际接触来推动销售的促

销方法。

人员推销是一种最古老的推销方法，但它具有机动灵活地实现信息双向沟通的优点，这一优点是其他促销方法无法比拟的，所以这种古老的促销方式至今仍具有强大的生命力。尤其是药品的销售更是离不开人员推销。

影响企业促销组合的要素有很多，在以下这些情况下，人员推销是一种不可或缺的促销活动：

① 药品流通环节上的商业公司的洽谈；
② 药品的价格较高，技术含量高的产品；
③ 医生的沟通与辅导；
④ 药店终端的产品推荐。

二、人员推销的特点

人员推销是一种面对面的沟通方式，与其他促销方式相比，具有如下特点。

1. 人员推销具有灵活性

推销员在不同的环境下，可根据不同潜在顾客的需求和购买动机，及时调整自己的推销策略，解答顾客的疑问，满足顾客的需要。

2. 人员推销具有选择性

人员推销可以选择那些具有较大购买可能的顾客进行推销，并可事先对潜在顾客作一番研究，拟定具体的推销方案，因而推销的成功率较高，无效劳动较少。

3. 人员推销具有完整性

人员推销从寻找顾客开始，到接触、磋商，最后达成交易，推销人员独立承担了整个销售阶段的任务，此外，还可承担售后服务的功能。

4. 人员推销具有长远性

有经验的推销人员可以使买卖双方超越纯粹的商品货币关系，建立起一种友谊协作关系，这种亲密的长期合作关系有助于销售工作的开展。

尽管人员推销具有上述优点，但并非任何情况下都可采用这一方式。人员推销的成本费用比较高，在市场范围广阔，而买主又较为分散的状态下，不宜采用此方法；相反，市场需求密集，买主集中时，如有些产业市场，人员推销则可扮演重要角色。

三、推销人员应该具备的基本素质

推销人员是企业开拓市场的先锋，是企业形象的重要代表，必须具备一定的基本条件，一个理想的推销人员不仅要善于推销药品，而且要不断提高客户满意度。这就要求推销人员要具备较高的业务水平。一般来说，对推销人员主要有下列要求。

1. 相关基本知识

这是推销人员开展工作的最基本的要求。药品是特殊商品，专业知识性特别强，这就要求推销人员不仅要掌握本企业所生产或经营的药品的特点、性能、价格、销售等方面的情况，还要掌握药品的作用、配伍禁忌、用法、用量等知识。这样对购买者进行说服、推荐时将会更加有针对性。

（1）产品知识

① 了解药品的主要情况，包括药品的处方成分、功能与主治情况等。
② 熟知药品的使用方法，即药品的具体用法与用量以及成人与儿童的用量区别等。
③ 熟知产品的使用期限和保养方法，即药品的贮藏条件、有效使用期限等问题。

④ 熟知市场竞争情况（特别是商业客户），产品的不同之处，即掌握在同类药品中，不同产品有何独特之处，包括药品本身的功能、疗效、价格、包装特点、产品定位、产品利益等，这些都是吸引消费者购买的决定因素，也是自己产品战胜竞争品牌的独特卖点。

⑤ 掌握药品陈列技巧，药品陈列是一种无声语言，醒目的产品陈列是吸引顾客注意的重要手段，也是促使其产生购买欲望、实现终端销售的关键所在。

（2）企业知识　推销人员应掌握本企业的历史背景、在同行业中的地位、生产能力、产品种类、技术水平、设备状况、企业发展战略、定价策略、销售政策、交货方式、付款条件、服务项目等。在面对大型商业客户时，人员推销往往也是企业间的谈判，推销人员必须对企业自身的优势，成交条件有所把握之后才能合理的促进销售。

（3）用户知识　推销人员应了解谁是产品的购买决策者，其购买动机和购买习惯如何，对交易条件、交易方式和交易时间有什么要求。

（4）市场知识　推销人员应熟悉现实顾客的购买力情况及分布规律，了解潜在顾客的需求量及分布情况，能够研究和分析目标市场环境的变化。

2. 善于表达，具有较好的语言沟通能力

交谈、介绍是推销活动的第一步，融洽的交谈往往意味着推销成功了一半。善于表达的推销员，能促成推销的顺利进行。但善于表达不是吹牛说大话哄骗消费者的信任和喜爱，而是通过与顾客的沟通，对商品的介绍、推荐，调动顾客说话的积极性。当顾客说话时，认真地倾听，做出积极的反应，买卖双方通过融洽的交谈、沟通，来提高销售效率和效果。例如下面的两种教堂内方式。第一种方式："您买感冒药吗？"顾客："不买，看看。"营业员不再说话，顾客说完后就离开柜台。第二种方式："需要帮助吗？感冒是吗，有些什么症状？"顾客："咳嗽、痰稠黄。"营业员："您可以看看这两种药……"，顾客很可能会选择营业员建议的其中一种药品。

3. 把握时机，具有较强的应变能力

在推销洽谈中，顾客的购买意图往往是若隐若现的，成交信号也是稍纵即逝。而且不同顾客在性格、爱好等方面均有差异，这就需要推销员通过顾客的说话方式、面部表情等的变化，洞察顾客的心态，做出正确的判断，看准火候，把握成交的时机，促成交易的实现。

4. 具有较强的敬业精神

这点主要是针对医药销售代表而言。销售往往是从被拒绝开始的，推销人员必须有屡败屡战的决心和愈挫愈勇的心理素质，手勤、脚勤、口勤是对医药代表的基本要求，待人诚恳、有韧性、有销售的欲望、有赚钱的欲望是销售成功的基本条件。

5. 注重礼仪、行为规范有修养

无论商务洽谈还是直接推销，仪容、仪表、仪态是形成第一印象的重要元素，第一印象影响着对方对你的判断和评价，并将影响之后交往的成败。待人接物举止规范有修养是与顾客"相识"、产生信任感的重要条件。仪容、仪表、仪态美和规范地待人接物，对顾客具有很强的亲和力、感染力和吸引力，是商品得以销售的潜在动力。

四、人员推销的方式

人员推销一般采用以下方式。

1. 推销员对单个顾客

一个推销员当面或通过电话与某个顾客交谈，向其推销产品。一般在客户购买终端促销时使用较多，或进行电话招商时使用较多。

2. 推销员对采购小组

一个推销员向一个采购小组介绍并推销产品。一般在面对团购客户以及针对某些用药科室进行用药推广时，推销人员面对的不只是一个人。

3. 推销小组对采购小组

当企业需要集中、系统开发某些或某地区市场时，需要具有某些专长的人员组合，同时面对客户团队或团队客户。比如，在进行某个产品的总代理洽谈时，需要有产品经理、市场经理、学术专家、演示专员等不同角色参与。

4. 会议推销

由企业的主管人员和推销人员同具有某些共性的目标客户进行集中的宣讲或私人聚会，共同探讨、演示、答疑以致促成交易。

五、人员推销的基本过程

推销人员与潜在购买者达成交易所经历的过程，一般而言可以分为四个阶段。

1. 客户发掘

人员推销的第一个步骤包括两项内容：确认潜在客户和核实潜在客户（意即评估他们是否具有采购潜力）。由于这两项内容是同时进行的，因此合并成一个步骤。

（1）确认潜在客户　确认潜在客户的过程就是进行市场细分。通过分析企业历史客户和现有客户的数据库，销售人员可以确定理想潜在客户的特点。比较这些特点和潜在客户清单，即可知道哪些是潜在客户。建立潜在客户清单的途径包括现有客户推荐、贸易协会和行业名录、相关但非竞争企业的客户名单，以及广告询问函或电话等。多加思考往往会出其不意地找到潜在客户。

（2）核实潜在客户　找出潜在客户后，卖方应该加以核实，意即评估这些潜在客户是否有购买意愿，是否有购买力和购买权力。卖方可以通过寻找有关潜在客户任何变化的信息来确定客户是否有购买意愿。

2. 客户分析

客户拜访之前，销售人员需要事先研究，尽可能了解销售对象本人或企业的情况。潜在客户分析工作可能包括发现潜在客户过去与现在使用的产品和对产品的反应。在商业客户销售中，销售人员应该找出客户企业中谁拥有购买决策权。如果知道谁是联系人、谁是购买决策影响者、谁是购买决策者，以及谁实际进行采购等信息，客户拜访就可直接接触要找的人，而不会出现销售精力与资源的浪费。

了解潜在客户的个人生活形态（如兴趣、活动和习惯）、收集他们的偏好，将有助于销售工作的开展。销售人员应尽可能寻找、搜集所有信息，才能做出符合采购者需求的销售展示活动。

3. 销售展示

有了正确的潜在客户信息，销售人员便要设计吸引潜在客户注意的销售展示活动。销售人员应设法引起客户的兴趣、激起他们对产品的欲望，并在适当时机刺激客户采取行动和达成交易。这一模式就是许多企业所采用的 AIDA 模式，即是注意（attention）、兴趣（interest）、欲望（desire）和行动（action）。

（1）吸引注意力的方法　销售展示的首要目标是吸引潜在客户的注意力和好奇心。如果潜在客户有明确的需求，并且正在寻找解决方式，则直接介绍卖方公司和产品即可。

商业客户的开发一般需求比较明确，对产品的关注程度较高；个人用户，无论药品还是保健产品均需要一个较长的导入、吸引过程。

（2）掌握兴趣并唤起欲望　吸引客户注意后，对销售人员的挑战在于经由销售展示抓住潜在客户的兴趣,并刺激对方产生购买的欲望,比如唤醒对健康的认识。一般来说,销售展示没有标准化的形式,那些有助于潜在客户更好地了解本企业的产品对他们自身多么的有价值(好处)的展示形式皆可使用。

(3)达成交易 解说产品及其好处后,销售人员需要设法让客户采取行动,达成交易。在销售展示中,销售人员可能定期提议交易,测试潜在客户的购买意愿。方法之一是提出潜在客户愿意购买的假设性问题,例如,您先期需要进货多少?你们三十家连锁先期的铺货量是多少?

达成交易的尝试主要在于找出采购者的异议事项。最难以改变的异议就是潜在客户没有说出的异议,因此应该鼓励采购者说出他们的异议所在,这样销售人员才有机会消除异议。

(4)售后服务 好的销售人员并不在于签下订单。销售过程的最后阶段是一系列的售后服务,售后服务不但可建立客户好感,降低客户购买后的不一致感,也可为将来生意打下基础。优秀或尽职的销售人员会追踪订单的交货、营销或使用指导、市场培训和其他事项,并确保客户真正满意。

六、人员推销的组织结构

推销人员如何组织起来才能最有效率,也是人员推销决策的一个重要问题。企业在设计推销队伍的组织结构时,可在下述四种类型中选择。

1. 地区型结构

这是一种最简单的组织结构,即每一个推销员分管一个地区,负责在该地区推销企业所有产品。这种结构适用于产品和市场都较单纯的企业。它的优点是:第一,推销员的责任明确,可对所管地区销售额的增减负责;第二,可鼓励推销员与当地的企业和个人建立固定联系,从而有利于提高推销效率;第三,差旅费用较少。

2. 产品型结构

每个推销员负责一类或几类产品在各地的推销。当企业产品种类繁多,而且产品的技术性较强时,采用产品型结构较适合。因为推销人员只有熟悉他所推销的产品,才能提高推销效率。

3. 市场型结构

不少企业还按行业或顾客类别来组织推销队伍,例如,按不同行业的客户、新客户、老客户、大客户、小客户,分别安排不同的推销员。这种结构的主要优点是:推销员能更加熟悉和了解自己的顾客及其需求特点和决策过程。但缺点是,如果某类顾客遍布全国,差旅费用将大大增加,且内部推销人员之间容易起冲突。

4. 复合型结构

有的企业在广阔的地域内向各类顾客推销多种产品时,可采用复合型结构,即将上述两种或三种形式结合起来,组织推销队伍。这需要依具体情况而定。

第三节 广 告

商品广告越来越多,这也是信息社会,经济发展的结果。药品的广告投放在我国已经占到总量的百分之十以上。广告已逐渐演变成为产品促销的重要手段。全国广告额逐年上升,21世纪初药品广告投放量还是几十亿元,到2004年已经突破200亿元。广告成了消费者购买决策的重要依据。

一、广告的概念

广告是明确的特定行为主体出于某种目的、为让公众广为知晓而采用的一种传播手段。广告具有以下特征。

1. 广告行为具有明确的目的性

广告制作和发布广告的行为，总有着一定的功利目的，完全没有功利目的的广告是不存在的。广告的功利目的，有明显和隐蔽之分。在公共关系广告和由广告主出资制作的公益广告中，广告主的功利目的较为隐蔽；而在一般的商品广告中，广告主的功利目的较为明显。由社会团体、机构制作发布的公益广告，则包含着明确的利社会、利他人的功利目的。

2. 广告诉求内容具有可公开性

通过广告传播的内容，必须是可以公开的（不可公开的内容则不适合于写入广告）。一般而言，广告诉求内容是知道的人越多越好。当然，有的人知道了广告诉求的内容，就有可能采取广告主所期望的举动（这些人就是广告的目标受众）；而有的人即使知道了广告的内容，未必会采取广告主所期望的举动。广告传播必须研究广告信息如何有效抵达目标受众并为他们所接受的问题。

3. 广告传播对媒介有着依赖性

无论是何种传播手段，都必须借助于某种相应的媒介（既可以是大众传播媒介，又可以是其他媒介）。媒介的选择，应确保广告诉求内容能够顺利地达到目标受众。在通常情况下，发布广告的媒介多为大众传媒；在特殊的情况下，人体、空气等这些通常并不被当作媒介的特殊介质，也可以充当广告媒介。

4. 广告行为有着周密的计划性

广告行为是有着周密的计划性的行为，不能任意而为，不能随心所欲。广告行为讲究策划。既有关于广告行为的整体策划，又有关于某一个环节、某一个广告作品的局部性的策划。记录特定广告行为的整体性策划、构想的文本，就是广告策划书。

5. 广告传播实施体现出有偿性

广告从本质上说是一种经济行为。任何广告总是需要经济上的付出的，这就是投入。做商品广告是一种投资活动。好的商品广告应该能给广告主带来比投入更大的经济回报，这就是产出。没有广告投入，就不会有广告产出。广告的有偿传播信息与新闻的无偿传播信息，构成了两者在传播信息方面的重要本质差别。

二、药品广告管理

药品广告与其他商品广告相比，最显著的特点是受各国法律的严格控制：由于药品是关系人们健康、生命的特殊商品，虚假或误导的广告，轻则会延误疾病的治疗，重则导致人们身体健康和生命安全受到威胁。因此，各国法律法规中，均对药品广告，尤其是药品广告的内容、媒体选择、审批机关和程序等，进行严格的管理。

我国1984年颁布实施《中华人民共和国药品管理法》（简称《药品管理法》），2001年2月对其进行了修订，《药品管理法》中对药品广告的审批和内容作了明确规定。1994年实施的《中华人民共和国广告法》（简称《广告法》）中，也专门针对药品广告的准则、内容、限制和审查等提出规定。

根据《药品管理法》和《广告法》有关规定，1995年国家工商行政管理局和卫生部发布了《药品广告审查标准》和《药品广告审查办法》，进一步明确了药品广告的申请、审查程序和管理内容。2000年1月1日起，我国实施处方药和非处方药分类管理制度，为加强对处方药的广告媒介和内容的管理，保证人们用药安全，2001年，原国家药品监督管理局先后发布了《关于国家药品监督管理局停止受理药品广告申请的通知》、《关于停止在大众媒介发布小容量注射剂药品广告的通知》和《关于加强药品广告审查监督管理工作的通知》等。根据《药品管理法》（2013年修订）和《中华人民共和国药品管理法实施条例》，原国家食品药品监督管理总局制定发布了《药品广告审查办法》。

三、药品广告范围和内容

1. 药品广告的范围

（1）不得发布广告的药品 《药品广告审查发布标准》规定，下列药品不得以任何形式发布广告：①麻醉药品、精神药品、医疗用毒性药品、放射性药品、戒毒药品以及国家药品监督管理局认定的特殊管理的药品；②国家食品药品监督管理总局或者省级药品监督管理部门明令停止或禁止生产、销售和使用的药品；③医疗机构配制的制剂；④国家食品药品监督管理总局批准试生产的药品。

（2）对非药品的广告，如保健食品、用品等的广告，不得有涉及药品的宣传。

2. 药品广告的内容要求

（1）对药品广告内容原则性规定 《药品流通监督管理办法》和《广告法》规定，"药品广告的内容必须真实、合法，以国家药品监督管理局批准的说明书为准"。在《药品广告审查发布标准》中进一步明确：①药品广告中必须标明药品的通用名称、忠告语、药品广告批准文号、药品生产批准文号、药品生产企业名称及广告主名称；②药品质量标准和使用说明书中规定有禁忌内容的，必须在广告中醒目标示。不能全部标示的，除注明主要内容外，应当标示"其他禁忌详见药品说明书"。

（2）对广告内容禁止性规定 《药品管理法》和《广告法》规定，药品广告不得含有虚假的内容，即不得以广告形式对所推销的药品进行欺骗性宣传，从而对患者产生误导。

根据《药品管理法》和《广告法》的规定，药品、医疗器械广告不得有下列内容：①含有不科学的表示功效的断言或者保证的；②说明治愈率或者有效率的；③与其他药品的功能和安全性比较的；④利用医疗科研单位、学术机构、医疗机构、或者专家、医生、患者的名义和形象做证明的；⑤法律法规禁止的其他内容。

另外，《药品广告审查发布标准》中进一步明确，药品广告不得利用国家机关、医药科研单位、学术机构或者专家、学者、医师、药师和患者的名义和形象做证明。药品广告不得与其他药品进行功效和安全性对比，不得贬低同类产品，不得含有药品有效率、治愈率、排序、评比等综合评价或者获奖的内容。

（3）药品广告中不得出现下列情形：①含有药到病除等不科学地表示功效的断言或者保证，使用不恰当的表现形式，引起公众对所处健康状况，所患疾病产生不必要的担忧或恐惧，或使公众误解不使用广告宣传的药品会患某种疾病或加重病情；②夸大药品的功能疗效或者把药品的功能疗效神秘化；③含有"安全"、"无毒副作用"等承诺的内容；④违反科学规律，明示或者暗示包治百病、适合所有症状。药品广告应当鼓励和引导合理用药，不得直接或间接怂恿任意、过量使用药品。

（4）药品广告不得含有以下内容：①声称免费治疗、无效退款、保险公司保险的；②含有最新技术、最高科学、最先进制法、药之王、国家级新药、不复发、不反弹、永葆青春、显著、消除、解除、根治、根除、药到病除等绝对化的用语和表示的；③有奖销售、让利销售及馈赠、降价、指定产品、专用产品、以药品作为礼品或奖品的；④声称或暗示药品为正常生活或治疗病症所必需，服用该药能应付现代紧张的生活或升学、考试的需要，能帮助改善或提高成绩、能使精力旺盛、增强竞争力等。

药品商品名称不得单独进行广告宣传。广告宣传需使用商品名称的，必须同时使用药品的通用名称。

3. 药品广告的发布限制

《药品管理法》规定，处方药不得在大众传播媒介发布广告。

所谓大众传播媒介，是指用集体力量将信息对广大社会群众进行大规模传播的各种工具及手段，一般包括报刊、广播、电影、电视、录音、录像、电报、电话等；处方药不得以其他方式进行以公众为对象的广告宣传。其他方式主要指，户外广告、报纸杂志上的报告文学和纪实报告、新闻报道等方式。处方药品只能在卫生部和国家食品药品监督管理总局指定的医学、药学专业刊物上介绍。

非处方药不得发布于儿童节目、出版物上。改善和治疗性功能障碍的非处方药，不得利用大众传播媒介向大众发布广告。

有下列情况之一的，药品广告批准文号将被撤销：①《药品生产许可证》、《药品经营许可证》、《营业执照》被吊销的；②药品生产批准文号被撤销的；③已被国家食品药品监督管理总局和省级药品监督管理部门责令停止生产、销售和使用的药品；④《药品管理法》规定的假药、劣药；⑤发现药品有新的不良反应；⑥药品广告内容超出药品广告审查机关审查批准的内容的；⑦被国家列为淘汰药品品种的；⑧药品广告复审不合格的；⑨药品监督部门认为不宜发布的；⑩广告监督管理机关立案查处的。

四、广告的种类

广告的种类很多，根据广告的目的、受众、产品周期选择不同的广告种类。广告的一般性分类如图 8-2 所示。下面简要介绍按传播媒介分类的广告。

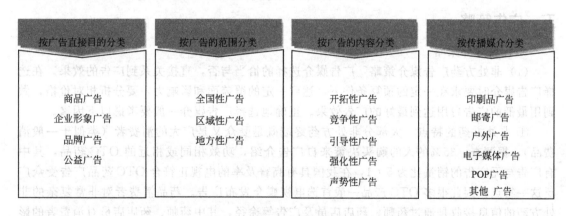

图 8-2 广告分类

(1) 印刷品广告 包括报纸广告、杂志广告、电话簿广告、画册广告等。

(2) 邮寄广告 即采用邮寄的方式向消费者传达产品信息，推销商品，宣传企业，它主要有销售函件、宣传画册、商品目录和说明书、明信片、挂历、邮寄小礼品等广告形式。

(3) 户外广告 主要有路牌广告、交通广告、招贴广告、霓虹灯广告、气球广告、传单等。

(4) 电子媒体广告 包括电视广告、电台和广播广告、电影广告、互联网广告。

(5) POP 广告 即售点广告，如柜台广告、货架陈列广告、模特广告、圆柱广告以及在购物场所内的传单、彩旗、招贴画等（POP 广告是专设在售货点现场的广告，目的是弥补一般媒体广告的不足,以强化零售终端对消费者的影响力)。

(6) 其他广告 如表演广告、馈赠广告、赞助广告、体育广告、购物袋和手提包广告、雨伞广告等。

其中药品广告的投放以电子媒体最多,选择哪一种媒体要根据实际情况而定,每种媒体的特点与优势各不相同,具体比较见表8-1。

表8-1 广告媒体对照

媒体	优 点	缺 点
电视	形象逼真,感染力强; 高接触度,可重复播放; 收视率高,深入千家万户; 表现手法丰富多彩,艺术性强	成本高; 播放时间短,广告印象不深; 播放节目多,容易分散对广告的注意力; 广告靶向性弱
报纸	可信度高; 宣传面广,读者众多; 费用低廉,制作方便; 时效性强	寿命短; 传阅者少; 登载内容多,分散对广告的注意力; 单调呆板,不够精美,创新形式有限制
广播	费用低; 覆盖面广,传播快; 制作简便,通俗易懂; 灵活多样,生动活泼	听众分散; 创新形式受限制; 有声无形,印象不深; 转瞬即逝,难以记忆和存查
杂志	专业性强,针对性强; 发行量大,宣传面广; 可以反复阅读、反复接触; 印刷精美,引人注目	发行周期长,时效性差; 篇幅小,广告运用受限制; 专业性强的杂志接触面窄; 登载内容精彩,分散对广告的注意力

五、广告策略

1. 广告媒介策略

(1) 非处方药广告媒介策略 广告媒介选择的恰当与否,直接关系到广告的效果。在选择广告媒介时要求在一定的预算条件下,达到一定的覆盖面和影响力,要分析相对价格,做到用最低的广告费用达到最好的广告效果。正确地选择广告媒介一般要考虑以下因素。

① 非处方药的特点 大部分非处方药终端既是受众又是广大的消费者(类似于一般消费品),据调查,35%的人的购买决策来自广告介绍,功效相同或相近的OTC药品,其中有广告与无广告的销量比为5:1,在我国具有高普及率的电视正符合OTC药品广告受众广泛这一特点,因此很多OTC产品一般首选电视媒介发布广告。药品消费者对非常复杂的非处方药的信息接收是通过药师、药店店员及广告等途径,其中药师、药店店员对消费者的影响占重要地位,可以选择药店中陈列的POP这一媒介。

② 媒介传播的范围和影响力 不同的广告媒介,有不同的传播范围和影响对象。如中小企业可以选择有明确的营销群体和价格优势,灵活适应市场变化的省级卫视做广告。

③ 广告费用支出 不同的广告媒介,费用是不同的,同一类型的广告要依据自身的财力来合理地选择广告媒介。

(2) 处方药广告媒介策略 处方药主要在医药专业媒介上做广告,广告的对象主要是医生或药师。信息源是医药企业,受众绝大多数是医药专业人员,消费终端是广大的药品消费者,药品消费者对处方药的信息接收主要是通过医生或药师等中介。我国目前有5万多种药品是处方药,同类品种繁多,要使自己产品的广告有效,首先就是要选择适当的医药专业媒介，在选择广告媒介时要熟悉备选媒介的特点和相关属性，如媒介受众的构成及媒介习惯、媒介成本、适用性、灵活性、地域特性、传播效果、广告时段和版位、竞争者所采用的媒介等。然后根据广告的具体形式、内容及要求等加以综合考虑和权衡。

2. 药品广告定位策略

在信息和广告泛滥时代，人们唯一能够记住的或许就是单一的信息广告，它给消费者一个轻松"接纳"信息的机会，有利于信息注意度的形成；同时，也向消费者提供了"唯一选择"。如"今年过节不收礼，收礼只收脑白金"就是一个典型的例子，现在国内至少有60%以上的人过年过节买礼品时，都会想起这个广告，使这个功效有争议的产品，成为礼品而占领了相当的市场份额。药品品种繁多，同类产品种类也多样，要使产品获得竞争优势，就要树立产品的独特个性，即找准产品在市场竞争中的位置，在目标消费者中树立该产品的稳固印象。药品广告定位常用的方法有以下几种。

（1）品质定位　在广告诉求中突出该产品良好的具体品质，以求在同质的同类产品竞争中突出个性。例仲景六味地黄丸强调其现代化的中药加工工艺、八百里伏牛山"天然药库"造就的仲景六味虽是传统中药，但效果远远高于常规产品，对常见老年性顽固疾病有着相当良好的辅助治疗作用。在广告传播上，以报纸作为市场初期广告投放的首选媒体，在试点城市两大主流报纸上以专版形式设立"仲景六味健康园地"，主要从六味与人自身关系的科普角度讲述，从正宗、地道、疗效三方面来潜移默化地树立仲景六味优质优价的高品质形象。同时，在电台开设20分钟"仲景健康之声"专题节目，完全从中医渊源的角度探讨讲述六味与现代人息息相关的各种问题、仲景六味与同类产品的差异体现等。通过系统化地灌输，人们对仲景六味地黄丸正宗、地道、疗效的特性有了深刻的认识和了解，对仲景"药材好，药才好"的品质定位有了高度的认同。

（2）功效定位　在广告诉求中突出该产品的特殊功效，显示其在同类药品中的区别和优势。例如感冒药同类药品甚多，市场已呈高度同质化状态，而且无论中、西成药，都难做出实质性的突破。新康泰克、感康、三九等"大腕"级产品凭借着强大的广告攻势，才各自占领一块地盘，而盖天力这家实力并不很雄厚的药厂，竟在短短半年里就登上了行业第二品牌的地位，关键在于其功效定位，"白加黑"确定了干脆简练的广告口号，"治疗感冒，黑白分明"，所有广告传播的核心信息是"白天服白片，不瞌睡；夜间服黑片，睡得香"。产品名称和广告信息都在清晰的传达产品功效。

（3）市场定位　在广告诉求中将产品宣传的对象定在最有利的目标市场上，以形成集中的广告攻势。例如黄金搭档针对女性、儿童青少年、中老年三个人群，分别设计了三种类型的产品，诉求各不相同。广告宣传分为儿童青少年型、女性型和中老年型，标题分别是《黄金搭档：对孩子很有效》、《黄金搭档：打造美丽和健康》、《黄金搭档：对中老年人很有效》。

第四节　营业推广与公共关系

一、营业推广的定义

营业推广是指能够迅速刺激需求、鼓励购买的各种促销方式。营业推广与其他促销方式相比较，具有下述明显特征。

1. 非连续性

营业推广一般是为了某种即期的促销目标专门开展的一次性促销活动，它不像广告、人员推销、公共宣传那样作为一种连续的、常规性的促销活动出现，往往着眼于解决一些更为具体的促销问题，因而往往是非规则、非周期性地使用和出现的。

2. 形式多样

营业推广的方式多种多样，如优待券、竞赛与抽奖、加量不加价、积点优待、折价优待、包装促销、回邮赠送、付费赠送、退费优待、零售补贴、免费样品、POP广告等。这些方式各有其长处和特点，企业应根据不同的产品特点、不同的市场营销环境、不同的顾客心理等条件灵活地加以选择和运用。

3. 即期效应

营业推广往往是在一个特定的时间里，针对某方面的消费者或中间商提供一种特殊优惠的购买条件，能给买方以强烈的刺激作用。只要方式选择运用得当，其效果能很快地在经营活动中显示出来，而不像其他促销方式那样需要一个较长的周期。因此，营业推广比较适合于那些突击式的、需要短期见效的促销目标。

营业推广方式包括以消费者或用户为对象的推广方式、以中间商为对象的推广方式以及以推销人员为对象的推广方式。

二、医药企业常用的营业推广方式

1. 减价促销

为了在零售市场上争取更多的市场份额而采用的，在国家允许的范围内下调价格的促销方式，如减肥产品一改高价姿态，推出"九块九"产品。

2. 附送赠品

附送赠品是指顾客购买特定产品时，可以免费获得一份非促销商品赠品的促销活动。附送赠品的目的是争取竞争性产品的潜在消费者，所以赠品是否有吸引力非常重要。好的赠品能激发消费者的购买欲望，并促使其实施购买行为，甚至对产品品牌产生好感；而不好的赠品则恰恰相反。好的赠品价值不一定高，但有纪念意义，是市场上难以买到的产品。

3. 购货折扣

购货折扣就是医药企业在一定期限内对到终端药店购买特定产品或购买达到某一规定数量时做出特殊的价格折扣。这种促销方式适合季节性产品、新产品开拓市场。购货折扣的形式可分为现金折扣、数量折扣、季节性折扣和实现定额目标折扣四种。

（1）现金折扣　给予当时或按约定日期付款的终端一定比例的折扣。主要用于鼓励提早付款，加快资金周转，减少呆账和利息损失。

（2）数量折扣　指按到终端药店购买数量的多少，分别给予不同比例的折扣。采购量愈大，折扣愈多。主要用于鼓励大量购买。

（3）季节性折扣　指季节性较强的产品，比如，冻伤膏、十滴水、藿香正气等药品，在快过或已过销售旺季，购买时给予的折扣。主要用于鼓励终端储存该药品，加速资金周转；或者旺季集中销售也可以给予商业客户、终端购买者价格折扣。

（4）实现定额目标折扣　一般用于半年或年末结算时，如果终端药店达到一个事先设定的目标，就给予一定的折扣。主要用于鼓励终端的定向购买。

4. 神秘顾客活动

神秘顾客活动是指医药企业派出人员假扮顾客，对店员提问和咨询，以检验店员对产品的认识状况和推荐率的促销形式。应该在活动前两到三周通知终端店员，尤其是目标店员，以促使其进入状态，提高企业销售药品的推荐率。如果店员反应得当，对企业药品介绍恰当，推荐及时，应立即说明来意，并当场给予奖励，赠送礼品。礼品要精美实用，能赢得店员的好感。

5. 移动推车陈列

生产企业为使自己的产品被消费者所注意，通过给销售终端一定的费用，使自己的产品用移动推车摆在最醒目的位置，扩大药品销售而进行的药品摆放促销形式。移动推车陈列是医药企业和终端药店双方互惠互利的形式，而不应是企业主动、药店被动的促销活动。

三、促销评估

营业推广活动结束后，应立即对其效果进行评估，以总结经验与教训。很多企业忽视这一工作，即使有的企业试图评估，可能也只是一点皮毛而已，有关获利性的评估是少之又少。其实，评估效果是营业推广决策的重要一环，它对整个市场营销战略的实施具有重要意义。下面介绍三种评价促销效果的常用方法。

1. 前后比较法

将开展营业推广活动之前、之中和之后三段时间的销售额（量）进行比较，以测评促销效果。这是最常用的消费者促销评估方法，促销前、促销期间与促销后产品的销售额（量）水平的变化会呈现出几种不同情况，这说明促销产生了不同的效果。

（1）在促销的初期奏效，但在促销中期销售额（量）就逐渐下降，到结束时，已恢复到原有正常水平，这说明本次促销的冲击力虽强，但没能对消费者的重复购买或大量购买产生真正的影响。

（2）促销期间销售额（量）有较明显的上升，但促销结束后则跌落到通常水平以下，这说明促销可能破坏了产品原有的品牌形象，或者由于产品的质量问题或其他外来因素，使原有消费者的信心受到了伤害。

（3）促销期间的销售额（量）同促销前基本一致，促销结束后也无多大变化，这说明促销无效果。

（4）促销期间销售额（量）有明显增加，促销结束后低于通常水平，过一段时间后又回归到通常水平，这说明促销可能只是吸引了产品的习惯消费者在促销期间多批量购买，并没有刺激多少新顾客实施购买行为。促销结束到产品销售额（量）回归到通常水平的这段时间也被称为"存货消耗期"。

（5）促销期间销售有明显增加，促销结束后销售额（量）回归到通常水平，这说明促销虽然暂时刺激了一些新顾客实施购买行为，但新顾客对于促销产品并没有养成"品牌忠诚"。

（6）促销期间销售有明显增加，促销结束后销售额（量）高于通常水平，这说明促销刺激了一些新顾客实施购买行为且一些新顾客对于促销产品还养成了一定的"品牌忠诚"，而原有的消费者信心也并没有受到负面的影响。这是一种最理想的促销效果。

2. 市场调查法

这是企业组织有关人员进行市场调查分析确定促销效果的方法，这种方法尤其适合于评估促销活动的长期效果。

（1）调查的项目包括促销活动的知名度、消费者对促销活动的认同度、销势增长（变化）情况、企业形象的前后变化情况。

（2）市场调查法采用的方法是寻找一组消费者样本，和他们面谈，了解有多少消费者还记得促销活动，他们对促销的印象如何，有多少人从中获得利益，对他们今后的品牌选择有何影响等，通过分析这些问题的答案，就可以了解到促销活动的效果。

3. 观察法

这种方法是通过观察消费者对促销活动的反应，从而得出对促销效果的综合评价，主要是对参加竞赛与抽奖的人员、优惠券的回报率、赠品的偿付情况等加以观察，从中得出结论，这种方法相对而言较为简单，而且费用较低，但结论易受主观影响，不很精确。

四、公共关系

在实践中，人们逐渐认识到：要使企业在激烈的市场竞争中长久立于不败之地，不仅仅在于短期内如何把自己的产品推销出去，还需要用各种方法在公众的心目中树立企业的良好形象。于是有企业巧妙地将公共关系理论融入市场营销的各个要素中，将公共关系活动同促销活动有机地结合起来，逐步重视公共关系促销形式的运用，并收到了较好的效果。

1. 公共关系的概念

公共关系源自英文 Public Relation，意思是与公众的联系，简称公关。在药品促销中，公共关系是指医药企业为取得社会公众的了解、支持和信任，以树立企业良好的信誉和形象而采取的一系列决策、计划与行动的总称。公共关系的目的是建立企业有利的公众舆论环境，树立企业良好的信誉和形象，但企业要想在消费者心目中树立企业良好的信誉和形象，绝不是靠一两项公共关系活动就能达到的，也不是一朝一夕的短期行为所能实现的，它需要一个连续不断、持之以恒的过程。

2. 公共关系的基本职能

公共关系是一门"内求团结，外求发展"的经营艺术，是一项与企业生存发展休戚相关的事业，其职能有全方位、多元化、多层次和综合化的特点，主要包括以下职能。

(1) 收集和沟通信息　广泛地收集信息和及时地传播和反馈信息是公共关系的核心职能，主要是收集有关企业形象、信誉方面的信息，同时也注意收集政策信息、市场信息、民俗民情、舆论热点等信息。同时向社会公众传播企业有关生产营状况、发展进度与前景、新产品开发等信息，并且把社会公众对企业的反应信息反馈回来，作为提升企业形象的决策依据，并借此进一步密切企业与社会公众关系。

(2) 塑造企业形象　企业形象是指企业的特征与总体表现，以及它们在公众心目中的反映和评价。良好的企业形象，有利于提升企业员工的思想修养和精神境界，增强企业的凝聚力和向心力，增强员工的主人翁意识并自觉为企业目标努力斗，还有利于企业间建立友好和睦的邻里关系，得到社会和消费者的信任与支持，从而赢得市场和顾客。

(3) 协调各方的关系　企业外部公共关系工作的好坏直接影响到企业的声誉和形象。一个企业要想获得外部公众的支持与合作，首先必须获得企业内部全体员工的理解、支持。公共关系的职能之一就是要处理好企业与内部公众的关系，处理好企业与顾客的关系，处理好企业与新闻界的关系，处理好企业与竞争者之间的关系，处理好企业与地方政府、企业与金融机构、企业与社区等部门的关系。

(4) 咨询和引导　公关人员向组织决策层提供咨询和建议，参与决策，并利用自己的优势，开展一些宣传活动，解答问题，提供咨询，并引导公众的态度和指公众的行为。

3. 公共关系的活动方式

(1) 利用新闻媒介　就是利用报纸杂志、电视、医药专业期刊、互联网等媒体向社会传播企业信息，以形成有利于企业的社会舆论、树立良好的企业形象的活动方式，如很多医药企业建立了医药健康网站，无偿为网民提供药品知识。

(2) 参加公益活动　通过参加各种有意义的赞助、社会福利事业活动，密切关注环境的变化，抓住一切有利时机和条件，树立企业关心社会公益事业的良好形象，培养与有关公众的感情，从而增强企业的吸引力和影响力。如，在我国非典型肺炎爆发期间，由上海市少工委、上海市红领巾理事会主办，中美上海施贵宝制药有限公司及罗氏（上海）公关广告维生素有限公司等企业协办的"同在蓝天下,六一都快乐"爱心快递活动就很有典型意义。在六一儿童节这样一个特殊的日子里,施贵宝和罗氏维生素向奋战在抗击"非典"第一线医务工作者的子女和特殊儿童赠送小施尔康等"六一爱心礼物",以表达其对抗击"非典"第一线的工作人员的崇高敬意。

(3) 借助人际交往 通过人与人的直接交流沟通,以求广结良缘,为企业建立广泛的社会关系网络。例如东盛制药借助其旗下康易网和某一专业杂志在行业内的影响,以全国近万家药店经理为发展对象,组建中国第一家具有一定专业性、实用性的俱乐部——"药店经理沙龙"。沙龙会员除了能够优先参与东盛"药店经理沙龙"举办的一切活动与专业培训外,还可以在康易网上进行交流。该企业与"药店经理沙龙"一并推出的还有"东盛店员俱乐部",这是一个以"关注业者存在,增进东盛情结"为活动宗旨的组织,目的是与药店店员进行沟通交流和信息互动。

(4) 广泛征集公众参与性资讯 通过向社会发布信息(如介绍企业的产品及经营状况等),有偿或无偿征集公众对企业的建议。例如某药业公司根据企业新产品开发需要,为了提高产品品位,对治疗慢性萎缩性胃炎的中药胶囊剂新药诚征商品名,凡推荐的商品名一经采用,公司将给予高额的奖励;活动同时设鼓励奖若干名,以增强参与者的积极性。

(5) 提供特种服务 即以提供优质服务为主的公关活动方式,以此获得社会公众的好评,建立良好的企业形象。如,①组织各类有奖征答活动、各类知识竞赛活动;②定期请重要人物、知名人士为公司员工讲课,为各类群众团体(如老干部协会等)作新特药应用情况的学术报告,对各层次的群众进行动员宣传等;③定期召开各大、中医院院长、药房主任、采购人员、主治医生、药店销售员的新药推广会、联谊会等,联络感情,形成巩固的合作伙伴关系;④组织有关专家学者撰写各类新特药的科普宣传文章,进行普及性宣传。

(6) 建立健全的企业内部的公关制度 企业应当关心职工福利,激励员工的工作积极性和创造性,开展针对职工家属等的公共关系活动,密切与社会各界的联系。

《药品广告审查办法》(局令第 27 号)

2007 年 03 月 13 日 发布

《药品广告审查办法》经过国家食品药品监督管理局、中华人民共和国国家工商行政管理总局审议通过,现以国家食品药品监督管理局局令顺序号发布。本办法自 2007 年 5 月 1 日起施行。

中华人民共和国 国家食品药品监督管理局   国家工商行政管理总局
　　　局长:邵明立   局长:周伯华
　　　　　　　　　　　　　　　　　　　　　　　二〇〇七年三月十三日

药品广告审查办法

第一条 为加强药品广告管理,保证药品广告的真实性和合法性,根据《中华人民共和国广告法》(以下简称《广告法》)、《中华人民共和国药品管理法》(以下简称《药品管理法》)和《中华人民共和国药品管理法实施条例》(以下简称《药品管理法实施条例》)及国家有关广告、药品监督管理的规定,制定本办法。

第二条 凡利用各种媒介或者形式发布的广告含有药品名称、药品适应证（功能主治）或者与药品有关的其他内容的，为药品广告，应当按照本办法进行审查。

非处方药仅宣传药品名称（含药品通用名称和药品商品名称）的，或者处方药在指定的医学药学专业刊物上仅宣传药品名称（含药品通用名称和药品商品名称）的，无需审查。

第三条 申请审查的药品广告，符合下列法律法规及有关规定的，方可予以通过审查：

（一）《广告法》；

（二）《药品管理法》；

（三）《药品管理法实施条例》；

（四）《药品广告审查发布标准》；

（五）国家有关广告管理的其他规定。

第四条 省、自治区、直辖市药品监督管理部门是药品广告审查机关，负责本行政区域内药品广告的审查工作。县级以上工商行政管理部门是药品广告的监督管理机关。

第五条 国家食品药品监督管理局对药品广告审查机关的药品广告审查工作进行指导和监督，对药品广告审查机关违反本办法的行为，依法予以处理。

第六条 药品广告批准文号的申请人必须是具有合法资格的药品生产企业或者药品经营企业。药品经营企业作为申请人的，必须征得药品生产企业的同意。

申请人可以委托代办人代办药品广告批准文号的申办事宜。

第七条 申请药品广告批准文号，应当向药品生产企业所在地的药品广告审查机关提出。

申请进口药品广告批准文号，应当向进口药品代理机构所在地的药品广告审查机关提出。

第八条 申请药品广告批准文号，应当提交《药品广告审查表》（附表1），并附与发布内容相一致的样稿（样片、样带）和药品广告申请的电子文件，同时提交以下真实、合法、有效的证明文件：

（一）申请人的《营业执照》复印件；

（二）申请人的《药品生产许可证》或者《药品经营许可证》复印件；

（三）申请人是药品经营企业的，应当提交药品生产企业同意其作为申请人的证明文件原件；

（四）代办人代为申办药品广告批准文号的，应当提交申请人的委托书原件和代办人的营业执照复印件等主体资格证明文件；

（五）药品批准证明文件（含《进口药品注册证》、《医药产品注册证》）复印件、批准的说明书复印件和实际使用的标签及说明书；

（六）非处方药品广告需提交非处方药品审核登记证书复印件或相关证明文件的复印件；

（七）申请进口药品广告批准文号的，应当提供进口药品代理机构的相关资格证明文件的复印件；

（八）广告中涉及药品商品名称、注册商标、专利等内容的，应当提交相关有效证明文件的复印件以及其他确认广告内容真实性的证明文件。

提供本条规定的证明文件的复印件，需加盖证件持有单位的印章。

第九条 有下列情形之一的，药品广告审查机关不予受理该企业该品种药品广告的申请：

（一）属于本办法第二十条、第二十二条、第二十三条规定的不受理情形的；

（二）撤销药品广告批准文号行政程序正在执行中的。

第十条　药品广告审查机关收到药品广告批准文号申请后，对申请材料齐全并符合法定要求的，发给《药品广告受理通知书》；申请材料不齐全或者不符合法定要求的，应当当场或者在5个工作日内一次告知申请人需要补正的全部内容；逾期不告知的，自收到申请材料之日起即为受理。

第十一条　药品广告审查机关应当自受理之日起10个工作日内，对申请人提交的证明文件的真实性、合法性、有效性进行审查，并依法对广告内容进行审查。对审查合格的药品广告，发给药品广告批准文号；对审查不合格的药品广告，应当作出不予核发药品广告批准文号的决定，书面通知申请人并说明理由，同时告知申请人享有依法申请行政复议或者提起行政诉讼的权利。

对批准的药品广告，药品广告审查机关应当报国家食品药品监督管理局备案，并将批准的《药品广告审查表》送同级广告监督管理机关备案。国家食品药品监督管理局对备案中存在问题的药品广告，应当责成药品广告审查机关予以纠正。

对批准的药品广告，药品监督管理部门应当及时向社会予以公布。

第十二条　在药品生产企业所在地和进口药品代理机构所在地以外的省、自治区、直辖市发布药品广告的（以下简称异地发布药品广告），在发布前应当到发布地药品广告审查机关办理备案。

第十三条　异地发布药品广告备案应当提交如下材料：

（一）《药品广告审查表》复印件；

（二）批准的药品说明书复印件；

（三）电视广告和广播广告需提交与通过审查的内容相一致的录音带、光盘或者其他介质载体。

提供本条规定的材料的复印件，需加盖证件持有单位印章。

第十四条　对按照本办法第十二条、第十三条规定提出的异地发布药品广告备案申请，药品广告审查机关在受理备案申请后5个工作日内应当给予备案，在《药品广告审查表》上签注"已备案"，加盖药品广告审查专用章，并送同级广告监督管理机关备查。

备案地药品广告审查机关认为药品广告不符合有关规定的，应当填写《药品广告备案意见书》（附表2），交原审批的药品广告审查机关进行复核，并抄报国家食品药品监督管理局。

原审批的药品广告审查机关应当在收到《药品广告备案意见书》后的5个工作日内，将意见告知备案地药品广告审查机关。原审批的药品广告审查机关与备案地药品广告审查机关意见无法达成一致的，可提请国家食品药品监督管理局裁定。

第十五条　药品广告批准文号有效期为1年，到期作废。

第十六条　经批准的药品广告，在发布时不得更改广告内容。药品广告内容需要改动的，应当重新申请药品广告批准文号。

第十七条　广告申请人自行发布药品广告的，应当将《药品广告审查表》原件保存2年备查。

广告发布者、广告经营者受广告申请人委托代理、发布药品广告的，应当查验《药品广告审查表》原件，按照审查批准的内容发布，并将该《药品广告审查表》复印件保存2年备查。

第十八条　已经批准的药品广告有下列情形之一的，原审批的药品广告审查机关应当向申请人发出《药品广告复审通知书》（附表3），进行复审。复审期间，该药品广告可以继续发布。

（一）国家食品药品监督管理局认为药品广告审查机关批准的药品广告内容不符合规定的；

（二）省级以上广告监督管理机关提出复审建议的；

（三）药品广告审查机关认为应当复审的其他情形。

经复审，认为与法定条件不符的，收回《药品广告审查表》，原药品广告批准文号作废。

第十九条　有下列情形之一的，药品广告审查机关应当注销药品广告批准文号：

（一）《药品生产许可证》、《药品经营许可证》被吊销的；

（二）药品批准证明文件被撤销、注销的；

（三）国家食品药品监督管理局或者省、自治区、直辖市药品监督管理部门责令停止生产、销售和使用的药品。

第二十条　篡改经批准的药品广告内容进行虚假宣传的，由药品监督管理部门责令立即停止该药品广告的发布，撤销该品种药品广告批准文号，1年内不受理该品种的广告审批申请。

第二十一条　对任意扩大产品适应证（功能主治）范围、绝对化夸大药品疗效、严重欺骗和误导消费者的违法广告，省以上药品监督管理部门一经发现，应当采取行政强制措施，暂停该药品在辖区内的销售，同时责令违法发布药品广告的企业在当地相应的媒体发布更正启事。违法发布药品广告的企业按要求发布更正启事后，省以上药品监督管理部门应当在15个工作日内做出解除行政强制措施的决定；需要进行药品检验的，药品监督管理部门应当自检验报告书发出之日起15日内，做出是否解除行政强制措施的决定。

第二十二条　对提供虚假材料申请药品广告审批，被药品广告审查机关在受理审查中发现的，1年内不受理该企业该品种的广告审批申请。

第二十三条　对提供虚假材料申请药品广告审批，取得药品广告批准文号的，药品广告审查机关在发现后应当撤销该药品广告批准文号，并3年内不受理该企业该品种的广告审批申请。

第二十四条　按照本办法第十八条、第十九条、第二十条和第二十三条被收回、注销或者撤销药品广告批准文号的药品广告，必须立即停止发布；异地药品广告审查机关停止受理该企业该药品广告批准文号的广告备案。

药品广告审查机关按照本办法第十八条、第十九条、第二十条和第二十三条收回、注销或者撤销药品广告批准文号的，应当自做出行政处理决定之日起5个工作日内通知同级广告监督管理机关，由广告监督管理机关依法予以处理。

第二十五条　异地发布药品广告未向发布地药品广告审查机关备案的，发布地药品广告审查机关发现后，应当责令限期办理备案手续，逾期不改正的，停止该药品品种在发布地的广告发布活动。

第二十六条　县级以上药品监督管理部门应当对审查批准的药品广告发布情况进行监测检查。对违法发布的药品广告，各级药品监督管理部门应当填写《违法药品广告移送通知书》（附表4），连同违法药品广告样件等材料，移送同级广告监督管理机关查处；属于异地发布篡改经批准的药品广告内容的，发布地药品广告审查机关还应当向原审批的药品广告审查机关提出依照《药品管理法》第九十二条、本办法第二十条撤销药品广告批准文号的建议。

第二十七条　对发布违法药品广告，情节严重的，省、自治区、直辖市药品监督管理部门予以公告，并及时上报国家食品药品监督管理局，国家食品药品监督管理局定期汇总发布。

对发布虚假违法药品广告情节严重的，必要时，由国家工商行政管理总局会同国家食品药品监督管理局联合予以公告。

第二十八条 对未经审查批准发布的药品广告，或者发布的药品广告与审查批准的内容不一致的，广告监督管理机关应当依据《广告法》第四十三条规定予以处罚；构成虚假广告或者引人误解的虚假宣传的，广告监督管理机关依据《广告法》第三十七条、《反不正当竞争法》第二十四条规定予以处罚。

广告监督管理机关在查处违法药品广告案件中，涉及到药品专业技术内容需要认定的，应当将需要认定的内容通知省级以上药品监督管理部门，省级以上药品监督管理部门应在收到通知书后的10个工作日内将认定结果反馈广告监督管理机关。

第二十九条 药品广告审查工作人员和药品广告监督工作人员应当接受《广告法》、《药品管理法》等有关法律法规的培训。药品广告审查机关和药品广告监督管理机关的工作人员玩忽职守、滥用职权、徇私舞弊的，给予行政处分。构成犯罪的，依法追究刑事责任。

第三十条 药品广告批准文号为"X药广审（视）第0000000000号"、"X药广审（声）第0000000000号"、"X药广审（文）第0000000000号"。其中"X"为各省、自治区、直辖市的简称。"0"为由10位数字组成，前6位代表审查年月，后4位代表广告批准序号。"视"、"声"、"文"代表用于广告媒介形式的分类代号。

第三十一条 本办法自2007年5月1日起实施。1995年3月22日国家工商行政管理局、卫生部发布的《药品广告审查办法》（国家工商行政管理局令第25号）同时废止。

知 · 识 · 窗

《药品广告审查发布标准》（国家工商总局局令第27号）

第一条 为了保证药品广告真实、合法、科学，制定本标准。

第二条 发布药品广告，应当遵守《中华人民共和国广告法》、《中华人民共和国药品管理法》和《中华人民共和国药品管理法实施条例》、《中华人民共和国反不正当竞争法》及国家有关法规。

第三条 下列药品不得发布广告：

（一）麻醉药品、精神药品、医疗用毒性药品、放射性药品；

（二）医疗机构配制的制剂；

（三）军队特需药品；

（四）国家食品药品监督管理局依法明令停止或者禁止生产、销售和使用的药品；

（五）批准试生产的药品。

第四条 处方药可以在卫生部和国家食品药品监督管理局共同指定的医学、药学专业刊物上发布广告，但不得在大众传播媒介发布广告或者以其他方式进行以公众为对象的广告宣传。不得以赠送医学、药学专业刊物等形式向公众发布处方药广告。

第五条 处方药名称与该药品的商标、生产企业字号相同的，不得使用该商标、企业字号在医学、药学专业刊物以外的媒介变相发布广告。

不得以处方药名称或者以处方药名称注册的商标以及企业字号为各种活动冠名。

第六条 药品广告内容涉及药品适应证或者功能主治、药理作用等内容的宣传，应当以国务院食品药品监督管理部门批准的说明书为准，不得进行扩大或者恶意隐瞒的宣传，不得含有说明书以外的理论、观点等内容。

第七条 药品广告中必须标明药品的通用名称、忠告语、药品广告批准文号、药品生产批准文号；以非处方药商品名称为各种活动冠名的，可以只发布药品商品名称。

药品广告必须标明药品生产企业或者药品经营企业名称，不得单独出现"咨询热线"、"咨询电话"等内容。

非处方药广告必须同时标明非处方药专用标识（OTC）。

药品广告中不得以产品注册商标代替药品名称进行宣传，但经批准作为药品商品名称使用的文字型注册商标除外。

已经审查批准的药品广告在广播电台发布时，可不播出药品广告批准文号。

第八条 处方药广告的忠告语是："本广告仅供医学药学专业人士阅读"。

非处方药广告的忠告语是："请按药品说明书或在药师指导下购买和使用"。

第九条 药品广告中涉及改善和增强性功能内容的，必须与经批准的药品说明书中的适应证或者功能主治完全一致。

电视台、广播电台不得在7：00—22：00发布含有上款内容的广告。

第十条 药品广告中有关药品功能疗效的宣传应当科学准确，不得出现下列情形：

（一）含有不科学地表示功效的断言或者保证的；

（二）说明治愈率或者有效率的；

（三）与其他药品的功效和安全性进行比较的；

（四）违反科学规律，明示或者暗示包治百病、适应所有症状的；

（五）含有"安全无毒副作用"、"毒副作用小"等内容的；含有明示或者暗示中成药为"天然"药品，因而安全性有保证等内容的；

（六）含有明示或者暗示该药品为正常生活和治疗病症所必需等内容的；

（七）含有明示或暗示服用该药能应付现代紧张生活和升学、考试等需要，能够帮助提高成绩、使精力旺盛、增强竞争力、增高、益智等内容的；

（八）其他不科学的用语或者表示，如"最新技术"、"最高科学"、"最先进制法"等。

第十一条 非处方药广告不得利用公众对于医药学知识的缺乏，使用公众难以理解和容易引起混淆的医学、药学术语，造成公众对药品功效与安全性的误解。

第十二条 药品广告应当宣传和引导合理用药，不得直接或者间接怂恿任意、过量地购买和使用药品，不得含有以下内容：

（一）含有不科学的表述或者使用不恰当的表现形式，引起公众对所处健康状况和所患疾病产生不必要的担忧和恐惧，或者使公众误解不使用该药品会患某种疾病或加重病情的；

（二）含有免费治疗、免费赠送、有奖销售、以药品作为礼品或者奖品等促销药品内容的；

（三）含有"家庭必备"或者类似内容的；

（四）含有"无效退款"、"保险公司保险"等保证内容的；

（五）含有评比、排序、推荐、指定、选用、获奖等综合性评价内容的。

第十三条 药品广告不得含有利用医药科研单位、学术机构、医疗机构或者专家、医生、患者的名义和形象作证明的内容。

药品广告不得使用国家机关和国家机关工作人员的名义。

药品广告不得含有军队单位或者军队人员的名义、形象。不得利用军队装备、设施从事药品广告宣传。

第十四条 药品广告不得含有涉及公共信息、公共事件或其他与公共利益相关联的内容，如各类疾病信息、经济社会发展成果或医药科学以外的科技成果。

第十五条　药品广告不得在未成年人出版物和广播电视频道、节目、栏目上发布。

药品广告不得以儿童为诉求对象，不得以儿童名义介绍药品。

第十六条　药品广告不得含有医疗机构的名称、地址、联系办法、诊疗项目、诊疗方法以及有关义诊、医疗（热线）咨询、开设特约门诊等医疗服务的内容。

第十七条　按照本标准第七条规定必须在药品广告中出现的内容，其字体和颜色必须清晰可见、易于辨认。上述内容在电视、电影、互联网、显示屏等媒体发布时，出现时间不得少于5秒。

第十八条　违反本标准规定发布的广告，构成虚假广告或者引人误解的虚假宣传的，依照《广告法》第三十七条、《反不正当竞争法》第二十四条处罚。

违反本标准第四条、第五条规定发布药品广告的，依照《广告法》第三十九条处罚。

违反本标准第三条、第六条等规定发布药品广告的，依照《广告法》第四十一条处罚。

违反本标准其他规定发布广告，《广告法》有规定的，依照《广告法》处罚；《广告法》没有具体规定的，对负有责任的广告主、广告经营者、广告发布者，处以一万元以下罚款；有违法所得的，处以违法所得三倍以下但不超过三万元的罚款。

第十九条　本标准自2007年5月1日起施行。1995年3月28日国家工商行政管理局令第27号发布的《药品广告审查标准》同时废止。

案例链接

广告促销是药品营销的重要手段。几乎所有药企都在药品的广告方面做足了功课，耗费了大量的资金和精力。综合目前我国医药市场上的成功广告案例，可以将其广告策略的成功实施归纳为以下几个方面。

(1) 以药效为突破口　同是感冒药，白加黑、康泰克和泰诺广告定位就是各自不同的药效。白加黑的定位是白片与黑片的不同功能；康泰克定位的是一天只需要服用两次的长效药性；而泰诺的定位则是药效反应的快速性。

(2) 以药品名称为突破口　斯达舒的广告使用了其谐音"四大叔"，并以此为基础，策划了独特的广告创意，成功实现了其宣传目的；金嗓子喉宝则是凭借其名字的通俗性和易接受性，独占护咽产品市场鳌头。

(3) 以广告数量为突破口。

◀◀◀ 小试牛刀 ▶▶▶

国家食品药品监督管理总局的统计资料表明，截止至2015年4月21日，在其网站上登录记载的药品广告就达40344条。这些广告的发布形式主要是"文"和"视"。其中，可供以"文"的形势进行广告宣传的专业刊物就有557家（依据是国家食品药品监督管理总局的统计资料）。

当前，我国庞大的药品广告集群中，还存在着很多问题。因此，国家也相当重视药品广告市场的规范和管理。据法制日报报道，2015年4月20日在北京召开的十二届全国人大常委会第十四次会议的审议中，提出药品广告的内容不得与国务院药品监督管理部门批准的说明书不一致，并应当显著标明禁忌、不良反应。常委会委员和部门、单位提出，为保证用药安全，保护患者权益，应当对药品广告进一步严格规范，要求药品广告内容应当包括禁忌、不良反应。全国人大法律委经研究，建议在修订草案增加上述规定。

下面是市场中的几例药品广告。

(1) 某乡村街口竖立广告"中草药祖传秘方（不用开刀）专治股骨头坏死"。

(2) 快克感冒药的广告语是：要刘谦不要流感，快克感冒药。

(3) 三九感冒灵颗粒的广告语是：暖暖的很贴心，这样的朋友你也需要，三九感冒灵颗粒。

(4) 白加黑感冒药：白天吃白片不瞌睡，晚上吃黑片睡得香。

(5) 康必得感冒药：康必得治感冒，中西药结合疗效好。

(6) 小儿肺热咳喘口服液：小葵花妈妈课堂开课啦！孩子感冒咳嗽老不好，多半是肺热！葵花牌小儿肺热咳喘口服液，清肺热，止咳化痰，抗流感！

(7) 六味地黄丸：九芝堂浓缩六味地黄丸，治肾亏不含糖，三百年好品质，六味地黄丸，信赖九芝堂！

请结合药品广告策略和《药品广告审查办法》对以上药品广告进行分析。

复习思考题

1. 市场促销的作用是什么？
2. 药品推销人员应该具备哪些基本素质，常用的推销方式有哪些？
3. 不得发布商业广告的药品有哪些？广告中不得出现的广告内容有哪些？
4. 药品的广告定位策略有哪些？
5. 药品企业常用哪些营业推广方式？

第九章
药品营销模式

我国药品企业成分比较复杂，而且市场具有多样性，市场竞争越来越激烈，药品企业必须发挥自身的优势，努力提高企业竞争能力，才能占领市场。

由于各企业的资金、技术、研发、产品等资源情况不同，所面临的市场状况也不尽相同，市场营销模式也就不同。药品企业采用哪种营销模式，本身没有优劣、好坏之分，只有适合与不适合之别。

第一节 基本营销策略模式

现代医药科技源于西方欧美发达国家，主要是以化学制药、生物制药为主，而我国中医药占有很大的比重，医药市场产品结构比较丰富，而且我国药品市场需求层次也比较多，根据企业的产品、渠道、价格、促销等多方面因素，大致可以将我国药品企业的营销策略分为四种模式，即战略导向型、营销导向型、品牌导向型和广告导向型。

一、广告导向型

1. 广告导向型医药企业的基本特点

"今年过节不收礼，收礼只收脑白金"颇受指责，不过，不得不承认脑白金畅销近十年的事实，2000年销售收入突破10亿元，据史玉柱介绍，2000~2004年，脑白金每年贡献的利润都在3亿元左右。这是中国医药企业（保健品企业）典型的广告发展模式：采用密集式广告投放运作，大规模的广告突围和多层次花样翻新的广告来取悦消费者。2003年，据国际著名的调查公司尼尔森媒体研究公司发布的研究报告称，脑白金的广告投放达到15亿元（实际数据要低于此）。一旦一个产品取得成功，便延伸进行应用，把广告发展模式嫁接到另一个新的产品当中去，黄金搭档就是这种延伸。

广告导向型医药企业的基本特点就是用大手笔的广告投放来轰炸市场。大量投放广告的基础是产品的市场容量足够大，具有广泛的渠道或终端覆盖，以免发生广告投放浪费。保健品企业、OTC药品企业采用这一策略居多。

2. 制药行业广告投放模式受政策支持

根据国家税务总局的规定，制药企业自2005年度起每一纳税年度可在销售（营业）收入25%的比例内据实扣除广告费支出，超过比例部分的广告费支出可无限期向以后年度结转，这对于那些广告费支出庞大的制药企业来说，无疑是个好消息。

根据《企业所得税税前扣除办法》有关规定，纳税人每一纳税年度发生的广告费支出不超过销售（营业）收入2%的，可据实扣除；超过部分可无限期向以后纳税年度结转，在此基础上，国家税务总局对不同行业的广告支出进行了更为详细的约束，饮食类白酒广告费不得在税前扣除，其中制药、食品（包括保健品、饮料）、日化、家电、通信、软件开发、集成电路、房地产开发、体育文化和家具建材商城等行业的企业，自2001年1月1日起每一纳税年度可在销售（营业）收入8%的比例内据实扣除广告支出，超过比例部分的广告支出可无限期向以后纳税年度结转。

二、品牌导向型

1. 基本含义

品牌导向是指企业利用各种资源进行品牌化建设使得品牌的载体具有较高的知名度与美誉度，并利用这种品牌优势扩大企业整体的产品销售。

多数情况下，广告导向型企业的产品是单一的，很难实现营销资源的共享，自然也就避免了一个产品运作不慎而出现"殃及池鱼"的窘况。品牌导向型医药企业更多方法是利用包括广告在内的多种资源投入来塑造一个或多个企业品牌，然后，进行企业品牌的延伸，在这个企业品牌下推出新的OTC产品或保健品，辅之以零售终端的渗透，最终谋求在市场占领更大份额。哈药集团迅速成功可以说是品牌导向型发展模式的成功。"严迪"、"盖中盖"、"朴雪口服液"、"三精"系列等通过广告大获成功之余，还支撑起了强大的企业品牌，进而通过企业品牌延伸带动其他产品品牌，实现了在OTC市场上占领了较大的市场份额。目前，三精制药和哈药六厂的补钙制剂规模已达到全国产量的一半左右。

哈药品牌市场运作不断成熟之后，下一步的工作便是如何把品牌效益最大化，其中最成功的市场行为就是品牌延伸，广告产品的热销后通过多种渠道优势，与产品组合营销，不断扩大销售额。我国社会已经进入老年社会，老年保健消费市场不断扩大，哈药再次利用品牌优势，打造了"金晚霞"老年系列保健品牌。

哈药主要是依靠广告投放塑造品牌，而我国老字号企业同仁堂则是发挥古老传统，传承300年历史品牌，进一步把品牌效益扩大化。大力经营零售终端，自建药房和药店专柜以及保健品专柜。尽管在产品创新方面乏善可陈，业绩却节节攀升：2004年药店数目近500家，销售额达50亿元。

同仁堂强大的品牌优势不但在国内具有强大的影响力，在海外同样有一定的知名度与美誉度，这一无形资产吸引了香港富豪李嘉诚投资同仁堂，双方共同组建了"同仁堂科技"，优势互补共同开发海外市场。

2. 一般特点

采用品牌导向型的企业的市场策略，更加侧重的是对市场的拉动，而且市场容量较大，影响面广阔；企业一般具有一定的规模，而且具有资金、技术等某些方面的优势，可以进行品牌塑造；品牌延伸触及到的产品类别具有相关性。

案例阅读

18亿元砸出第一名

2000年，哈药集团砸出了18亿元人民币的广告。通过铺天盖地的品牌宣传，哈药集团和其盖中盖等产品迅速走红，销售额达到创纪录的66.5亿元，主营业务收入和净利润等多项指标增幅都在50%左右甚至更高，一举坐上中国医药行业销售收入的头把交椅。对于一家曾经拥有23家亏损企业、潜亏5.3亿元的国有企业而言，这样的业绩成为品牌至上论调的有力支持，也成为很多医药企业学习的对象。哈药集团的品牌价值在 2005 年达到 106.35 亿元，名列全国医药行业第 1 位，成为国内最具价值的医药品牌，而且，旗下的哈药六厂、三精制药等品牌价值也高达几十亿元。

在业内，哈药是一种企业经营模式的代表，其旗下新盖中盖高钙片、朴雪口服液、严迪、护彤、三精葡萄糖酸钙、三精司乐平、三精双黄连口服液等一大批产品成为公众耳熟能详的商品。2005 年哈药集团销售收入超过千万元的规模品种由 40 种增加到 49 种，特别是对于 OTC（非处方药物）的销售作用相当大。

2006～2007 年，医药行业经历"药监风暴"，使得传统的"医院带金销售"模式受到挑战。更为重要的是由于受国家发展农村医疗保障问题影响，作为普药的主要消费区域——农村，OTC 市场也显现出不凡的增长潜力。而对于哈药集团来讲，这样的趋势不仅使其适应起来驾轻就熟，而且还占有提前布局的优势。

三、临床导向型

1. 基本含义

采用临床导向型营销模式的企业的产品一般属于处方药，大部分通过医院才能流通到患者手中，产品的流通与促销工作主要集中在临床方面。

由于产品的特性与流通方式决定了产品的促销工作主要集中在医生方面，及相关领域的技术与学术声誉，临床导向型的企业注定不会像品牌导向型企业那样具有较高的社会知名度，企业重在以产品治疗等相关技术优势赢得临床医生的信任，并对医生进行密切的用药辅导与学术推广。

烟台绿叶制药在非医药行业人群中知名度不大，但是其临床推广的产品"七叶皂苷钠"的市场声誉较好，对于心脑血管疾病的治疗效果很好，在先期的市场推广中，主要侧重的是治疗学术与医生辅导，通过患者治疗效果，在专业医疗领域树立良好的市场声誉与学术品牌。

2. 一般特点

采用临床导向型营销模式的药品生产企业一般不会投入大量的商业广告，其宣传多以学术文章、专题研讨等形式出现，其专业性很强，企业拥有某类产品，某个治疗领域的技术、学术优势，产品较新，疗效明显、独到，企业具备医院的开发能力。

四、战略导向型

1. 基本含义

战略导向型策略是医药企业将拥有的研发与资金等优势资源相结合，针对社会医疗前沿问题作为主攻方向，通过科技开发，获得某一方面具有独特优势的药品，并在某一治疗领域属于学术前沿产品，能够得到专家与医生的广泛认可。通常，这种创新性的处方药由于疗效显著，一上市便会受到医生的大力推荐。

由于新药研发费时费力，企业必须拥有一定科研能力与资金实力，并且通过长时间的不断积累，在某些疾病的治疗药物的开发方面形成了企业明显的优势，进而形成了一种经营战略。例如，肝炎是威胁世界人民健康的主要病症，我国是肝炎的高发区。不少医药公司就把这些生命、健康的前沿问题作为发展的主攻方向。葛兰素史克公司发明的阿德福韦酯在 2002 年 9 月被美国 FDA 批准上市，目前被公认为具有良好的疗效和安全性。当然，这种突破性的研究肯定会给医药企业带来巨大回报，据悉阿德福韦酯的全球年销售额将会超过10亿美元。

国内医药企业也不乏研发创新的实例。天津天士力药业的"复方丹参滴丸"开创了将中药混合物做成滴丸之先例，自1994年被技术鉴定以来，已成为预防、治疗冠心病的主要药物，并且是目前国内单品种年销售额最高的中成药，已经连续多年超过10亿元，其研发创新已获国际认可，是第一个以药品身份通过美国FDA临床用药申请的中成药。

2. 一般特点

采用这一导向模式的企业一般具有较大的规模，具备较强的科研能力，商业广告投放不多，一般市场推广工作主要集中在临床学术上。我国采用这一策略的大多为外资企业。中药企业发挥我国医药传统优势，进行中药现代化创新积累后也有部分企业采用这一策略。

五、不同营销策略模式适用性的比较

中国医药企业的平均规模不大，对绝大多数医药企业来说，迅速做大规模而获得足够的生存空间既是现实选择，又是奠定发展的前提条件。可以说，有资金的成长型医药企业可以选择"短平快"的广告投放，迅速完成产销运转。如果成长型医药企业能够通过一两个医药产品而获得巨额回报，就可以选择品牌导向型发展模式，以前期的高利润回报而建立长效的营销体系，进而围绕营销体系而实现OTC销售的规模效应。由医药流通渠道转型而来的医药企业也可以选择品牌导向型发展模式，如湖北的九州通、江苏的先声药业等。

一旦拥有优势（处方）仿制药资源或独创药物，这些优势医药企业就可以选择临床导向型运作模式。近十年的并购成就了不少拥有（处方）仿制药优势资源的大型医药企业，如华源、东盛、复星等。正是因为有了拳头（处方）仿制药产品，这些医药企业极有可能通过医院、医生渠道的运作而获得突破式发展。

客观来看，中国医药企业跟随跨国制药巨头（如葛兰素史克公司、辉瑞公司等）的发展步伐进而实现"后发制人"的可能性并不大。新药研发耗时费力，非一般性医药公司所能为。对中国医药工业而言，坚定走医药研究创新的道路肯定没错，不过，对绝大多数中国医药企业来说，战略导向型显然不是现实的选择，这种发展模式可能只是具备较强研发能力的巨型医药集团实现跨越发展的一种途径。

第二节 非处方药营销

为了进一步提高药品监督管理水平，国家实施处方药与非处方药分类管理。首先，处方药、非处方药都是药品，对其研究、生产、经营、使用等方面的要求，必须遵守药品管理相关法律法规；其次，按照药品品种、规格、适应证、剂量、给药途径不同，将其分为处方药与非处方药，并制定相应法规和管理规定进行管理。

一、非处方药的含义

1. 非处方药的含义

所谓非处方药，就是不需要凭执业医师或执业助理医师处方即可自行判断、购买和使用的药品。消费者只要按照药品标签或说明书上列出的说明，如药品的用法与用量、适应证、注意事项等，就能安全有效的使用药品。非处方药英语为Non-prescription Drug，在美国又称Over The Counter Drug，简称OTC药品。

非处方药是相对处方药（Rx）而言。消费者可根据自己所掌握的医药知识，借助药品标签，对轻微短期病症进行自我药疗，在药剂师指导下有选择地购买药品，并按规定的方法使用。这些药物大都属于如下情况：感冒、发热、咳嗽；消化系统疾病；头痛；关节疾病；鼻炎等变态反应疾病；营养补剂，如维生素、某些中药补剂等。

2. OTC 与 Rx 的区别

处方药是指消费者经过医生处方才能从药房或药店获取，并且要在医生监督和指导下使用的药物，适用于医生借助实验分析等诊断手段确诊的疾病。新药、毒性较大或依赖性较强的某些药物也属于处方药。处方药简称 Rx，表示由医生取药，这个标识在医生处方的左上角经常可以见到。

OTC 多由 Rx 转化而来。但也有些药物是"双栖药"，只是适应证不同而已。如阿司匹林，作为 Rx 时，必须遵医嘱使用，多用于复杂性疾病的治疗，如心血管疾病；而作为 OTC 时，其适应证只是退热和镇痛。

二、非处方药的遴选原则

不同国家和地区都有自己的非处方药标准。但能够成为非处方药的药品或活性成分都具有如下共同特性。

1. 应用安全

高度的安全性是遴选非处方药的首要条件，也是区别处方药与非处方药的关键，目的是保证在无医药专业人员的监护下，患者能自行安全使用。

2. 疗效确切

非处方药必须疗效确切，适应证明确，能迅速起效，不会掩盖其他病情；药物剂量不需经常调整，更不必进行特殊监测，长期使用不易产生耐药性。疗效不确切、不肯定或正在做临床验证的药品不能作为非处方药。

3. 质量稳定

这是非处方药遴选原则的必要条件。一种药品既安全又有效，但患者在使用过程中无法保存或很快失效，不能作为非处方药。非处方药必须是质量可控，物理化学性质稳定，包装严密，有效期及生产批号明确的药品。

4. 使用方便

这是非处方药遴选原则不可忽略的一个条件。方便自用，增强患者对非处方药使用指导的依从性；非处方药使用前后不需要进行特殊试验和检查，剂型、规格方便自用，说明书通俗易懂，药品携带方便。

三、非处方药市场的特点与推广模式

1. 市场特点

目前，非处方药的主要用于自我药疗，自我药疗的药品基本上是非处方药。非处方药市场有如下特点。

（1）OTC 药品的销售是以"消费者为中心"直接面对消费者。OTC 药品主要是通过零售药店、超市、百货店的 OTC 药品专柜等渠道进入患者手中，实现药品与患者直接见面。同时，患者可以在购药的同时通过店员获得药品功能、适应证、用法用量及注意事项等方面的咨询；而在医院则是以医生为中心，这也是 OTC 药品市场与医院的最大区别。消费者的购买决定至关重要，他们特别关注 OTC 药品的价格、疗效和适应证。

（2）OTC 药品多为治疗一般性疾病的家庭常备药，如感冒药、解热镇痛药、助消化药、皮肤病药等，这些药品一般生产历史悠久，生产技术成熟，疗效确切，易被患者接受。

(3) OTC 药品店员的推荐至关重要。尽管 OTC 药品无需医生开处方，消费者可在药店购买，但是药品毕竟是特殊商品，并且药品知识的专业性较强，所以消费者在购买使用 OTC 药品时，十分关注专业人士如坐堂医师、药剂师、店员等的意见。他们不仅销售药品，还向患者介绍和推荐药品，可以说 OTC 药品的分销渠道大部分被他们所控制，消费者通过店员的介绍及推荐形成购买意向，做出购买决策。

(4) OTC 药品经审批可以在大众传播媒介进行广告宣传。

(5) OTC 药品允许开架销售。

2. 推广模式

与处方药的临床推广模式不同，OTC 药品的促销重点是消费者教育，力求接近消费者，直接对消费者进行知识传达与专业咨询，即采用 DTC（direct-to-consumer）模式进行推广。

(1) DTC 广告　DTC 广告是指直接面向消费者的广告。其形式包括电视、广播、印刷品、电话、邮寄广告等，但广告的作用关键是教育，广告中应包括药品名称、用途及用药风险等全面信息，进而形成一定的品牌效应，努力与消费者建立感情联系。

(2) 现场活动　现场活动（road show）是 OTC 药品在前期市场启动阶段的主要推广方式。OTC 药品有特定的销售地点。对于消费者来说，药店不仅是药品的购买场所，更是获得用药咨询的地方。所以，现场销售对于 OTC 药品面对面推广与宣传最为有利，比如，建立专家咨询，健康讲座，折扣与赠送活动。

(3) 店堂促销　利用海报、POP（point of purchase）售点广告、挂旗等在药店内进行宣传和教育，并加强对药店店员的教育和药品的陈列理货工作，如在药店建立统一 CI 标志的药品专卖柜进行促销服务。

(4) 科普教育　举办大众科普教育活动，如为社区居民设立健康课堂，建立健康卡，并分发科普宣传品和宣传单页。随着活动的不断进行，会积累大量的客户资源，建立稳定的消费者群体。

四、销售终端的选择

1. 经销商选择

选择经销商通常一个地区根据经销商的市场覆盖能力选择一家或多经销商，经销商过多，容易引起经销商之间的恶性竞争，造成价格混乱。选择的条件如下。

(1) 健全的网络　能适应本产品在目前及今后一定时间内的销售容量，即规模。

(2) 良好的资信　包括给客户的回款情况和经销商本身企业的利润情况，良好的、赢利的经销商能配合企业的长期发展。

(3) 经销商在药店终端的美誉度　其美誉度主要是指经销商在药店终端的工作、服务的细致程度，良好的服务对产品的推广有极大的价值。

(4) 经销商对本产品的认同度　对产品认同度高的经销商，会信心十足、不遗余力地推销你的产品；反之，会相当被动。经销商对产品的认同度在以后的工作中需要不断巩固和加强。

2. 布货

选好经销商后可按市场需要与计划协同经销商进行产品市场布货，在进行终端药店的选择上可参考以下方案。

(1) 重点药店　包括：销售额位列当地前几名的药店、知名的老字号药店、覆盖面广的连锁药店、在特定小区及一定区域内最大的药店，其总量占全部药店总数的 15%～20%。

(2) 推广普及　在达到一定的销量以后,可以推广普及产品,增加药店。包括:经营情况良好,门面较大的药店都可以布货,其占药店总数可从 20% 左右逐步上升至 50%。

(3) 细化市场　为了使产品与购买者广泛接触,便于购买,可以使市场占有率上升 50%~80% 以上。规模上去以后,如果产品是常用药品,可以考虑遍地开花,价格较高的或者针对病情较特殊的则没必要。

在市场网点的开发过程中,一定要审视自己的产品,根据自己的产品情况、企业人力、物力确立市场规模,切忌贪大求全,顾此失彼。对于大多数产品来讲,50%~80% 的销量出在 20% 左右的重点药店,所以在进行人、财、物等资源的投放时必须要有选择性,不能主次不分。

五、药店店员培训

1. 让店员了解产品

有一个现实情况我们必须清楚地了解,那就是:目前,在流通领域,尤其是医药零售业内,店员的专业性仍然达不到专业咨询人员的要求,学医或学药的专业人士从事该岗位的不多,加之好多产品又比较前沿,决定了他们对各种产品的了解程度不够。现实工作中医生对某种产品的认知都不仅仅来自于学校所学,何况店员?因此,店员对于产品和某类疾病的认识,很大程度上来自药厂本身对于产品的介绍,尤其来自于 OTC 代表的介绍。所以,确保相关柜台的每一个店员都能熟知我们产品的适用范围和竞争优势是每一个 OTC 代表的最基本的工作要求。OTC 代表只有踏踏实实地加强沟通,与每一位店员交朋友,让其熟悉本公司的产品,尤其是你的产品的竞争优势并给其一个推荐的理由,才能取得店员的主动推荐。而店员的主动推荐正是产品在药店销售的最有效方式。

2. 医药学知识的通俗化

销售对象的不同,决定了沟通内容的差异。差异之处不仅在于产品介绍的内容,还包括所有相关信息的介绍角度和侧重点。譬如,在面向医生时,我们常常涉及药理学作用、药代动力等专业知识。而对于店员,这些内容难免让店员觉得深奥晦涩。因此,这就要依靠 OTC 代表把那些与医学、产品方面相关的信息,转化为对消费者病症治疗方面的通俗说法。也即通过 Feature(特性)、Advantage(功效)、Benefit(利益)的转化技巧,转化为直白易懂的消费者语言,方便店员与患者的沟通。

3. 组织生动实用的培训会议

(1) 培训内容　为了强化店员的培训,可以将店员进行集中的培训,会收到事半功倍的效果。在培训内容上,除了介绍产品和相关医学知识外,也可以准备一些与药店服务有关的内容,如:怎样让进店的顾客都有所消费,怎样增强店员推荐的信服力,怎样布置柜台上的产品等。若有可能,开会之前将这些内容和部分店员事先沟通,明白他们的需求,以便取得良好的效果。并与药店经理沟通,以得到他们的支持,从而体现我们与药店的伙伴关系。

在会议活动中,为能调动店员参与,建议在形式上可采取一些活跃气氛的手法。如有奖问答、竞猜等。尤其是产品介绍前,应先告知参会店员,以便他们能注意听讲。介绍完后,立即挑出你产品最强的卖点、最能打动顾客的说法来提问,答对者当场发奖。总之使整个会议氛围活跃,才能吸引店员的参与兴趣,也才能让他们记住你的产品的卖点,以便向消费者介绍。

所以,店员培训的基本内容应包括如下方面。

① 公司介绍。
② 相关医学常识。
③ 产品介绍
——产品最重要的若干卖点（一般不过三个）。
——消费者常问的问题回答（需事先调研）。
——与竞争品牌的比较（尤其是优于竞争品牌的特性）。
——产品的正确使用方法（非常重要）。
——可能出现的副作用及解释（要通俗易懂）。
——提问。
——检查掌握情况并适当奖励。

(2) 会议培训效果强化　任何投资都期望回报。召开店员培训会议的目的：第一是为了与店员建立良好的沟通关系；第二是让店员掌握相关的产品知识，尤其是产品最重要的卖点；第三，也是最重要的，就是在这之后能让店员主动向消费者推荐，尤其是成为"第一推荐"（也即当消费者咨询用什么药时，店员在某一大类内首先推荐你的品牌）。所以，会议后的回访也就自然地摆在了我们的面前，它可以：

① 再次熟悉店员；
② 让店员重温你的产品，加深印象；
③ 解决上次未尽之事宜；
④ 提醒店员推荐；
⑤ 展开更深层次的推广活动。

(3) 奖励问卷的设计　经过一段时间的培训之后，为了使培训效果持续时间更长，激励店员的积极性，可以设立有奖问卷，再次提高营业员对产品的了解程度。

① 设计问卷　根据产品情况将产品的品牌特点、作用归纳成五个问题，答案尽量做到简洁押韵、易答易记。可以设计以下几个问题（供参考）。
——您知道××产品是哪家生产的？——有利于塑造企业的知名度。
——"××"产品的主要作用？——让营业员了解产品功能、作用。
——"××"产品与同类产品相比，有哪些优点、特点？——让营业员记住并明白同类产品中它最好。
——怎样服用"××"产品？——正确服用，有利于疗效的提高。
——"××"产品的价格优势？——如果产品价位低，强调质优价廉；如果产品价位高，则通过疗程、品牌、疗效及疾病的危害，打消消费者的价格顾虑。

② 设计奖项、奖品　根据营业员注重实惠的特点，设立的奖品必须实用、实惠。首选日常生活消费品，如食用油等，其次为洗涤、化妆品等；再次为印有自己企业或产品名称标志的纪念品。

很多企业在发放纪念品中，总是愿意发送具有企业标志的纪念品，希望借此进一步扩大自己产品的知名度，但是此类纪念品的摆放场所是受到限制的，即使是在自己的家庭中，印有企业广告语或标识的东西也难登大雅之堂。药店终端代表们听到最多的抱怨是：看"××"企业都送我们用得着的东西，我要花钱买的东西，你们却竟送些可要可不要的小玩意。站在对方的角度思考问题，往往效果最大；反之则会"欲速则不达"。

(4) 设立产品陈列奖　设立此奖的目的在于突出产品摆放的位置，加强与柜组长的关系（柜组长在药店的地位相当重要，他决定着药店对产品的评价以及药店的进量等），保证药店渠道的畅通、稳定。

要求本产品在药店占有最好的位置（一般为主柜台的第一层中间位置或货架中间层正中位置）。在此位置每摆放1个月，可送柜组长礼品一件；累计达1年者，邀请参加公司举办的联谊会，并发放奖品。

对于中小药店或个体药店，该项奖则可以和条幅、灯箱联系在一起，即洽谈条幅、灯箱协议时将药品摆放包括在内。

(5) 设立终端销售奖（积分累计奖） 设立此奖的目的是直接调动营业员的积极性，刺激销量。由于这是一项长期行为，所以要精确计算出每一瓶（或盒）产品可提出的促销费用，并计入成本，防止朝令夕改，挫伤终端营业员和本单位终端代表的积极性，人为地引起产品销量下滑，导致产品短命。

具体方法如下。

① 制订规则，每个营业员销售每单位产品积一分。

② 积分累计达一定分值，可领相应价值礼品一件，或继续累积。

③ 每次领取奖品后，积分消除，重新计分。

④ 相同药店营业员在自愿的基础上可以合并奖品（这主要是照顾一些销量小的药店）。

第三节　处方药销售

一、处方药的含义和分类

1. 处方药的含义

所谓处方药，就是必须凭执业医师或执业助理医师处方才可调配、购买和使用的药品。处方药英语为 Prescription Drug, Ethical Drug，一般简写为 Rx。根据规定，药品制造商和销售者可以将处方药提供给合法经营的批发或零售经营单位，处方药只能凭处方销售给消费者。

2. 处方药的分类

处方药与非处方药的分类准则因各国具体情况不同而有所差异，但总的要求是一致的。处方药一般包括以下几类。

(1) 国家规定的特殊管制药品（麻醉药、精神药品、医疗用毒性药品、放射性药品）均列入处方药的管理范畴。如可产生依赖性的吗啡类镇痛药及某些催眠药物等。

(2) 刚上市的新药，对其活性、副作用还要进一步观察、考证的药品。

(3) 药物本身毒副作用较大，如抗癌药物等。

(4) 某些疾病必须由医生和实验室进行确诊，使用药物需医生处方，并在医生指导下使用，如治疗心血管疾病的药物、抗生素类药物等。

二、处方药市场的特点

(1) 处方药是解除疾病用药的主体，必须依法进行严格监督管理。患者只有就诊后凭医生开具的处方才可以获得处方药，药品选择权在医生。处方药主要是通过医院、零售药店处方药品专柜等渠道进入患者手中。

(2) 各国对处方药都有严格的监督管理制度，绝大多数国家规定处方药不得对公众做广告宣传，但允许其产品信息在医药类学术杂志上传播。在我国，处方药只准在已批准的专业性的医药报刊和媒体进行广告宣传。

（3）处方药一般不作为家庭常备药，必须凭执业医师或执业助理医师处方，由执业药师或药师审核后方可调配、购买和使用。

（4）处方药不允许开架销售。

三、处方药营销现状

1. 常规办法受限制

处方药销售的核心竞争力之一就是对医生促销（带金销售）。特别是常规用药，而且效果明显，成为众多医药企业市场促销的主要手段。然而国家卫生部在全国的各种卫生工作会议上经常强调：带金销售属于行业不正之风必须开展专项整顿工作，不少省市已经组成联合检查组，甚至以"便衣"进入医院明察暗访。电视媒体也多次曝光了药品行业内的采购黑幕（2004年5月24日，中央电视台"新闻会客厅"栏目播放了一位叫"小华"的医药代表自爆处方药带金销售黑幕）。对依靠"带金销售"的厂商来说，不利消息接踵而至，操作空间越来越狭窄。

2002年12月1日，我国禁止所有处方药广告在大众媒体上发布产品广告，市场环境已经不允许处方药采用广告策略。目前较成熟的处方药促销主要集中在学术推广上。

2. 医保门槛成本高

如果企业生产的产品以前没有进入医保目录，那么必须经过比较复杂的审批、申报程序，花费较多的资金才能进入国家医保目录，这样才能产生更大的销售量。

如果进入了全国医保目录，只是说产品具备了在医院营销上量的基本条件之一，但对于营销来说，这只是万里长征走完了第一步。如果你的产品不能单独定价，价格不高（不是价格越低越有竞争力），各环节费用不够，仍然不能拉动销量。所以目前的市场环境存在一个基本矛盾，即药品价格高则不能进入医疗保险目录，价格低则没有资金去做临床促销。

2004年这次国家医保两个目录，与以往相同，把进入国家目录的产品分成甲类和乙类。甲类目录的药品费用按规定由基本医疗保险基金支付，在全国所有统筹地区都应保证支付。但是国家目录中的乙类目录上的药品各省、自治区、直辖市可以根据经济水平和用药习惯进行适当调整，医疗保险基金支付比例由各统筹地区根据当地医疗保险基金的承受能力确定。劳动与社会保障部规定各省最少有15%的调出与调入权。因此，如果产品仅进入乙类目录，那就还得在各省的相关部门间做工作，让其进入所在省的目录中。否则进入国家目录并不是你在所有省份的通行证。

3. 医院招标，加重企业负担

处方药价格居高不下，这同国家的宏观意图是矛盾的。为此国家开始进行大手笔的医疗制度改革。国家要想彻底执行并实现其宏观意图，必须想尽一切办法将药价降低？同时为了从根本上杜绝这种"带金销售"的隐患等原因，出台了医药"招标政策"。

国务院多次申明，除了招标工本费和交易费，禁止收取任何其他费用，但各地在药品集中招标过程中的收费名目让人眼花缭乱，主要有：投标文件成本及评审费、履约保证金、投标保证金、进场费、管理费、入围费、专家评审费、中标服务费、药品质量检验费、会务费、场租费、磁盘费、网上招标培训费等。

国内某市招标管理部门明文规定：投标企业在递交投标相关文件时，要交纳履约保证金5000～10000元，中标合同签署后，要按成交金额的1.5%交付服务费；另外一些医院规定，投标单位要按每个品种2000元预交保证金。

医药企业管理人员俗称"招回标，脱层皮"，不但招投标利润损失，而且手续繁琐。

第一是资料准备，参加招标的企业必须提供药品经营许可证、法人委托书、财务报表、纳税表、价格文件、GSP达标证书、GMP认证证书、最新药检报告、总代理委托书等，营业执照复印件加盖企业的红色印章。

第二是购买标书填写，招标机构对文字资料的印刷、纸张要求甚高，稍不合意便退回重来；每投某一品种某一规格，都需许多页纸质文件。一旦某项内容不全，变成死标，需从头再来。

第三是外联公关，为应付繁琐而频繁的招标活动，许多企业组织专门人员去公关相关医院与专家，使得相关专家熟悉投标药品。

药品招标从最开始的以价格为导向到现在的评分，从原来的价格揭标到现在的分数揭标，政府机构从最初的纠风办、之后的计经委、物价局、药监局，到最后的卫生局的参与，还有招标中介机构的竞争，各地药品招标已经变得扑朔迷离，要求不同。使得企业市场推广难度增加。

四、处方药需把握卖点有效沟通

我国从2002年12月1日起，所有处方药一律不得在大众媒体上发布广告。目前国内大多数制药企业因为历史、企业结构、销售渠道等方面的原因，有相当数量的处方药一直在走非处方药的销售渠道。在如今这种传统通路被堵塞的情况下，处方药的市场推广急需开辟新的途径。可以从以下几个方面入手。

1. 产品卖点

处方药产品的卖点是处方药整体的推广策略和手段的基础。处方药的卖点和所有消费品的卖点一样，即产品给消费者的一个核心利益点。这就首先需要销售人员不仅要掌握药品的药理和药效、临床疗效及药品的副作用，同时还必须对药品所针对的市场有非常深刻的了解，对整个市场的走势也必须有一个比较清晰的认识。

（1）考虑患者的用药习惯和方法　在考虑药品的卖点时，除了要考虑是否与说明书一致外，还必须考虑医生的处方习惯和患者的用药习惯和方法，当药品的卖点和医生的处方习惯及患者的用药习惯、方法相符合时，药品的推广难度会相对减小；当药品的卖点和当前患者的用药习惯以及医师等专业工作者对疾病及治疗的观念不相符合时，就需要推广人员用一段较长的时间在专业工作者中树立这种药品的用药治疗观念，培养使用习惯。

例如治疗糖尿病的药物拜糖平1995年上市，它的卖点是通过控制餐后血糖来治疗二型糖尿病。当时，拜糖平的治疗方法较新，与以前任何一种治疗糖尿病的药物都不相同。该药足足花了四五年的时间才在专业工作者和患者中建立起这种用药观念。而拜糖平的销量也是在这种观念建立起来之后才上升的。

（2）卖点越简单、越直接，效果就越好　药品的卖点越简单、越直接，说明效果就越强。患者关心的是药品是否能够迅速起效，而医生需要的是临床应用价值。卖点的切入可以从三个方面入手，即：目标消费群体、竞争品牌的卖点及医生的需求。

例如溶栓胶囊过去的卖点是帮助脑卒中患者康复，但是在向医院的推广中遇到了很大的麻烦：所有精神内科医生都不承认溶栓胶囊的疗效。因为医生的理论是：脑卒中后人体的功能恢复依赖于其他循环系统。推广人员通过与众多精神内科医生的交流与探讨，发现溶栓胶囊可以控制和改善引发脑卒中的高危因素，因此卖点重新定位于预防脑卒中的复发，这样在推广过程中获得了多数医生的认同，消除了推广障碍。

2. 与患者沟通

在处方药推广中，与患者的直接沟通是一项重要任务。与患者沟通的过程就是对患者进行教育的过程。通过沟通，可以提高患者对治疗的依从性，增加患者对品牌的忠诚度。患者在认知疾病的同时，意味着产品的潜在使用人群进一步扩大。

目前许多医药公司都通过做有关健康的教育及公益广告来塑造产品形象。而更为直接的做法是，通过调研收集患者对产品的反映，然后有针对性地对消费者进行说服教育。

3. 个人拜访

与医生等专业工作者的沟通中，传统的方法是将有关药品的宣传资料发给医生。这种方式虽然能够在一定程度上促进药品的销售，但是不会使医生对药品真正感兴趣，患者的信任程度也会大打折扣。而只有那些真正满足医生需求，使医生在与产品的接触中有参与感，并引发医生对产品产生真正认同感，从而产生共鸣的方式才是最有效的。

个人拜访主要是医药代表单独拜访医师（或药师）的促销行为。个人拜访在促销模式中占有主导地位，是采用最多的并且最重要的促销形式。

个人拜访是药品销售的精华所在，特别在处方药的宣传推广过程中，个人拜访发挥着举足轻重的作用。如阿奇霉素有希舒美（辉瑞）、舒美特（许瓦兹）、维宏（石药）等不同公司的药品，医师选择哪一个，用多少，或者改用替代品红霉素。医师会综合考虑疗效、副作用、价格等一系列因素，可是同事、朋友、甚至促销人员的推荐肯定会对其选择有所影响。通常影响力排序是：

同事＞朋友＞促销人员＞患者

医药代表对医师来讲，就是促销人员、朋友、同事中的一种，究竟是哪一种，视其与医师相处的关系而定。

五、学术推广

1. 药品知识营销

这是一种通过向公众普及医药科普知识、向医师介绍医药专业知识来促进药品销售的促销形式。企业在进行药品推销的同时，向社会传播与此药品有关的知识，让患者、医师不但从直接的药品使用中获益，还从中得到文化、知识的熏陶。通过知识服务创造需求，采取药品知识营销必须不断创新、不断更新药品知识和信息，这样不但能适应医师需求，还在消费者心目中保持企业和药品的良好形象。

药品知识营销的形式主要有医师教育和公众教育。特别是处方药必须凭医生处方才可购买和使用，事实上医生成了"第一消费者"，药品尤其是创新药品，具有高科技、高知识含量，医师从理解、接受到处方这类药品往往需要一个较长的过程，医生处方习惯的改变不是很容易的事情，因而处方药营销必须精耕细作，进行医师教育是十分必要的，产品信息才会有效的传递，因此加强针对医生的宣传推广显得十分重要，同样的道理，进行公众教育也是十分必要的。

重视公众教育、医师教育，并把公众教育、医师教育作为促销的重点形式，不遗余力、大张旗鼓地开展多种形式的药品知识促销。如针对医师对专业知识的需求，默沙东公司为医师编辑出版并赠送《默克诊疗手册》、《默克老年病手册》、《默克索引》等专业书籍；创办了上海默沙东科研资讯服务中心，为中国医药界人士提供免费医药资讯服务；针对公众，推出了《默克家庭诊疗手册》。另外如步长制药公司也编辑了《人活百岁不是梦》、《心脑血管病防治新观点》等给医生与患者。同时几乎可以在每家医院都开展讲座、病例研究、巡回报告等活动，通过积极赞助这类活动，不仅可以得到宝贵的信息，而且有大量的机会接触到众多的医师甚至是知名专家，这对促销工作大有帮助。大大密切了企业与医师、患者的关系，可以极大地提升公司形象，符合知识经济时代的要求。

2. 组织院内会、科内会

院内会是由医药代表组织的，以医院某些科室的医师为主参加的，旨在向医师系统介绍本公司药品知识的会议。开院内会的好处是可以给医药代表提供一个向医师们系统介绍本公司药品的机会，宣传具有针对性。对没有时间接待个人拜访的医师参加会议，意义则更大，他（她）可以听到一次系统的讲解，很可能被打动并接受使用你的药品。另外，医药代表在院内会上有较充裕的时间就某个问题与参会医师讨论，具有较强的互动性。科内会同院内会形式一样，只是规模更小，人数更少。

国内公司的产品多临床深入研究很少，且公司很多只有销售部，没有市场部、医学部等对销售人员提供支持，无人总结资料、设计访谈资料，所以医药代表对其药品往往无从谈起，或所谈的内容很肤浅。在这方面，国内公司必须深化。院内会并不直接产生销量，会后拜访才会产生最终销量，组织者要承担一定的费用风险，故次数较个人拜访少许多，是处于辅助地位的一种促销形式。

3. 对医（药）学会赞助

医（药）学会是医学科学技术工作者和医学管理工作者的学术性群众团体，是依法成立的社团法人。因为是医（药）学专业学会，故它与医院的各科医师都有一定的联系，尤其重要的是医（药）学会的会长、学会负责人多是医药界的名人，他们有能力为制药企业推广新药提供咨询和帮助。企业的学术推广活动常常联合医（药）学会共同发出邀请，未来这一联合作用将更加突出。医（药）学会开会是医（药）师自己组织的自我学习教育活动，多通过交流学术研究论文的形式展开，每年要举办多次会议。召开会议的经费往往由企业提供赞助。

对公司来讲，赞助参加学术会议可提高产品知名度，增加宣传的深度和广度。全国各省市或全省各个地市（县）的代表都来参会，包括无医药代表覆盖地区，可以为打开新市场而创造条件。利用开会的机会医药代表可获取一些医师的联系方法，甚至平时难以见面的专家也可以进行面对面交流。

因此要注重学术专场形式，一般邀请国外或国内这一领域著名的、有影响力的、常用这种药品的专家授课。这些专家不仅有用药经验，而且可以详细说明用药的原因，并对相关疾病的诊断、治疗和手术操作提出深刻见解，可以帮助医师纠正处方习惯。同医药代表相比，知名专家的见解显然更具说服力。

4. 利用好医药专业媒体

国家药监总局禁止处方药在大众媒体发布广告，但允许在医药专业媒体发布广告。卫生部与前国家药监局，至今共批准了包括报纸、期刊和年鉴在内的400余个处方药广告专业媒体，如《中国处方药》、《中国美容医学》、《中国生育健康杂志》。医药专业媒体的主要读者群是医药卫生专业技术人员和医疗管理人员，对医生用药选择的影响力较大。随着我国医药经济的不断发展，国内一些医药专业媒体也得到迅猛的发展，以其专业化和系统化的服务已经赢得业界的共识，其实际影响力甚至不亚于一些强势大众媒体，因此，加强与专业媒体合作，是处方药营销的重要内容。同时医生可以针对产品作临床研究，然后在专业杂志发表，一方面可以提高产品的深入研究，另外医生可以凭借论文增加自己评职称的资格，同时公司可以汇编成册在全国派发。

比如某医药公司一年论文发表刊物情况如下：

①《中华心血管病杂志》4篇；

②《临床心血管病杂志》3篇；

③《中国医刊》3篇；

④《中国临床医生》5篇；

⑤《中国医学论坛报》25期栏目；

⑥《实用中西医结合临床杂志》12期；

⑦《中华心律失常学杂志》6期。

企业还应充分利用医院的资源优势抢占新的广告载体。对医院的一些特殊载体，如医院内的灯箱、病房内的招贴，各种挂号单、处方笺的背面，甚至医院里的各种设施等，都可以成为处方药的广告新媒体。这些新媒体既面向目标消费者又针对医务人员，具有较强的针对性。

六、重视处方药向非处方药的转换

我国已有非处方药四千多种，其中大约80％为中成药，在保证药品安全有效的情况下，为了使人们的用药更方便，拓展更多的营销渠道，企业获得更多的利润，生产企业应积极将处方药转至非处方药行列。

处方药转换为非处方药，必须在临床上经过长期试验，再经医、药学专家临床评价，经确定确实是安全有效后，才能转变为非处方药。

 知 识 窗

某产品院内学术推广会细则

一、参会人员

1. 专家医生

（1）地级市三甲医院心内科4人，一般医院2人。

（2）县级市：主要医院心内科2人。

（3）县医院、中医院各1～2人。

（4）专家代表邀请总人数不超过150人。

2. 医院院长、药剂科主任

为了医院开发工作的开展，可以请部分院长、药剂科科长参加。

3. 商业公司

（1）选择当地医院覆盖面广且与我公司合作较好的大型商业公司参加。

（2）参会商业公司总数以1～2家为宜。

（3）参会人数不超过5人。

4. 新闻媒介

当地有影响力的电台、报纸等新闻媒体记者。

5. 公司人员

（1）大区经理、产品经理。

（2）地办全体人员。

二、会场选择

（1）地级市三星级宾馆。

（2）交通较为便利。

三、会议准备

1. 专家拜访

（1）参会前对应邀专家确保3次以上的面对面拜访。

（2）通过拜访进行产品宣传，使其对产品有初步的认识。

（3）通过拜访确定初步的会议时间（避免与某些学术活动发生冲突）使大多数应邀代表能够按时参会。

2. 联系宾馆

(1) 确定会场：约容纳 200 人的会议室，不宜过大以免影响会议气氛。
(2) 仪器设备：按"会场布置"要求列举的所有项目提前准备。
(3) 背景音乐：迎宾曲（代表入场时使用）及欢快的背景音乐（抽奖活动及会议结束时使用）。

3. 请帖的制作与发放
(1) 确定会议时间、地点。
(2) 准确填写请帖（人名需手写）。
(3) 请帖的主题以"某某产品临床应用研讨会"为由，也可根据各地情况确定。
(4) 请帖落款必须加盖学会公章。
(5) 公司人员亲自发放请帖（勿让商业公司代办），包括专家代表、商业公司代表及新闻媒介代表。

4. 资料准备
(1) 按"会场布置"要求，产品资料袋中所有物品准备。
(2) 购买胸卡：公司每位参会人员必须佩戴。
(3) 准备抽奖号码及抽奖箱。

四、会场布置
(1) 宾馆门口：挂条幅（红底白字），如"热烈欢迎参加某某公司某某产品临床应用学术研讨会的专家"。
(2) 宾馆大厅：设指示牌，如某某公司某某产品研讨会在××楼×××厅。
(3) 到会议室各主要路口：设指示牌，如"某某产品临床应用学术研讨会"。
(4) 会议大厅门口：设签到处。
① 设签到桌一张，椅子两把；有两位地办人员固定在此负责签到。
② 签到表：每位代表亲笔签名后领取资料袋一个。
③ 资料袋：医生大折页、临床报告、国内外论文汇编、宣传画册、礼品一份。
④ 每位到会专家由各区域内地办经理或医药代表引入会场。
⑤ 每位代表发放抽奖号码。
(5) 会议大厅
① 讲台部分
a. 挂条幅（红底白字）
前面："某某公司某某产品临床应用学术研讨会"。
两侧：为公司口号。
后面："各位专家永远是某某公司的好朋友"。
b. 投影屏幕一个。
c. 无线话筒两个（产品讲解及专家提问时使用）。
d. 演讲台及台式话筒各一个（公司领导及专家代表发言时使用）。
② 代表席
a. 可容纳参会人数的条桌和椅子。
b. 桌椅按授课式摆放。
c. 每位代表提供茶水。
d. 每位代表提供铅笔和白纸一套。
③ 其他部分：悬挂张贴画、摆放产品放大模型或其他宣传品。

五、会议议程（会议持续时间约 2 小时）
(1) 大会主席致辞。

(2) 当地专业学会负责人讲话。
(3) 某某产品知识讲解——公司人员。
(4) 疾病与某某——学术专家。
(5) 抽奖会餐。
注意事项：在会议最后安排抽奖活动或用餐或发放纪念品，以确保应邀代表均能按时参加完会议。

案例链接

1. 宝洁公司的品牌树立

家喻户晓的宝洁公司在其品牌树立过程中，不仅重视产品质量以提高销量和市场占有率，而且在市场占有率的提高方面进行了深入的研究。正如前宝洁公司首席营销官、品牌顾问吉姆·斯登戈尔（Jim Stengel）所说："我们发现，各大品牌愈发注重与消费者的情感联系，因为情感型人际关系有很强的影响力，而且富有成效。这样会大大增强企业的亲和力，令企业更强大，带动企业发展和业绩进步。"在宝洁公司的品牌树立过程中，同时引入了关系营销的理念。并由此获得了宝洁公司品牌的成功树立。

2. 亚马逊

不同于宝洁公司，亚马逊在其品牌的树立过程中，是更多地借助于客户体验式营销来完成的。Blake Project 咨询公司的首席品牌策略师范傲乐（Brad VanAuken）提出："Amazon 提供数百万种产品，24 小时营业，无与伦比的搜索和浏览技术，再加上用户评论和其他方面的产品深度信息，这些都为用户带来了优质的购物体验。"由此，亚马逊也成功地完成了自己的品牌树立过程。

3. 可口可乐

可口可乐的品牌树立有赖于其名字中的"乐"，曾以"酷爽阳光"、"清凉一瞬间"、"活出真精彩"等广告语阐释产品的寓意。并且直到现今，可口可乐仍然是以"为消费者带来快乐"作为自己的产品文化。是对快乐的追求——理念给予机制铸就了可口可乐品牌的成功树立。

4. 联邦快递

联邦快递的品牌树立则是依赖于自身给予服务对象的承诺。凭借其强悍的业务能力和诚信至上的精英理念，联邦快递在众多的快递公司中脱颖而出，成功树立自己的品牌形象。联邦快递的经营者非常清楚的一件事情就是，在人们对于所邮寄的商品的牵挂中，倾注于快递商品上的各种情感价值要远远高于被邮寄的商品本身。由此，联邦快递专注做好每一件货物的传递工作，凭借其周到细致的服务，成功树立了自己的品牌形象。对手中的工作有着勇往直前的热情，因此塑造出强大的企业形象。

（资料来源：《十大品牌巨头如何搞定消费者》中国医药联盟，http://www.chinamsr.com/2014/1030/82151.shtml）

复习思考题

1. 处方药与非处方药的区别是什么？
2. 非处方药的遴选原则是什么？
3. 处方药与非处方药的市场特点是什么？
4. 药品学术推广的方式有哪些？你，
5. 组织好一场学术推广会，需要考虑哪几方面的基本问题？

第十章
药品营销财务管理与购销合同

第一节 药品经营企业财务管理的概述

一、药品经营企业财务管理的对象

财务管理,从广义上讲,就是资金的获取与管理。从这个角度讲,政府财政、企业财务和个人理财等都属于财务管理的内容。狭义上,财务管理指的就是企业财务管理。药品企业的财务管理,是企业为达到一定的目标,按一定的程序和方法,对资金筹集、资金使用、资金回收、盈利分配等财务活动进行的直接管理,是企业管理的一个重要组成部分。药品经营企业财务管理,就是对药品经营企业在药品流通过程中以货币形式反映出来的各方面经济关系,所进行的计划、组织、指挥、监督和调节。药品经营企业财务管理的对象就是企业的资金流动及其体现的经济关系。

1. 药品经营企业的资金流动

药品经营企业的资金流动主要包括资金筹集、资金运用、资金分配等活动。

(1) 资金筹集 企业通过各种渠道取得资金,以满足药品经营的需要,这是资金流动的起点。药品经营企业的资金来源主要是国家财政拨款、银行贷款、内部积累、发行股票、债券、融资租赁等形式,也可以向企业内部职工筹集。

(2) 资金运用 药品经营企业从不同渠道取得的资金,伴随着药品流通过程,不断地进行资金循环。

(3) 资金分配 药品经营企业的资金分配是指销售收入的分配。企业的销售收入,缴纳销售税金后,一部分用来采购药品,支付工资和其他流通费用,保证药品流通的继续进行。另一部分用以补偿固定资产的损耗,形成更新改造基金。其余部分为企业的利润。

2. 药品经营企业的经济关系

药品经营企业在资金流动过程中,有着多方面的经济关系,主要表现在以下几个方面。

(1) 企业与国家之间的经济关系 企业与国家间存在着纳税与征税的关系,其次国家作为国有企业生产资料所有者,参加企业税后利润分配。

(2) 企业与企业之间的经济关系 一方面企业为了取得其他企业的经济、技术优势,要广泛地结成技术、生产和财务等方面的协作关系。另一方面,随着市场经济的发展,企业与企业之间又存在着竞争关系,企业只能在竞争中求生存和发展。

(3) 企业与职工之间的经济关系 企业与职工之间的经济关系主要指企业以货币支付给

职工劳动报酬而发生的关系。处理企业与职工之间的这种关系，必须遵循按劳分配的原则。

二、药品经营企业财务管理的意义

1. 强化企业的经济管理，提高经济效益

企业通过财务会计工作和经济核算工作的强化，合理地分配和使用人力、物力和财力，降低成本和费用水平，有效地促进其经济效益的提高。

2. 贯彻执行财经法规和财务制度

会计工作在记录、反映各项经济业务的同时，还具有监督、检查其贯彻、执行和遵守国家的财经法规、财务制度和财经纪律的情况的作用。通过企业财务管理，可以有效保证药品经营企业遵守、执行国家的财经法规和财务制度，及有关方针、政策，从而有效地维护国家财经纪律，顺利实现自身的经营目的。

3. 利于对企业资金进行全面的考核和科学的分析

为了提高企业的经济效益，使企业的资金周转更加科学合理，充分发挥资金的使用效益，必须对其资金进行全面的考核和科学的分析。

财务管理可以充分地利用各种财务会计核算资料，对企业的资金使用效果进行全面的分析、考核。对企业资金运转进行分析考核的内容包括资金的筹集情况、资金的运用情况以及资金的分配情况，主要靠企业财务管理来监控。

因此，只有强化财务管理，对企业生产经营的全过程进行认真的检查、分析和总结，挖掘企业内部潜力，加强企业的经济管理，进一步盘活企业资金，加速资金周转，更有效地节约人力、物力、财力，才能提高企业的经济效益。

4. 保护国家和企业财产物资的安全

利用会计资料和有关会计账簿，对企业资金和财产进行连续、全面、系统地反映和监督，可随时检查企业资金和物资的数量，防止各种财产物资的丢失、毁损、浪费，从而堵塞漏洞，杜绝贪污、浪费、损公肥私等违法乱纪行为的发生，切实地保护国家和企业财产的安全，保护所有者权益。

三、药品经营企业财务管理的内容与任务

1. 药品经营企业财务管理的内容

药品经营企业财务管理的内容是由企业资金流动的内容所决定的，其基本内容如下。

（1）资金管理　资金管理包括资金筹集和运用的管理，主要包括资金筹集管理、流动资金管理、固定资金管理和专项资金管理。通过资金管理，合理筹集、使用资金，提高资金利用效果。筹集资金管理包括确定筹资总规模，保证资金总量供应；选择运用合理的筹资渠道；合理设置公司资本结构；降低筹资成本与风险等内容。

（2）费用管理　费用管理包括药品流通费用的管理和其他开支的管理。费用和开支是企业组织药品流通的耗费。通过费用管理，既要保证组织药品经营的需要，又要节约费用支出，降低成本，提高企业经济效益。

（3）利润管理　利润管理包括税金和利润的管理。企业正确计算销售收入和利润，依法纳税，按规定合理分配税后利润，正确处理国家、企业和职工之间的物质利益关系。

财务管理的特点是涉及面广，综合性强，灵敏度高，是围绕企业资金流动所进行的一切管理工作的总和。通过财务管理可以为企业领导者提供企业经营活动情况与经营成果的重要财务信息，作为经营决策和组织管理的重要依据。

2. 药品经营企业财务管理的任务

药品经营企业财务管理的基本任务是：正确处理经营过程中的各种财务关系，保证企业以较少的资金消耗和资金占用，取得较大的销售收入和利润，为实现企业的根本任务服务。具体任务包括以下几个方面。

（1）积极筹集和供应资金，保证药品流通的需要　企业财务管理的首要任务是筹集资金，及时组织资金供应，合理节约地使用资金，保证企业经营活动的顺利进行。

（2）加强经济核算，降低经营成本，增加企业盈利　企业财务管理要借助于资金、成本和各项费用定额，对购、销、运、存等经营过程实行财务监督，以便控制资金占用和费用开支，加速资金周转，促使企业合理地使用人力和物力，以尽可能少的花费取得尽可能大的经济效益。

（3）分配企业收入，完成上缴任务　企业财务部门对已实现的销售收入要进行合理分配，正确补偿销售成本，完成国家税收，上缴利润，归还到期贷款，及时清理债权债务，发放工资和奖金，正确处理有关各方面的利益关系。

（4）实行财务监督，维护财经纪律　财务监督就是利用财务制度对企业经营活动所进行的控制和调节，其目的在于发挥财务管理对经营活动的积极能动作用。财务部门通过它的职能活动对企业各个环节上的货币收支和各方面发生的经济关系进行监督，保证财经纪律的执行。

四、药品经营企业财务管理的工作步骤

财务管理活动的工作步骤主要包括财务预测、财务决策、财务预算、财务控制及财务分析五个环节。

1. 财务预测

财务预测，是指运用科学的理论和方法，根据企业财务活动的历史资料，结合企业的现实情况，对企业未来的财务状况做出的预计和测算。财务预测是财务决策的依据，是编制财务预算的前提，也是提高企业经济效益的手段。财务预测的方法主要包括定量分析法、定性分析法以及定量、定性分析相结合的方法。财务预测的主要内容包括销售预测和利润预测等各方面。

针对于不同的预测内容，所选取的具体的定量分析方法也不同。

（1）销售预测　销售预测，是根据药品企业各产品过去的有关经营状况和其他的资料及现有的信息，对其未来时期销售量的增减变动趋势进行预计、推测的过程。进行销售预测的方法主要有算术平均法、加权平均法、移动平均法、德菲尔法。

① 算术平均法　算术平均法是以过去若干时期的产销量的算术平均数作为计划期的预测数。其计算公式为：计划期销售预测数＝各期产销量之和/期数

例1：某药品公司的2007年药品销售量资料如下（表10-1）。

表10-1　2007年销售量　　　　　　　　　单位：万件

月份	1	2	3	4	5	6	7	8	9	10	11	12
销量	30	29	28	26	27	30	29	25	30	25	28	30

则2008年1月份销量＝(30＋29＋28＋26＋27＋30＋29＋25＋30＋25＋28＋30)÷12
　　　　　　　　＝28.08（万件）

即2008年1月份的销售预测值为28.08万件。

算术平均法的优点是计算过程简单，没有考虑不同期间，特别是远期和近期的实际销售量对未来期间销售预测值的不同影响。所以，一般来说，这种预测方法适合于需求量相对稳定的药品。

② 加权平均法　加权平均数法，是以过去若干期的实际销售量，按其距计划期的远近

不同，分别选取不同的权数进行加权，以其加权平均值作为销售量的预测值。权数，就是衡量影响程度的数值，一般来讲，离预测期越近，影响程度越大，所以实际销售量的权数就越大，离预测期越远，影响越小，其权数也就越小。将各期权数加和汇总就成为加权。其计算公式为：

计划期销售量预测数＝各期销售量分别乘其权数之和÷各期权数之和

例2：某药品公司的2007年药品销售量资料如下（表10-2）。

表10-2 2007年销售量   单位：万件

月份	1	2	3	4	5	6	7	8	9	10	11	12
销量	30	29	28	26	27	30	29	25	30	25	28	30
权数	1	2	3	4	5	6	8	10	12	15	16	18

则2008年1月份的预测销售量＝(30×1+29×2+28×3+26×4+27×5+30×6+29×9
　　　　　　　　　　　　　　+25×10+30×12+25×15+28×16+30×18)÷100
　　　　　　　　　　　　　＝27.96(万件)

③ 移动平均法　移动平均法，是对过去若干期某产品的实际销售量进行分段（按连续的数个期间），计算期分段平均值，以其平均值作为该产品未来期间的销售量的预测值。

移动平均值的计算公式：

$$X_t = \frac{x_{t-\frac{n-1}{2}} + x_{t-\frac{n-3}{2}} + \cdots + x_6 + \cdots + x_{t+\frac{n-3}{2}} + x_{t+\frac{n-1}{2}}}{n}$$

式中　X_t——第 t 期的观察值；
　　　t——期间数；
　　　n——分段期间数。

例3：2007年某医药企业资料如下（表10-3）。

表10-3 2007年某医药企业销售量   单位：万件

月份	1	2	3	4	5	6	7	8	9	10	11	12
销量	36	30	29	23	36	34	32	36	38	40	39	37

五期平均观测期为：3月份～10月份（1月份、2月份、11月份、12月份不够五期平均）。
五期平均移动平均值的计算如下。

3月份：(36+30+29+23+36)÷5＝30.8（万件）
4月份：(30+29+23+36+34)÷5＝30.4（万件）
　　　…
10月份：(36+38+40+39+37)÷5＝38（万件）

即2008年销售预测值如下（表10-4）。

表10-4 2008年销售预测值   单位：万件

月份	3	4	5	6	7	8	9	10
销量	29	23	36	34	32	36	38	40
预测销售值（五期移动平均值）	30.8	30.4	30.8	32.2	35.2	36	37	38

④ 德尔菲法　例如，下面是四位资深药品营销分析师对某药品销售小组未来一周内的销售员业绩进行德菲尔法分析。基于不同的三类销售量影响因素的分析，四位专家分别做出了不同的判断，即形成下表中的第一次（表10-5）、第二次（表10-6）、第三次判断情况（表10-7），并由此推断出最终该小组的未来一周的销售量预测值。例如，第一次判断情况见表10-5。

表 10-5 第一次判断情况

专家	最高	可能	最低
1	180	150	110
2	210	190	150
3	350	230	200
4	130	110	100
平均值	217	170	140

见表 10-6。

表 10-6 第二次判断情况

专家	最高	可能	最低
1	150	140	90
2	210	190	150
3	350	200	170
4	130	120	100
平均值	210	162	127

见表 10-7。

表 10-7 第三次判断情况

专家	最高	可能	最低
1	180	150	130
2	210	170	130
3	300	170	150
4	170	150	130
平均值	215	160	135

则商品销售预测值=(215+160+135)÷3=170

德尔菲法适用于没用销售记录的商品记录。

(2) 利润预测 利润预测，是指对于企业的生产经营活动所取得的利润的预算和估计。预测利润的方法主要有本量利分析法和资金利润比率法。

① 本量利分析法 本量利分析法，是在成本性态分析和盈亏临界分析的基础上根据有关产品成本、产销量与利润的关系确定计划期间目标利润总额的一种方法。计算公式为：

利润=销售收入－变动成本－固定成本

利润=销量×单价－单位变动成本×销量－固定成本

利润=销量×(单价－单位变动成本)－固定成本

例 3：某医药公司的有关资料如下。

品种单价=38 元/盒

单位变动成本=18 元/盒

固定成本=650 万元

计划销售数量=70 万盒

则：变动成本=单位变动成本×销量=18×70=1260 万元

销售收入=单价×销量=38×70=2660 万元

利润=销售收入－变动成本－固定成本=38×70－18×70－650=750 万元

② 资金利润比率法 资金利润比率法，是根据预定的资金利润率和预测其资金占用总额来确定企业目标利润的一种方法。其计算方法为：

目标利润总额=预测期资金占用总额×预定资金利润率

例4：某医药公司的有关资料如下：

预测期资金占用总额＝7000万元

同行业资金利润率＝22％

则企业目标利润总额＝预测期资金占用总额×预定资金利润率

　　　　　　　　　＝7000×22％

　　　　　　　　　＝1540万元

2. 财务决策

财务决策，是指为实现企业的财务目标，在财务预测分析的基础上拟定多个可行方案，然后采用科学的方法在若干个备选方案中选出一个最优方案的过程。它的正确与否往往关系到企业的兴衰成败，因而是财务管理的核心。企业的财务决策分析贯穿于生产经营活动的始终，主要包括经营战略与方针的决策、经济目标与长短期计划的决策、产品品种开发决策、技术发展与投资决策、资源开发与利用决策、价格决策、成本决策、生产组织决策、市场营销决策、资金筹措决策、利润分配与使用决策等内容。

3. 财务预算

财务预算，是在一定时期内以货币形式综合反映企业资金运用和财务成果的形成和分配的预算。它是组织和指导企业财务管理活动以及处理财务关系的重要依据，既可以使各项经营目标具体化、系统化，协调各项计划指标，综合平衡各项生产经营计划，也可以为检查、考核和分析生产经营过程与结果提供依据。财务预算主要包括销售预算、生产预算、直接材料预算、直接人工预算、制造费用预算、产品成本预算、销售及管理费用预算、现金预算、预计损益表、预计资产负债表等内容。

4. 财务控制

财务控制，是指在企业经营过程中，以预算的各项定额为依据，利用有关信息和措施，对财务活动进行计算和审核，以实现财务目标。药品经营企业的财务分析主要包括责任中心（成本、利润和投资中心）的确定、责任预算的制订以及责任报告的递交等内容。

5. 财务分析

财务分析，是根据有关信息资料，运用特定方法，对企业财务活动过程及其结果进行分析和评价的一项工作。药品经营企业进行财务分析主要使用比较分析法、趋势分析法、比率分析法、因素分析法等分析方法。进行财务分析的评价指标主要包括资产管理效率、盈利能力、短期偿债能力、长期偿债能力以及成本分析五个方面。其中，对于资产管理效率的分析具体包括存货周转率、应收账款周转率、营业周期、流动资产周转率、总资产周转率等指标；对于盈利能力的分析具体包括销售净利率、销售毛利率、资产净利率、净资产收益率等指标；对于短期偿债能力的分析具体包括流动比率、速动比率等指标；对于长期偿债能力的分析具体包括资产负债率、有形净值债务率、已获利息倍数等指标；对于成本的分析具体包括直接材料成本、直接人工成本以及制造费用成本等指标。

第二节　药品营销环节的财务指标应用

一、药品经营企业评价经济效益的标准与步骤

药品经营企业经济效益，是指一定时期内，劳动耗费和劳动占用同经营效果的比较，以及经营效果给整个社会带来的经济利益。

1. 评价经济效益的标准

（1）药品流通速度　加快药品从生产领域进入流通领域的速度，从而使药品资金占用少，周转快，提高社会经济效益和企业的经济效益。

（2）满足社会需求程度　通过药品可供量与社会购买力的比较，药品库存与市场适销程度的比较，物质技术设备、服务水平与社会需要规模的比较，来衡量满足社会需求的程度。

（3）获取利润的情况　在组织药品流通过程中的劳动消耗一定要得到补偿，取得合理利润，积累资金。

总之，评价经济效益的标准应满足社会需要和企业利润的统一。也就是在满足社会需要的基础上，以销售额为中心，以利润为目标的评价标准。

2. 药品经营企业评价经济效益的步骤

（1）确定目标，拟定计划　只有明确评价目标，才能确定评价的对象和主要问题，才能为评价工作规定实施方向和目的。为了落实评价目标，就要拟定评价工作计划，明确规定评价的目的、要求、基本内容、基本原则、评价资料、评价指标体系、评价方法和步骤等。

（2）收集资料，掌握情况　评价计划确定后，就应按计划收集资料。一般要收集历史资料和现实资料、内部资料和外部资料。并对收集的资料进行加工审核，去粗取精，去伪存真，全面掌握企业经营的第一手资料。

（3）对比分析，找出差距　一般将数据材料通过对比分析，找出差距和造成差异的影响因素、影响程度。通过分析研究，进行综合归纳，为总结经验、查找问题、改进工作提供依据。

（4）做出评价，改进提高　在分析、研究、查明影响因素和找出原因的基础上，根据实际情况，给予评价，全面系统的做出结论，提出今后改进意见。经济效益评价要求客观、科学，应根据各种资料，动用各种分析方法，取得真实的结果。结论中既要引用有关数据，又要有科学论证；既要指出成绩，又要指出问题和薄弱环节，提出改进措施，并且要切实可行。

二、药品经营企业评价经济效益的原则和方法

1. 评价经济效益的原则

评价经济效益不仅要用数量指标，还要结合质量指标，坚持下列基本原则，综合地进行。

（1）满足需要与盈利相统一的原则　药品经营企业的基本职能是通过组织药品流通，满足人们防病治病、医疗保健的需要。同时，药品经营企业实行经济核算，通过组织药品流通取得合理的利润。因此，评价经济效益必须坚持满足需要与盈利相统一的原则。

（2）企业经济效益与社会效益相统一的原则　药品经营企业的经济效益具有宏观效益和微观效益二重性。因此，评价经济效益时，不仅要通过各种经济指标分析数量上的增减变化，而且还要作质的分析，对企业维护消费者利益等情况做出全面的评价。企业的经济效益，必须得到社会的认可。

（3）当前效益与长远效益相统一的原则　任何经济活动都有一个当前效益和长远效益问题。当前效益是指当月、当季、当年实现的效益。长远效益是指在较长时间里能持续产生的效益。企业不能只顾眼前效益，采取短期行为。而应从长远看，为企业创造长期、持续、稳定的效益。因此，评价经济效益既要看近期，更要看远期，把当前经济效益与长远经济效益结合起来。

2．评价经济效益的方法

（1）绝对评价法　绝对评价法就是用绝对数来对照、分析彼此相关的经济效益信息，确定其变动程度，并据以找出其内在规律特征的一种评价方法，主要包括实际与计划的比较，本期效益同前期效益的比较，本企业效益与同行企业效益的比较，本企业效益与国际先进水平的比较。

（2）比率评价法　比率评价法就是把同一时期财务报表上两个或两个以上的相关数据加以配合比较，以比率的形式表现出新的经济效益信息的一种方法。比率评价必须借助于有关财务指标来完成。

（3）因素评价法　任何财务指标的变动都是其他有关指标变动综合影响的结果。按照一定的规律，揭示各因素对某一经济效益指标影响程度的方法称作因素评价法。

三、药品经营企业评价经济效益的指标体系

药品经营企业评价经济效益的指标，主要有两大类：一是经济效益指标；另一是服务效益指标。这两大类指标构成了药品经营企业经济效益评价的指标体系。

1．评价药品经营企业经济效益的指标

评价药品经营企业的经济效益，主要是评价企业经营过程中各项经济指标的完成情况，一般包括满足社会需要程度、劳动耗费、劳动占用和劳动成果等指标。

（1）满足社会需要程度的经济指标

① 药品销售额　药品销售额，是指医药企业在一定时期内销售药品数量的货币表现，是整个指标体系中最基本的指标，是评价经济效益的基础。因此，同一时期内药品销售额越多，反映企业满足社会需求的程度越大。评价时一般用销售计划完成率来表示。

$$销售计划完成率=(实际完成销售额/计划销售额)\times 100\%$$

② 经营品种数　经营品种数，是指企业经营药品的不同品种、规格、剂型的总数，也是反映企业满足社会需要的指标。在同一时期内，企业经营品种越多，反映社会需要满足程度越大。评价时多用经营品种完成率表示。

$$经营品种完成率=(实际经营品种数/必备目录品种数)\times 100\%$$

③ 药品适销率　药品适销率指适销对路药品与库存药品的对比。它反映企业药品资金占用是否合理和满足社会需要的程度。药品适销率与经济效益成正比例关系。其公式为：

$$药品适销率=(库存适销药品总额/库存药品总额)\times 100\%$$

④ 药品市场占有率　药品市场占有率是指企业经营的某种药品销售量占该药品市场总销售量的比重。市场占有率与经济效益成正比例关系。其公式为：

$$药品市场占有率=(本企业某种药品实际销售量/同类药品市场实际销售总量)\times 100\%$$

（2）劳动耗费的经济指标　药品经营企业的劳动耗费是指在药品流通过程中的劳务支出。一般包括药品流通费和劳动效率两个方面的指标。

① 药品流通费　药品流通费，是指企业在一定时期内，药品流通过程中的全部支出。药品流通费与经济效益成反比例关系。这个指标常用费用额和费用率表示。

费用额是指全部支出的绝对额，包括经营费用、管理费用和财务费用。

其计算公式为：费用额＝经营费用额＋管理费用额＋财务费用额。

费用率也称费用水平，指企业在一定时期内，药品流通费用额与药品销售额的百分比，也称费销比。

其计算公式为：

$$费用率=(药品流通费用额/药品销售总额)\times 100\%$$

② 劳动效率 劳动效率，指在一定时期内，每个职工所完成的工作量指标。它反映药品销售额与劳动消耗之间的对比关系。正常情况下，劳动效率与经济效益成正比例关系。其计算公式为：

$$劳动效率＝药品销售额/职工平均人数$$
$$职工平均人数＝(月初在册人数＋月末在册人数)/2$$

(3) 劳动占用的经济指标 药品经营企业要想提高经济效益，就必须合理地运用药品资金，减小占用，加速周转，从而节约药品资金。一般包括药品资金占用率、药品资金周转速度、营业面积利用率等指标。

① 药品资金占用率 药品资金占用率，指在一定时期内，药品资金平均占用额与全年药品销售额的百分比。它表明每销售100元药品所占用的药品资金额。一般地讲，占用率越低，反映企业经营管理水平越高。药品资金占用率与经营管理水平成反比例关系。其计算公式为：

$$药品资金占用率＝(药品资金平均占用额/全年药品销售额)\times 100\%$$

② 药品资金周转速度 药品资金周转速度由药品周转次数或周转天数表示。在药品流通中，药品资金不断地进行由货币变成药品，再由药品变为货币的循环运动。在一定时期内，所周转的次数或周转一次所需要的天数称为药品资金周转速度。周转速度越快，药品资金利用率越高，经营就越好。其计算公式为：

$$药品资金周转次数＝药品销售额/药品资金平均占用额$$
$$药品资金周转天数＝[本期天数(年360天、季90天、月30天)]/周转次数$$

③ 营业面积利用率 营业面积利用率，是指在一定时期内药品销售额与营业面积的对比关系。它表示每平方米营业面积上实现了多少药品销售额，是营业空间范围效率方面的指标。它反映了物质技术设备状况和利用程度，反映了营业人员的配备是否科学合理，是一个间接反映劳动耗费和劳动占用的经济指标。营业面积利用率高，经营效益就大，反之则小。其计算公式为：

$$营业面积利用率＝药品销售额/同期占用的营业面积$$

(4) 经营成果的经济指标 经营成果的经济指标是评价经营效益的综合指标，包括经营利润额、利润总额、人均创利税额、经营利润率、销售利润率、药品资金利润率、资金利税率等。它是反映企业实现的利润水平和上缴利税的综合指标。

① 经营利润额 经营利润额，指药品销售收入扣除进货成本、费用和税金后的余额。其计算公式为：

$$经营利润额＝药品销售额－进货成本－费用额－税金$$

② 经营利润率 经营利润率，是指经营利润额与销售额的百分比，它反映了药品流通中每销售100元药品所取得的经营利润。经营利润率越高，说明经营效果越好。

其计算公式为：

$$经营利润率＝(经营利润额/药品销售额)\times 100\%$$

③ 利润额 利润是指企业在一定会计期间的经营成果，利润包括收入减去费用后的净额。利润额是企业的总利润，既包括经营利润额，也包括营业外利润额。其计算公式为：

$$利润额＝经营利润额＋营业外利润额$$

④ 销售利润率 销售利润率，是指每销售100元药品所获得利润额的百分比，它反映了企业销售的盈利程度。其计算公式为：

$$销售利润率＝(利润额/药品销售额)\times 100\%$$

⑤ 药品资金利润率 药品资金利润率，指利润额与药品资金平均占用额的百分比，反

映了企业药品资金使用的综合效果。其计算公式为：

药品资金利润率＝(利润额/药品资金平均占用额)×100%

⑥ 人均创利税额　人均创利税额，是指企业在一定时期的利税总额与职工平均人数之比。该指标反映了企业每位职工工作成果和为国家贡献大小。其计算公式为：

人均创利税额＝(利润总额＋税金)/职工平均人数

⑦ 资金利税率　资金利税率，是指上缴利税总额与资金平均占用额的百分比，它反映了企业实现利润和上缴税金水平的综合指标。其计算公式为：

资金利税率＝〔(利润总额＋税金)/资金平均占用额〕×100%

2. 评价药品经营企业服务效益的指标

(1) 顾客满意率　顾客满意率，是对企业服务态度、服务质量满意程度的评价。顾客满意率一般设满意、较满意和不满意3个等级。其计算公式为：

顾客满意率＝(消费者满意票数/回收总票数)×100%

一般满意率以85%为衡量标准。

(2) 服务项目便利率　服务项目便利率，是指企业应设置的服务项目和已设置的服务项目的对比。它反映了企业为顾客服务的便利程度。其计算公式为：

在社服务项目便利率＝(已实施的服务项目/应设置的服务项目)×100%

每个企业应在经营中尽量便利消费者购物。服务项目便利率越高，越便利顾客购买，服务质量越高。

(3) 药价计量准确率　药价计量准确率，是指企业在一定时期内准确计量药价的营业笔数与总营业笔数的对比，它反映了药价计量的准确程度。其计算公式为：

药价计量准确率＝(药价计量准确笔数/药价计量营业总笔数)×100%

药价计量准确程度表明医药企业执行政策、遵守职业道德、公平交易、计量水平、经营管理水平等方面的程度。

(4) 营业行为规范率　营业行为规范率，是指企业在一定时期内规范化营业行为与营业行为总数的百分比。它反映了药品经营企业规范化行为的程度。其计算公式为：

营业行为规范率＝(规范化的营业行为数/营业行为总数)×100%

营业行为规范率越高，说明医药企业文明经商水平越高。

四、提高药品经营企业经济效益的途径

1. 加强企业流通体制改革，建立新的经营机制

转换经营机制是提高药品经营企业经济效益的根本途径。改革的方向是政企分开，彻底实行所有权和经营权的分离，使企业真正成为经营上独立、管理上自主的经济实体。让企业从计划经济束缚中解放出来，在经营、价格、分配等方面彻底放开搞活，调动一切积极因素搞活经营。

2. 重视商情信息，加强市场调查研究

药品经营企业应准确地预测、掌握市场供需变化动态，科学地组织药品流通；严把进货关，购进适销对路的药品投放市场；研究消费心理，采取灵活多样的促销手段，扩大药品销售。

3. 积极参与市场竞争，努力开拓市场

开拓市场一要开拓药品经营品种；二要开拓销售区域，想尽办法向纵横辐射，扩大销售渠道；三要开拓销售市场，巩固老顾客，吸引新顾客；四要开拓服务领域，在做好售中服务的同时，重视做好售前、售后服务，使顾客买得称心、放心，用后舒心。

4. 采取科学的管理方法，提高经营管理水平

(1) 在经营过程中,在购、销、运、存各环节全面推行保本保利的管理方法,使企业经营在科学的轨道上运转,避免盲目经营。

(2) 在管理上,利用现代科学的管理理论和方法,全面落实部组的目标经营责任制,使每个职工都能将责、权、利结合起来,调动积极性,更好地完成经营目标。

(3) 在资金上,要科学、合理地分配和占用,千方百计地加速其周转,以产生良好的经济效益。

(4) 在库存上,要经常进行库存结构分析,保证药品适销对路,减少药品积压。

(5) 在费用支出上,要健全支出制度,力求节约开支;要严格掌握费用支出标准,严格控制不合理的支出,严防浪费。

(6) 在分配上,要贯彻按劳取酬、多劳多得、兼顾公平合理的原则,适当拉开档次,奖优罚劣,奖勤罚懒。

5. 提高职工队伍素质,提高劳动效率

竞争出人才,竞争出效益。竞争体现了优胜劣汰,形成人的优化。所以,提高职工素质是提高经济效益的根本保证。

(1) 提高职工文化素质,奠定好竞争基础。

(2) 提高职工政治素质,提高职工的职业道德素养以及遵纪守法、文明经商的素质。

(3) 提高职工业务素质,增强经营管理能力,做到优质服务,从而取得社会效益和经济效益双丰收。

第三节 购销合同

案例阅读

2007年年初,天津金世邻制药公司(化名)与山东某医药公司签订协议,医药公司代销天津药厂所生产的"银黄颗粒",规格为5g×10袋/盒,120盒/件。双方约定,医药公司2007年度为药厂销售该产品500件,厂方先发货,每个月末按医药公司的实际销售数量给予厂方回款。医药公司如果完成500件的约定量,厂方则给予5%的让利。

2008年1月,经过双方统计,完成产品销售共计419件,其中尚有119件药品没有回款,医药公司提出可以马上给予厂方回款,但是要扣除07年该产品总销售额的5%作为厂方的让利。厂方的回答很明确,销售量没有达到双方约定的100件的数量,不能给予让利。医药公司再次强调其理由是,07年国家发改委与药监部门进一步对几十种中成药进行降价,很多同类产品的厂家纷纷降价,并重新降低了供货价格,而该药厂以该产品成本高、投料足、质量好为理由,没有给予降价处理,造成产品没有价格竞争优势,销量下滑,责任应该由厂家负责,况且在这种情况下医药公司完成的销量与双方约定的已经很接近了,也是经过多方面努力才完成的,所以要求厂家给予返利,否则拒绝结算余款。

厂方认为年初所签订的合同应该具有法律的严肃性,按合同执行天经地义。但是考虑到与该医药公司合作多年,而且其在当地市场具有很强的渠道优势,还经销很多厂方的很多其他产品,一旦诉诸法律即会伤害客户关系。厂方经过再三考虑之后,决定给予2%的安慰性让利。

医药公司等到厂方的信息反馈后,感觉厂方轻视彼此之间的合作关系,拒绝再与该药厂进行类似的商榷,并坚持原则,没有5%的让利即不结余款。

一、药品购销合同的概述

1. 药品购销合同

购销合同是指法人之间在流通领域为实现一定的经济目的,明确相互权利义务关系的书面协议,即以购销活动为内容的契约。药品购销合同是维护医药企业经济利益,不断提高企业管理水平,满足人民用药需要,促进药品经济发展的重要法律手段。经济合同除了具有一般合同的特征外,还有以下法律特征。

(1) 经济合同是平等主体间的合同 平等主体是指权利平等的主体,在法律上具有独立平等资格的当事人。当事人之间,不分大小强弱,不允许命令和服从,任何一方不得将自己的意志强加给对方,任何单位和个人不得非法干预。平等主体间的权利和义务是对等的,任何一方都享有权利,同时又必须承担相应的义务。

(2) 经济合同是为实现一定经济目的的合同 这是经济合同与其他合同的主要区别。经济合同确认的是当事人之间,在生产、流通领域中发生的经济业务关系。当事人订立和履行经济合同,都是为了满足生产经营的需要,得到一定的经济利益。不具有经济目的的合同,不是经济合同。

(3) 经济合同是明确当事人相互之间权利、义务的合同 经济合同必须有具体的标的,且对当事人的经济权利、义务和违约责任规定的明确具体,主要条款齐全。同时,这种权利和义务必须是相互的,任何一方在享有经济权利的同时,必须承担相应的经济义务。任何一方不履行或不完全履行合同时,必须承担法律责任!不允许任何一方擅自变更或解除经济合同。

2. 药品购销合同的作用

(1) 药品购销合同是密切产销关系,促进药品流通的重要手段 医药企业经济合同把供应商和购买者密切联系在一起,它比国家计划联系得更密切更具体。这种联系建立在当事人自愿基础之上,有着物质利益的约束和法律的保障,比行政命令建立的联系牢固得多。企业利用经济合同这个经济杠杆,不仅密切了产销关系,而且能全面完成药品流转计划,满足市场用药的需要。所以,经济合同是促进药品流通的有效形式。

(2) 药品购销合同是落实商品流转计划,完成经营任务的工具 医药企业为了使药品在品种、规格、数量、质量上得到保证,使购、销、储、运环节在时间上、空间上得到衔接,要同供应商和销售商签订合同,落实流转计划。企业的购销业务只要用执行合同,经销任务的完成就有了比较可靠的保证。因此,经济合同能保证经营计划和企业任务的顺利完成。

(3) 药品购销合同是改善经营管理,提高经济效益的有效途径 从一定意义上讲,购销合同是一种用经济手段管理经济的方法。按合同规定经营,可避免药品积压或脱销,合理使用资金,加速资金周转,解决三角债问题;可以合理组织到运输,降低药品运输费用;可以保持合理的药品储存,以最少的药品储存保证流通连续不断,从而节约流动资金,降低保管费用。因此,购销合同对企业经营管理起着重要的作用。

二、签订药品购销合同的原则与程序

1. 签订药品购销合同的原则

(1) 遵守法律法规、符合国家政策的原则 药品购销合同的内容和订立经济合同的程序必须符合有关法律、法规的规定,符合国家有关政策的规定。任何单位或个人都不得利用合同违法经营,扰乱社会经济秩序,损害国家利益和社会公共利益。否则,不但经济合同得不到法律的保护,而且还要追究当事人责任。

(2) 平等互利、协商一致、等价有偿的原则　平等互利包括平等和互利两层含义。平等，指药品购销合同当事人双方法律地位平等；互利，是指双方在经济利益上相互兼顾。协商一致，是指签订药品购销合同的双方必须经过充分协商，意见一致。等价有偿是价值规律在经济合同中的反映。等价，要求等量劳动相交换；有偿，要求一方取得另一方的财产或接受对方所提供的劳务时必须支付相应的代价。

平等互利、协商一致、等价有偿是相互联系、相互依存、密不可分的整体。平等互利是前提，协商一致是基本条件，而等价有偿则是前两者的体现和结果。

2. 签订药品购销合同的程序

药品购销合同的订立，是双方当事人在平等基础上经过充分协商达成协议的过程。当事人双方协商的过程一般分为要约和承诺两个阶段。

(1) 要约　要约是指合同当事人一方向另一方提出签订合同的建议。这种建议包括两个内容：一是要约人向对方提出的表示愿意签订某一药品购销合同的建议；二是要约人就药品购销合同提出主要肯定性条款的具体建议。

要约受下列法律约束：要约人发出要约后，在要约生效的期限内，受自我要约的约束，如果对方未表示接受要约或没有做出按期答复的，要约人有权撤回或变更要约，只要承诺方表示完全同意，即获得承诺，合同就自然成立。

要约的生效期，开始于受约人接到要约，终止于要约被拒绝或承诺期已过。承诺期要约中有限定的按期限办理，无限定的按要约承诺的往返时间加受约人考虑的时间计算。

(2) 承诺　承诺是指受约人完全接受订立合同的提议。受约人对合同条款部分或附加条件地同意，则不是承诺，而是提出新要约，这时就需要进一步协商，但当事人有约定的除外。

在订立合同的实践中，当事人双方往往要经过一个反复协商，即要约—新要约—再要约—再新要约，直至承诺的过程，才能达成一致的协议。

经济合同，一般应当采用书面形式。书面形式，即采用工商行政管理局批准印制的经济合同统一文本。

三、药品购销合同的条款与文本格式

1. 药品购销合同的条款

药品购销合同的主要条款，也就是药品购销合同的主要内容，是双方当事人权利和义务的具体化。尽管每个合同的具体条款不尽相同，但主要包括以下几个方面。

(1) 标的　标的是合同双方当事人权利和义务共同指向的对象，即合同所要达到的目的。标的是订立经济合同的前提，没有标的，双方当事人的权利和义务就无法落实，合同也就无法履行。合同的种类不同，标的也各有所异。例如，药品购销合同的标的是药品，基本建设工程承包合同的标的是工程项目，货物运输合同的标的是承运单位提供的劳务。

(2) 数量和质量　数量和质量是标的的具体化。数量是标的的量的规定，是衡量标的的尺度，它确定经济合同权利义务的大小或多少。为了使标的数量准确无误，便于履行，合同中要明确规定计量标准和计量方法，有的药品要有明确的自然损耗率。质量是检验标的内在素质和外观形态优劣的标准。当事人执行的是国家标准、行业标准、地方标准或者企业标准，必须在合同中明确规定。看样定货，样品双方封存，由需方保管。药品实行三包的，要对药品质量负全部责任。双方还要明确质量的验收方法和程序。对于劳务也要尽可能具体地商定质量标准。此外，对于药品的包装也要按规定或需方要求加以明确。

(3) 价款或酬金　价款或酬金简称价金，是取得标的的一方支付给另一方表现为货币的代价,包括货款、运费、手续费、租金、利息等。凡国家规定了价格的,必须遵守国家价格;国家未定价格和政策上允许议价的,当事人协商而定,并明确它们的计算标准、结算方式和程序。

(4) 履行的期限、方式和地点 履行的期限、方式和地点包括支付标的期限、方式和地点,也包括支付价款的期限、方式和地点。

① 履行期限 即当事人履行义务的时间界限,逾期即构成违约。它包括:签订期限,即要约人接到承诺的时间;合同的有效期限,即合同有法律效力的时间范围,过期合同无效;合同的履行期限,即合同当事人承担义务和享受权利的日期。合同期限有一次履行,即按年度计算一次履行;分期履行,即按月或按季度计算分段履行。

② 履行方式 即当事人以什么方法履行各自的义务。不同种类的经济合同,有不同的履行方式。有的需要以转移一定财产的方式履行,有的需要以提供某种劳务的方式履行,有的规定一次履行,有的规定分期履行,有的规定必须当事人亲自履行,而有的则允许他人代为履行。如药品是送货还是提货,是一次履行还是分期履行,是公路、铁路运输还是空运,验收是批量抽样验收还是全数验收等。用何种方式履行,在经济合同中应做出明确规定,违反了规定应承担违约责任。

③ 履行地点 即履行义务和接受履行的场所。标的不同,履行地点也不同。药品购销合同的履行地,合同规定供方送货或者代运的,履行地为药品发运地。由需方自提的履行地为药品提货地。有的还涉及交、提货地点、发站、到站及中转站,储存放置的仓库、住所。

(5) 违约责任 合同当事人全部不履行合同或不完全履行合同都属于违约,要承担违约责任。这一规定是对不按合同规定履行义务的制裁措施,也是维护双方合法权益的一种保证。违约经济责任是偿付违约金和赔偿金,它具有惩罚性质。违约责任是经济合同的重要条款,没有违约责任规定的经济合同是难以发挥作用的。

除以上几个主要条款之外,根据合同性质,双方认为有必要的条款,也可列为主要条款。

2. 药品购销合同的文本格式

药品购销合同(文本格式)

供方:　　　　　　　　　　　　合同编号:
需方:　　　　　　　　　　　　签订时间:　　年　月　日
签订地点:

一、药品品名、产地、规格及包装、单位、数量、单价、金额及交货时间

品名	原产	规格	单位	数量	单价	金额	发(交)货时间

二、质量要求:
三、验收方式及提出异议期限:
四、交/提货地点、方式:
五、运输方式、到达港站及费用负担:
六、结算方式及期限:
七、违约责任:

八、解决合同纠纷方式：

九、其他约定事项

对供方资格的认证意见： 经办人： 认证部门(章) 年 月 日	对需方资格认证意见： 经办人： 认证部门(章) 年 月 日	
供方	需方	
单位名称(章) 单位地址： 邮编： 电话： E-mail： 法定代表人： 委托代理人： 开户银行： 账号：	单位名称(章) 单位地址： 邮编： 电话： E-mail： 法定代表人： 委托代理人： 开户银行： 账号：	鉴(公)证意见： 经办人： 鉴(公)证机关(章) 年 月 日 注：除国家另有规定外，鉴(公)证实行自愿原则。

四、药品购销合同的代订与无效

1. 药品购销合同的代订

通常情况下，签订经济合同要求企业单位法定代表人亲自参加是有困难的。因此，企业单位及其法定代表人可委托上级机关或主持交易会、订货会的办事机构代为办理，也可委托外地的企业单位代为办理，更多的是授权本单位的有关业务工作人员代为办理。

代理人在代订经济合同时，必须符合以下3个条件才为合法。

(1) 必须事先取得委托单位的委托证明。

(2) 代理人必须根据被代理人的授权范围订立经济合同。

(3) 代理人必须以委托单位的名义订立合同。

代订经济合同，符合法律规定，则对委托单位直接产生权利和义务，委托单位必须认真履行合同，否则要承担法律责任。

2. 药品购销合同的无效

我国《经济合同法》第七条规定下列经济合同为无效合同：违反法律和国家政策、计划的合同；采取欺诈、胁迫等手段所签订的合同；代理人超越代理权限签订的合同或以代理人名义同自己或同自己所代理的其他人签订的合同；违反国家利益或社会公共利益的合同。

根据《经济合同法》及有关法规，确认无效合同的依据如下。

(1) 主体的合格性 合同的主体即合同的当事人必须合格，合同才有效。因此，签约人若无行为能力或不具有法人资格而自称法人，法人超越经营范围或违反经营方式，借用他人名义或超越了代理权限等情况下，签合同均属无效。

(2) 内容的合法性 合同内容合法是经济合同具有法律效力的最根本要求。一般内容不合法的情况有两种：一是合同标的物属于法律和国家政策、计划禁止经营的物品；二是合同中规定的数量、价格、支付方式、检验手段、违约责任等具体条款违反国家法律、政策、计划，或损害国家利益、社会公共利益。在第一种情况下，合同全部无效；而在第二种情况下，应确认合同部分无效，对无效部分进行修改后，可以确定合同有效。

（3）意思表示的真实性　为了保护双方当事人的合法权益，国家不允许经济交往的主体间存在任何不真诚的行为。因此，一方采取欺骗、威胁、强迫命令等手段所订立的经济合同，双方串通，弄虚作假订立的合同都是无效经济合同。

（4）形式、条款的完整性　形式的完整性是指合同法规定合同必须以书面形式，不应采用口头形式。否则，所签合同无效。条款的完整性是指经济合同的主要条款必须全部具备，且清楚明确。如果条款不完整，应认定合同无效，但当事人在履行过程中或纠纷产生后对条款进行了补充的除外。

五、药品购销合同的变更、解除与仲裁

1. 药品购销合同的变更和解除

合同正式成立，就发生法律效力，双方当事人都必须严格履行。但在现实经济活动中，随着客观形势的变化，往往需要对已生效的经济合同进行必要的修改和补充，有时甚至要终止整个合同的履行，否则就会给当事人和国家造成损失。因此，法律也允许变更或解除经济合同，但有严格的条件限制，且要经过一定的程序。

（1）变更和解除合同的条件　药品购销合同订立后，当事人一方不得擅自变更和解除合同，也不得因其承办人或法定代表人的变动而随意变更和解除合同，否则就属于不履行经济合同。但是，根据合同法的规定，具备下列条件之一者，允许变更和解除合同。

① 当事人双方经过协商同意，并且不因此损害国家利益和影响国家计划的执行。
② 订立合同所依据的国家计划被修改或取消。
③ 当事人一方由于关闭、停产、转产而确实无法继续履行合同。
④ 由于不可抗力或当事人虽无过失但有无法防止的外因，致使经济合同无法履行。
⑤ 由于一方违约，使经济合同履行成为不必要。

（2）变更和解除合同的程序

① 变更和解除合同必须双方达成协议，协商议定的过程与签订合同的过程相同。协议未达成之前，原经济合同仍然有效。
② 变更和解除经济合同的协议应采用书面形式。
③ 涉及指令性计划的合同需要变更和解除时，必须经计划机关批准。

合同的变更和解除，意味着合同的一方可以不按原合同规定履行义务，另一方也丧失原合同规定的部分或全部权利。因此，除因不可抗力而变更和解除经济合同的情况外，要求变更和解除合同方应当赔偿接受变更和解除合同方所受到的损失。索赔方负有举证责任。单方擅自变更和解除经济合同，对方有权请求仲裁机关或人民法院强制执行，并责令负有责任的一方赔偿由此所造成的损失。由于主管机关、上级领导人或第三方的过错，致使合同在客观上履行已不可能，必须予以变更和解除，由此造成的损失，由有过错的主管机关或有关人员承担责任。

（3）构成合同违约的条件

① 违约行为　合同当事人完全不履行、不完全履行或未按期履行合同规定的义务。
② 违约过错　过错是指当事人不履行合同时的主观心理状态。它包括故意和过失两种

形式。故意是指当事人能预见到自己的行为会发生不良后果，但有意放任这种结果发生。过失是指当事人应能预见到自己的行为会影响合同的履行，但却疏忽大意没有预见。如当事人一方过错违约，由过错方承担违约责任；如双方当事人的过错引起违约，双方承担违约责任；如上级领导机关或业务主管机关的过错造成违约，则由上级领导机关或业务主管机关承担违约责任；如果由不可抗力造成的，违约方不承担违约责任。

③ 损害事实　损害事实包括直接损失和间接损失两个方面。直接损失是由于一方的违约造成对方财产的直接减少、损坏或灭失。间接损失是指正常情况下能够得到却因对方违约而没有得到的利益。

④ 违约行为与损害事实间有因果关系　违约行为是原因，损害事实是结果。如果损害结果不是义务人的行为产生的，那么损害事实就不能要求义务人承担。

(4) 承担违约责任的方式

① 违约金　指合同当事人双方在合同中预先约定或法律明文规定的，违约责任的承担方支付给对方的、按固定比率计算的金额。违约金具有惩罚性和补偿性。违约金分为法定违约金和约定违约金两种。

② 赔偿金　违约方给对方造成损失而违约金又不足以弥补的，还应补偿不足的部分，这种对损失赔偿的支付，叫作赔偿金。

③ 继续履行　违约方支付了违约金或赔偿金后，对方要求继续履行合同的，违约方要按照合同规定履行自己的义务。因为违约金、赔偿金只是补偿受害方的经济损失，而继续履行则可以实现当事人订立合同时的目的。

④ 领导机关的责任　由于上级领导机关或业务主管机关指挥失误或进行不适当的行政干预致使违约的，上级领导机关和业务主管机关应承担违约责任。先由违约方替有过错的上级领导机关偿付违约金和赔偿金，上级领导机关应赔偿下属单位的损失。由于国家计划撤销或修改，致使经济合同不能履行或不完全履行，原则上由国家承担责任。

⑤ 直接责任者个人的责任　直接责任者个人指有失职、渎职行为或其他违法行为的法定代表人、合同承办人以及上级领导机关和业务主管机关的工作人员。主要责任形式是：经济责任，如扣发奖金、工资、赔偿部分或全部经济损失等；行政责任，包括行政处罚和行政处分。行政处罚是由税务局、工商局、海关等给予受处分者的处罚。行政处分，即国家机关、企事业单位对所属人员给以行政上的开除公职、记过、警告等处分。对于情节严重构成犯罪的，送交司法机关处理，并承担相应刑事责任。

2. 合同的仲裁

(1) 合同的仲裁机构　我国《经济合同仲裁条例》规定，经济合同仲裁机关是国家工商行政管理局和各级工商行政管理局设立的经济合同仲裁委员会。我国合同法规定："经济合同发生纠纷时，当事人应及时协商解决。协商不成时，任何一方均可向国家规定的合同管理机关申请调解或仲裁，也可以直接向人民法院起诉。"

(2) 合同的仲裁原则

① 一次裁决制度　当事人在接到仲裁机关裁决书时，如不服仲裁，可直接向人民法院起诉。这样有利于纠纷的尽快解决，有利于经营。

② 当事人权利平等、地位平等的原则　仲裁机关在解决经济合同争议时，不论双方的所有制性质、规模大小，在适用法律上一律平等。同时，争议双方在仲裁活动中的地位是平等的，它们都有权提供证据，进行陈述，为自己辩护；都有权要求仲裁庭成员回避；不服仲裁机关裁决时，都有权在规定的期限内向人民法院起诉等。

③ 以法律和合同条文规定的权利、义务为判断依据，实事求是，公正合理。

④ 坚持调解为主，仲裁为辅的原则。

⑤ 申请仲裁的时效原则　经济合同当事人向合同仲裁机关申请调解或仲裁，应从其知道或应当知道权利被侵害之日起一年内提出，超过期限的，一般不予受理。"应当知道"理解为申请仲裁的一方本来应该知道对方违约事实的发生，但由于本身的过错而未发现，这时申请仲裁的时效，应该从他"应当知道"时起计算。

（3）合同仲裁案件的管辖　仲裁机关之间受理经济合同纠纷案件的分工和权限，叫做仲裁管辖。这种管辖范围的分工，通常是根据地域、争议金额、影响范围等因素来确定的。不同仲裁机关的管辖有以下几种分工。

① 地域管辖　除法律有特殊规定外，经济合同纠纷案件，一般由合同履行地或者合同签订地的仲裁机关管辖，执行有困难的也可以由被诉方所在地的仲裁机关管辖。

② 级别管辖　为了保证仲裁案件的质量，根据案件影响大小和金额多少，分区县级、地市级、省级的仲裁机关和国家工商行政管理局经济合同仲裁机关四级管辖。

③ 移送管辖　上级仲裁机关有权办理下级仲裁机关管辖的案件，也可以把自己管辖的案件交下级仲裁机关办理，下级仲裁机关如果认为自己管辖的案件由上级仲裁机关办理更合适时，也可以报请上级仲裁机关办理。

④ 指定管辖　当一个经济合同出现两个或两个以上被诉方出现争议标的分属几个地方时，为了全面了解案情，统一适用法律，由最先收到申诉书的有管辖权的仲裁机关受理。如果对管辖权发生争议，经协商不成时，应报共同上级仲裁机关指定管辖。

（4）合同仲裁程序

① 仲裁的申请和受理　经济合同发生纠纷时，当事人任何一方均可向仲裁机关递交仲裁申请书。仲裁机关只有接到仲裁申请时，才有权受理，否则无权受理。仲裁机关收到申请书，应当在七日内立案接受仲裁。如果认为不符合立案规定的，应当在七日内通知申请人，并说明不予受理的理由。

仲裁机关受理案件后，应当在五日内将申请书副本发送被诉人。被诉人收到申请书副本后，应在十五天内提交答辩书和有关证据。如果被诉人不提交答辩书，或者没有按时提交答辩书，并不影响案件的处理，仲裁机关可按规定处理案件。

② 案件的调查取证和保全措施　仲裁机关受理案件后，应该组成仲裁庭负责该案件的处理。仲裁庭及其仲裁员，应认真审阅申诉材料和答辩材料，还可以查阅有关单位与该案件有关的档案、资料和原始凭证，必要时还可以进行现场勘查，在当事人及有关人员到场的情况下，做出勘查笔录，需要对物证进行技术鉴定时，还可委托有关单位鉴定，需要委托外地仲裁机关调查时，可发出委托调查书。

仲裁机关在处理案件的过程中，为了避免造成严重的财产损失，它可以在一方当事人申请的情况下，对与仲裁案件有关财物做出保全措施的裁定。保全措施的内容包括：中止合同的履行，查封、扣压货物、停止运输，变卖不易保存的货物，保存价款等。仲裁机关采取保全措施时，可以责令申请人提出担保；如果申请人拒绝提供担保，可驳回申请。如申请人败诉，因采取保全措施所遭受的财产损失，应由申请人赔偿。

③ 案件的调解和仲裁　仲裁机关在查明事实、分清责任的基础上，先对双方进行调解，如调解达成协议，应制作调解书。调解书送达双方当事人后，即有法律效力，双方当事人都应当自动执行。如果经过调解未达成协议，或者在调解书送达前，当事人一方或双方反悔调解无效，应及时进行裁决。仲裁决定书，应分别送达申请人和被诉人，以便当事人决定是否向人民法院起诉。

④ 裁决的执行　《中华人民共和国合同法》规定，当事人没有订立仲裁协议或者仲裁

协议无效的，可以向人民法院起诉。当事人应当履行发生法律效力的判决、仲裁裁决、调解书，拒不履行的，对方可以请求人民法院执行。

◂◂ 小试牛刀 ▸▸

上海医药的 2012 年～2014 年的财务数据资料如表 1、表 2 所示。

表 1　上海医药 2012～2014 年资产负债　　　　　　　　　　　单位：元

会计年度/年	2012	2013	2014
货币资金	13525398266.52	12978484745.40	11608054131.64
交易性金融资产	2920478.96	339985.80	505659.00
应收票据	1046458427.12	1383034894.41	1466422850.39
应收账款	12604314317.55	15183536841.51	19941255695.95
预付款项	630005529.41	727151272.90	1076062833.82
其他应收款	691377581.03	858079009.61	827130409.52
应收关联公司款	—	—	—
应收利息	15333869.26	8721596.24	9341136.00
应收股利	21027811.90	9544624.19	274730002.86
存货	9809700268.50	10996520054.33	13088152517.58
其中:消耗性生物资产	—	—	—
一年内到期的非流动资产	—	—	—
其他流动资产	455393423.90	369560057.67	366664950.97
流动资产合计	38801929974.15	42514973082.06	48658320187.73
可供出售金融资产	19812137.59	73589989.23	187433250.57
持有至到期投资			
长期应收款	—	118680121.16	252911978.93
长期股权投资	2674553169.01	2772658402.07	2745612375.88
投资性房地产	312740386.46	297892102.16	295476451.38
固定资产	3695820622.43	3900355286.44	4360757587.08
在建工程	557875552.02	905322662.28	632603481.79
工程物资	5739925.93	3239889.61	301316.23
固定资产清理			
生产性生物资产	686578.89	635649.18	584595.29
油气资产			
无形资产	1406711756.80	1540312990.95	1861577368.33
开发支出	—	—	—
商誉	3172826135.09	3643294327.24	4473418643.01
长期待摊费用	123233213.48	168827013.47	204156613.61
递延所得税资产	191744163.85	199806284.15	264590931.01
其他非流动资产	105364369.43	171933770.36	402813375.94
非流动资产合计	12267108010.98	13796548488.30	15682237969.05
资产总计	51069037985.13	56311521570.36	64340558156.78
短期借款	4900043194.98	5897961043.81	7932394326.58
交易性金融负债			
应付票据	2430635446.39	2722623558.65	3285913723.61
应付账款	12144280750.53	14153222597.54	17149970744.54
预收款项	405427248.55	309065006.96	515773646.56
应付职工薪酬	363900530.59	433505387.26	481273633.10
应交税费	415867008.66	393620916.69	546502723.65
应付利息	21731283.11	25420266.00	42030485.45

续表

会计年度/年	2012	2013	2014
应付股利	58928069.75	91331161.21	85749225.52
其他应付款	1366514893.79	1645733340.25	1942200837.85
应付关联公司款	—	—	—
一年内到期的非流动负债	730000.00	26408904.00	20730000.00
其他流动负债			
流动负债合计	22098058426.35	25698892182.37	32002545346.86
长期借款	40772765.91	125195461.62	105408373.67
应付债券			
长期应付款			
专项应付款	540000.00	540000.00	540000.00
预计负债	68276921.15	51715459.07	13655716.53
递延所得税负债	282348608.09	288812292.71	380162990.98
其他非流动负债	878165382.93	1145384713.27	184830752.43
非流动负债合计	1270103678.08	1611647926.67	1238861047.47
负债合计	23368162104.43	27310540109.04	33241406394.33
实收资本（或股本）	2688910538.00	2688910538.00	2688910538.00
资本公积	14445888302.33	14174178874.51	14152456264.19
盈余公积	802126846.36	857253709.04	958643752.75
减：库存股			
未分配利润	6718267387.05	8252646241.75	10009323194.50
少数股东权益	3061576544.50	3047169029.64	3277022337.76
外币报表折算价差	−15893737.54	−19176931.62	
非正常经营项目收益调整			
归属母公司所有者权益（或股东权益）	24639299336.20	25953812431.68	27822129424.69
所有者权益（或股东权益）合计	27700875880.70	29000981461.32	31099151762.45
负债和所有者（或股东权益）合计	51069037985.13	56311521570.36	64340558156.78

（资料来源：和讯网 http://stockdata.stock.hexun.com/2008/zcfz.aspx?stockid=601607&accountdate）

表2　上海医药2012~2014年利润　　　　　　　　　　　　单位：元

会计年度/年	2012	2013	2014
一、营业收入	68078117819.19	78222817357.35	92398893626.70
减：营业成本	58792600853.73	67980142497.05	80994124189.65
营业税金及附加	187722566.96	205680329.33	229268165.44
销售费用	3972605303.62	4407225498.04	4826366911.53
管理费用	2457312075.06	2728051101.02	2954783465.34
勘探费用	—	—	—
财务费用	198864103.21	233134777.47	436299869.59
资产减值损失	62399504.76	143970272.20	283900133.27
加：公允价值变动净收益	261714.96	−2119812.16	165673.20
投资收益	389005995.76	551815386.02	595227615.32
其中：对联营企业和合营企业的投资收益	338393429.17	501872761.90	460010907.52
影响营业利润的其他科目	—	—	—
二、营业利润	2795881122.57	3074308456.10	3269544180.40
加：补贴收入			
营业外收入	531926717.57	269008638.47	858439668.50
减：营业外支出	240080992.44	82470733.31	328252018.10
其中：非流动资产处置净损失	20274675.72	−1358066.32	−17738181.54

续表

会计年度/年	2012	2013	2014
加:影响利润总额的其他科目	—	—	—
三、利润总额	3087726847.70	3260846361.26	3799731830.80
减:所得税	627138997.06	634228047.42	807716945.78
加:影响净利润的其他科目	—	—	—
四、净利润	2460587850.64	2626618313.84	2992014885.02
归属于母公司所有者的净利润	2052871698.55	2242925141.06	2591129073.77
少数股东损益	407716152.09	383693172.78	400885811.25
五、每股收益	—	—	—
（一）基本每股收益	0.76	0.83	0.96
（二）稀释每股收益	0.76	0.83	0.96

（资料来源：和讯网 http：//stockdata.stock.hexun.com/2008/zcfz.aspx？stockid＝601607&accountdate）

请根据以上提供的上海医药的相关财务数据对其财务状况进行分析。

复习思考题

1. 药品经营企业的财务管理的意义和内容是什么？
2. 药品销售预测的方法有哪些？
3. 如何对药品的经济效益进行评价？
4. 签订药品购销合同的原则是什么？

第十一章
药品营销团队建设

管理是一门科学，它有成套的理论，有一定的规律可循；管理又是一门艺术，它的内容全部是和人打交道。管理就是通过管人达到理事的目的，是通过调动团队的力量去完成企业的目标。管理的核心是调动他人与团队的力量，使营销团队协作的效益大于相同数量的个体叠加。

第一节 药品营销团队概述

一、团队的概述

团队是由一些因共同目标而结合起来具有互补技能、相互支持、相互协作、互相承担责任的人组成的具有共同规范的群体。

团队的组成基于实现一个共同的目标，从而被赋予必要的技术组合，沟通协作，决策范围和适当的激励。他们为实现共同目标而相互协同工作并着眼于取得工作成果。

营销团队是基于营销的共同目标，由需要相互支持、相互协作的个体组成的集体组织。营销团队具有三层涵义：①形成产品营销共识、目标一致；②清楚的角色认知和分工；③合作精神。

二、团队的特点

1. 优秀团队的特点

现代社会发展的明显特点是需要更多的人更有效地完成更多的事，企业管理一项基础工作便是协调好团队的工作能力，优秀的工作团队是有如下明显特征的。

（1）明确的目标　成功的团队会把他们的共同目的转变成具体的、可衡量的、现实可行的绩效目标。

（2）共同的承诺　每个人都清楚他/她的贡献怎样与目标相联系，团队成员愿意承诺为它做出贡献，这给团队带来极大的推动力。

（3）良好的沟通　团队的每个成员需要充分了解与目标相关的信息，了解现存的问题，了解决策改变的原因。团队内部的沟通越通畅，团队合作的气氛就会越浓厚。良好的沟通是协同工作的基础。

（4）相关的能力、技术、知识　团队的每个成员都应具有一定的自我管理素质，对自己和团队都具有高度的负责精神。

(5) 相互信任、支持、协作 为了顺利完成各自的任务，融众人所长，团队成员之间的相互合作是必不可少的。

(6) 适当的引导与发展 负责任的团队领导应该科学的引导团队的发展方向，成员自我领导管理与团队的领导、规划是密不可分的。团队需要一个掌握技术的领导核心为团队指明方向、制订决策，并激励团队成员不断地提高自身能力以实现既定目标。

2. 团队成长四个阶段的特点

(1) 成立期特点 成员热情较高，但由于是刚成立，有些事情大家不知道如何运作，参与度比较低。此时需要密切相互间的联系，加强信任。

(2) 冲突期特点 产品尚未进入市场，怀疑是否有销路，成员间相互怀疑对方的工作效果。此时的团队建设需要加强计划、分工与协调。

(3) 发展期特点 成员间比较默契，相互信任加强，但往往有很多问题暴露出来，因而工作会越来越复杂，需要在进一步细化分工协调的同时要加强制度化建设。

(4) 高产期特点 追求卓越，推动变革。此时，团队运行状况非常好。存在的问题：愿意变革的内因不充足。理智的人应该重新审视团队的方向，推动组织变革。

三、团队建设的步骤

(1) 做好人员选拔 选拔团队成员时，要以团队目标为导向。确定团队必备人才，不仅要考虑其是否具备该工作所需技能，还要考虑其是否具备扮演团队角色的其他素质和技能。

(2) 创造团队氛围 在团队中要防止个人英雄主义的产生，要创造每个人都是团队不可缺少的一分子的文化氛围。成员只有共同支持、协作、努力，才能更好地完成团队目标。

(3) 培训 高绩效的团队成员不仅具备一定的技能，更需要具有很强的分析问题、解决问题、人际交往、信息沟通、解决冲突的能力等，因此相应的培训必不可少。

每个人有不同的性格特征，各有优缺点，组成一个团队以后，彼此就可以达到互补的效果。同时，一个团队发展到成熟期后，可能会陷入停滞和骄傲自满状态，对新观点和革新思想持保守和封闭的态度，因此培训也就成为使团队继续发展的有效途径。

(4) 适当的奖励 晋升、加薪和其他形式的认可，应优先给予善于团队合作的成员。这并不意味着忽视个人贡献，而是使那些对团队做出贡献的成员得到应有的报酬。

需要注意的是：并不是团队成员越多越好。人员数量的确定需要根据实际的工作情况而定。成员多，难以形成凝聚力，忠诚感和依赖感也会因团队规模过大而大打折扣。相对来讲，药品临床营销团队人数不多，OTC 与保健品的销售团队较多。

除此之外，还要鼓励团队把发展看作是一个不断学习和完善的过程，就像全面质量管理一样，不断寻求革新，不断超越自己已有的成绩，在提高自己的同时，为企业创造卓越。

四、团队成员的定位与类型

团队的建设，无论分工、协作，还是沟通、变革均有不同的角色定位。融入团队需要适当的角色定位，团队的发展需要不同的角色支持。

1. 特征角色

(1) 实干家 典型特征：比较保守、顺从，务实可靠，积极，有组织能力，有实践经验，工作勤奋，自我约束力很强。弱点：缺乏灵活性，风险意识太差，没有把握的事不做或不愿尝试。

(2) 主席型人物 典型特征：沉着、自信、意志坚强，积极，不带偏见，兼收并蓄，较为客观。弱点：创造力不强。

(3)推进型人物 典型特征:思维敏捷,性格开朗,有干劲,愿意接受新事物。弱点:好争,冲动,有报复心理。

(4)智多星点子型人物 典型特征:有个性,有新点子。弱点:往往不重细节。

(5)外交家 典型特征:外向,热情,好奇,联系广泛。弱点:兴趣容易转移。

(6)监督员 典型特征:理智,判断力强,实际。弱点:缺乏鼓动力。

(7)凝聚者 典型特征:有体恤心,能够与其说知心话,有凝聚力。弱点:效率不高,原则性不强。

(8)完美主义者 典型特征:认真,有紧迫感,持之以恒,理想主义,追求完美。弱点:过于拘泥形式,不洒脱,跟他在一块儿工作会觉得特别累。

2.职能角色

职能角色一般是团队中不可或缺的成员,也可能见有多种特征角色。

(1)决策者 决策者把握团队总体方向,决定解决问题的方案,即拍板的人。

(2)技术专家 技术专家拥有技术专长,确保产品和服务能够达到一定的标准。

(3)协调员 协调员帮助团队建立聆听反馈的良好氛围,是解决冲突、协调成员间关系的"润滑剂"。

第二节 药品营销团队的建设

一、药品营销组织结构

药品的销售组织是企业组织结构的主要构成部分,承担着药品生产、经营企业的销售重任,是企业销售团队建设的机构。一般的药品企业结构如图12-4所示。

销售组织构建是企业普遍关注的重点建设领域,企业总经理投入的工作精力也相对较多,并有分管副总经理主抓,在销售部、市场部、财务部等部门的协同下实施对各地区办事处或分公司的管理与建设,部分企业在各办事处之上根据地域还增加了华北、东北、西北、华东、华南、华中、西南等大区管理机构。如图11-1,11-2所示。

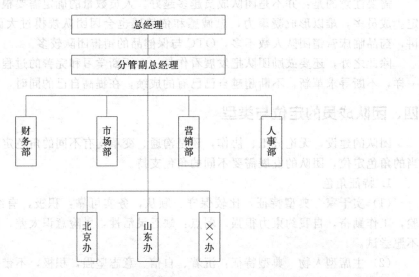

图11-1 药品企业销售组织结构图(一)

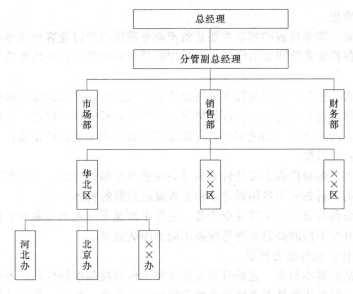

图 11-2　药品企业销售组织结构图（二）

采用图 11-1 结构的企业的销售工作一般是在总经理的统管下，由分管副总经理下辖销售部（经理）、市场部（经理）、财务部（经理）等部门人员共同完成的。对业务人员的主要管理部门是销售部、市场部、财务部等；市场人员的工作汇报也主要是对这几个部门。

销售部的管理主要涉及销售队伍的组建，销售政策的制订与考核，销售任务的下达，销售过程的管理，客户资格审查，销售统计，发货管理，销售合同的确认，销售回款与奖励的计算等。

市场部承担的管理工作更加具有研究、调查的性质，针对市场与产品，策略与竞争进行市场研究、调整工作，出台企业的销售策略，宣传策略；发布企业的商务信息，大型商务客户的业务辅助；对销售人员进行医学、药学、市场营销、管理等方面的培训等工作。

财务部门的管理工作主要涉及销售费用、宣传费用的申请与审批，业务人员工资奖金的结算，客户的回款监督与管理，业务人员与客户销售账目的核对等。

采用图 11-2 结构的企业销售人员直接工作上级是销售部，直对销售部负责、汇报。其他部门只作为销售部门的参谋机构，并通过销售部门实施管理职能。

二、药品营销团队的建设

1. 药品营销团队建设职能构成

由于各办事处是市场开发维护工作的前沿，所以各办事处是营销团队建设的重点。企业为了大范围的开发市场，便于销售，一般会在目标市场设立办事处，大企业则以分公司的形式出现。从区域上划分一般以省区为单位，根据业务规模与市场细化程度，也可以进一步在地级城市或县级城市设立办事处或分公司。也可以以客户类型或业务涵盖范围设立办事处，打破地域界限。办事处的人员构成一般分为以下几类。

（1）办事处主任/经理　是营销团队的决策者、核心，主要负责营销团队的人员管理、培训、考核工作；局部市场的调研，营销计划的推进，大型客户的沟通，向上级继管理部门汇报工作等。如果办事处设有副职主任或经理，一般该岗位是具有某项专长的团队辅导、咨询者。

（2）办事处内勤　主要负责办事处的收发货管理，销售统计，各种产品资料、客户资料、管理资料的管理。

（3）商务代表　商务代表的职责主要是负责业务范围内的商业客户选择与洽谈，商业客户关系的维护，保持商业流通渠道畅通，产品能够顺利到达医院、药店等销售终端以及销售回款工作。

（4）医药代表　医药产品通过商业公司流通到医院之后，进入医院药房后，必须要医生熟悉该药品，了解该药品的特点、治疗优势等。医药代表根据产品特点，在负责的医院或科室进行学术推广，药品介绍，辅助医生进行临床用药研究相关成果的发表；采用多种沟通手段使医生养成开药的习惯。

（5）促销代表　促销代表主要是针对通过商业公司流通到药店、大型医药卖场之后，运用现场广告、活动、折扣或店员沟通等多种方式促进药品的销售。

营销团队的角色与分工不见得完全齐备，有很多情况下一人承担多种工作，企业根据产品的不同性质，开发不同的渠道与终端配备不同的团队成员。

2. 团队建设的知识与能力要求

（1）掌握药品的基本知识　这是营销人员开展工作的最基本的要求，不但要掌握丰富的医学、药学知识，而且还要具有系统的市场营销知识、经验、技能。药品是特殊商品，专业知识性特别强，这就要求营销人员不仅要掌握本企业所生产或经营的药品的特点、性能、价格、销售等方面的情况，还要掌握这些特征所表现出来的市场卖点，竞争优势，对于经销商与消费者的实际意义。

（2）市场推广与沟通能力　在掌握一定的知识的情况下，市场营销人员必须进一步将企业的多方面优势表现出来，对市场、对人际均要有一定的沟通能力，这也是企业通过产品与人员向客户靠近的必然过程。

（3）善于发现，具有应变能力　在激烈的市场竞争中，既存在极大风险，也存在市场机遇，营销人员在市场一线，必须善于发现市场机遇，正确面对竞争者的竞争，采取正确的市场应对策略，才能适应现代市场环境发展需求。善于发现，正确应变是正确的市场策略的保证。

（4）具有良好的职业道德与职业精神　良好的职业道德与职业精神是良好市场业绩与规范竞争的保证，也是企业树立品牌，建立市场形象的重要体现。

（5）商务礼仪规范　市场营销人员首先面对的是人际交流，在客户没有接受产品之前，需要接受营销人员才能实现业务关系。不规范的商务行为势必成为商务洽谈的障碍。注重仪容、仪表、仪态，待人接物等举止规范是形成第一印象的重要元素。第一印象影响着对方对营销人员以及产品与企业的判断和评价，并将影响之后交往的成败。仪容、仪表、仪态美和规范地待人接物，对客户具有很强的亲和力、感染力和吸引力，是商品得以销售的潜在动力。

第三节　团队沟通

如何将群众凝结成为团队，形成更加有战斗力的群体一直是管理领域追求的重要目标。经调查发现影响团队建设的因素很多，涉及团队目标、团队文化、组织结构等多方面因素，但是沟通显得更加具有双重意义，不但是形成团队的基础，而且没有良好的沟通，对于团队建设具有极大的破坏作用。沟通对团队的形成、发展、提高具有非常大的影响作用。

一、沟通的概念

沟通是人们传递信息、思想和情感并获得相关反应与反馈的过程。它不仅包含口头语言和书面意图，也包含形体表达、个人的习气和方式、物质环境等——即赋予信息含义的任何东西。

从沟通的基本定义上看，沟通是一个过程，沟通的内容包括信息、思想、情感等，沟通的内容需要通过一定的媒介才能传递出去，而且这种媒介通常容易受其他因素的干扰，影响沟通信息接收者的接收与理解，其基本过程如图 11-3 所示。

图 11-3 沟通流程

二、沟通的类型

沟通的类型、形式不同效果不同，适用的情况也不同，根据沟通的参与者，适用的工具、途经与通道的不同，沟通主要分为以下几种类型。

（1）根据沟通参与者类型的不同，沟通可以分为以下三种类型。

机—机沟通：机器与机器之间的沟通。

人—机沟通：人与机器之间的沟通。

人—人沟通：人与人之间和以人为主体的组织与组织之间的沟通。

（2）根据沟通所经过的途径存在的差异，可以分为：正式沟通和非正式沟通。正式沟通指组织中依据规章制度明文规定的原则进行的沟通。

按照信息流向的不同，正式沟通又可细分为下行沟通、上行沟通、横向沟通等几种形式。正式沟通的优点是沟通效果好，有较强的约束力。缺点是沟通速度慢。非正式沟通指在正式沟通渠道之外进行的信息传递和交流，非正式沟通随意性强，内容广泛，但信息传递容易失真，容易添加个人倾向与意图。

（3）按传播媒体的形式划分

① 书面沟通是以书面文字的形式进行的沟通，信息可以长期得到保存。

② 口头沟通是以口头交谈的形式进行的沟通，包括人与人之间面谈、电话、开讨论会以及发表演说等。

③ 非语言沟通主要有声调、音量、手势、体语、颜色、沉默、触摸、时间、信号和实物等。

④ 电子媒介是指运用各种电子设备进行信息的传递。

（4）按沟通网络的基本形式划分，有链式、轮式、Y 式、环式和全通道式沟通。

① 链式沟通网络　链式沟通网络的主要特点是结构严谨、规范，但是信息传递速度较慢，容易失真，成员平均满意度较低。

② 轮式沟通网络　轮式沟通网络信息传递速度快，准确性高，主管控制力强，具有权威性，集中化程度高。缺点是成员满意度和士气低，成员平均满意度低。

③ Y 式沟通网络　Y 式沟通网络是链式与轮式沟通的结合，具有双重特点。中心成员具有权威感和满足感，集中化程度高，信息传递快。缺点是成员士气较低，容易导致信息失真，准确性受到一定影响。

④ 环式沟通网络　采用环式沟通网络进行沟通成员满意度和士气高，集中化程度低，信息传递速度较慢，准确性较低。

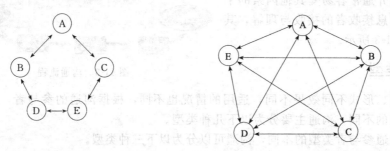

⑤ 全通道式沟通网络　采用全通道式沟通渠道成员满意度和士气高，合作气氛浓厚，有利于集思广益，提高沟通的准确性。特点：集中化程度低。缺点是缺乏结构性，易造成混乱，讨论费时，影响到工作效率。

组织中的信息沟通方式的采用不是硬性的，也不是固定的，可能是以某种沟通渠道为主，也可能多种方式并存，各种沟通方式的主要特点如表11-1所示。

表11-1　沟通渠道对比

标准	链式沟通网络	Y式沟通网络	轮式沟通网络	环式沟通网络	全通道式沟通网络
速度	中	快	快	慢	快
准确性	高	较高	高	低	中
信息集中性	中	较高	高	低	较低
士气	中	较低	低	高	很高

三、沟通的内容层次

沟通的内容层次，是指沟通者之间根据认知程度不同，沟通的内容不同或有不同的选择。

1. 沟通者认知

沟通者之间的认知一般包括：原始沟通时间，沟通时间积累，沟通频率，以及沟通者的年龄、性别、好恶、经历等。

2. 沟通内容层次

根据沟通者的认知程度，所涉及的相关内容如图11-4所示，并且根据沟通者之间的认知程度呈现一定的递进关系，认知程度越深，沟通、交流的内容层次越靠近内心深处。如果认知程度没有达到相应的程度便会出现沟通不当的问题。

通常情况下，沟通者在接触时间不长的初级阶段所涉及的沟通的内容一般是具有共享性质的信息与资源，如天气、自然、景色等，其倾向与判断不会对沟通者之间造成不良影响，并有利于进行更深层次的交流。如果初期的沟通进行的顺利的话，沟通者之间便会涉及更深层次的沟通内容，直至心灵深处。

调查表明，在工作中，外围沟通内容的选择与融洽程度越好，任务目标越容易被接受和执行，单纯以任务目标进行沟通不一定达到管理要求，所以，掌握多种沟通技巧、方法，提高沟通能力是提高工作效率的一个必要条件。

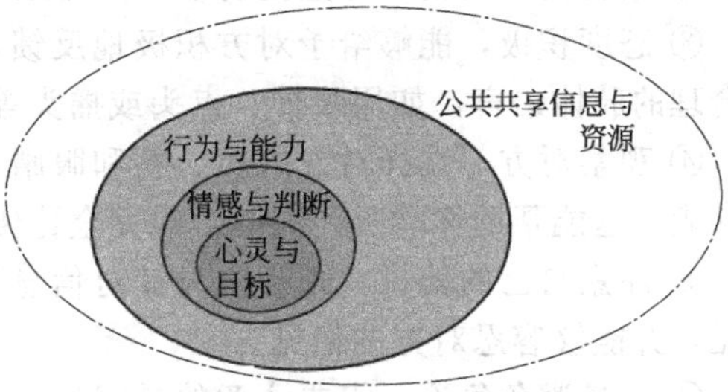

图 11-4 沟通层次示意图

四、提高沟通质量的技巧

1. 沟通的障碍因素

在团队沟通中，语言沟通是最直接、最重要和最常见的一种途径，有效的言谈沟通很大程度上取决于沟通质量。影响沟通质量与效率的障碍主要有以下三点。

（1）环境干扰　环境对人的听觉与心理活动有重要影响，环境中的声音、气味、光线以及色彩、布局，都会影响人的注意力与感知。布局杂乱、声音嘈杂的环境将会导致信息接收的缺损。

（2）信息质量低下　双方在试图说服、影响对方时，并不一定总能发出有效信息，有时会有一些过激的言辞、过度的抱怨，甚至出现对抗性的态度。现实中我们经常遇到满怀抱怨的顾客，心怀不满的员工，剑拔弩张的争论者。在这种场合，信息发出者受自身情绪的影响，很难发出有效的信息，从而影响了倾听的效率。

信息低下的另一个原因是，信息发出者不善于表达或缺乏表达的愿望。例如，当人们面对比自己优越或地位高的人时，害怕"言多必失"以致留下坏印象，因此不愿意发表自己的意见或尽量少说。

（3）倾听者主观障碍　在沟通的过程中，造成沟通效率低下的最大原因就在于倾听者本身。研究表明，信息的失真主要是在理解和传播阶段，归根到底是在于倾听者的主观障碍。

① 个人偏见　即使是思想最无偏见的人也不免心存偏见。在一次国际会议上，以色列代表团的成员们在阐述其观点时，用了非常激烈的方式，他们抱怨泰国代表对会议不表示任何兴趣或热情，因为他们"只是坐在那里"，而泰国代表则认为以色列教授非常愤怒，因为他们"用了那么大的嗓门"。所以，在团队中成员的背景多样化时，倾听者的最大障碍就在于自己对信息传播者偏见，而无法获得准确的信息。

② 先入为主　在行为学中被称为"首因效应"，它是指在进行社会知觉的过程中，对象最先给人留下的印象，对以后的社会知觉发生重大影响。也就是我们常说的，第一印象往往决定了将来。人们在倾听过程中，对对方最先提出的观点印象最深刻，如果对方最先提出的观点与倾听者的观点大相径庭，倾听者可能会产生抵触情绪，而不愿意继续认真倾听下去。

③ 自我为中心　人们习惯于关注自我，总认为自己才是对的。在倾听过程中，过于注意自己的观点，喜欢听与自己观点一致的意见，对不同的意见往往是置若罔闻，这样往往错过了聆听他人观点的机会。

2. 提高沟通质量的技巧

沟通是我们开展工作的基础，甚至有些人认为"管理就是沟通"，掌握沟通技巧，提高沟通质量是打造和谐团队的必要条件。我们可以从以下几个方面进行尝试，提高沟通的质量。

① 创造有利的倾听环境，尽量选择安静、平和的环境，使传递者处于身心放松的状态。

② 语言简洁流畅，尽量把讲话时间缩至最短。

③ 态度积极，能够给予对方积极地反馈，让对方相信你处在注意聆听的最好方式，运用合理的肢体语言，如用眼神、点头或摇头等身体语言鼓励信息传递者传递信息。

④ 观察对方　端详对方的脸、嘴和眼睛，尤其要注视眼睛，要将注意力集中在传递者的外表。这能帮助你聆听，同时，能完全让传递者相信你在聆听。

⑤ 注意自己的偏见，倾听中只针对信息而不是传递信息的人。诚实面对、承认自己的偏见，并能够容忍对方的偏见。

⑥ 尽量避免争论　需要注意的是我们是为了某种目的进行信息交流，而非辩论赛，争论对沟通没有好处，只会引起不必要的冲突。学习控制自己，抑制自己争论的冲动，放松心情。

⑦ 获取全面信息　让对方讲述完整，不要打断他的谈话。

⑧ 不要臆测　臆测几乎总是会引导我们远离真正目标，所以要尽可能避免对对方做臆测。不宜过早作出结论或判断。人往往立即下结论，当你心中对某事已做了判断时，就不会再倾听他人的意见，沟通就被迫停止。保留对他人的判断，直到事情清楚，证据确凿。

⑨ 不要以自我为中心，在沟通中，只有把注意力集中在对方身上，才能够进行倾听。但很多人习惯把注意力集中在自己身上，不太注意别人，这容易造成倾听过程的混乱和矛盾。

复习思考题

1. 优秀的团队具有哪些明显的特点？
2. 团队的成长一般分为几个阶段，每个阶段的特点是什么？
3. 团队中一般有哪些特征角色？
4. 药品营销团队的建设需要哪些知识与能力？
5. 按沟通的网络形式分，可以将沟通渠道分为哪些类型？

参 考 文 献

[1] 顾青,赵亚翔,姚长佳.市场营销.大连:大连理工大学出版社,2007.
[2] 甘华鸣.市场营销.北京:中国国际广播出版社,2000.
[3] 菲利普·科特勒.市场营销管理.第10版.梅汝和,梅清豪,周安柱译.北京:中国人民大学出版社,2001.
[4] 张平淡,艾凤义.医药营销:观察与思考.北京:中国经济出版社,2008.
[5] 严振.药品市场营销学.北京:化学工业出版社,2004.
[6] 杨文章.药品营销知识与技巧.北京:中国劳动保障出版社,2007.
[7] 吴蓬.药事管理学.北京:人民卫生出版社,2007.
[8] 苗青.团队管理:理念与务实.杭州:浙江大学出版社,2007.
[9] 张岐.市场营销财务管理基础.北京:电子工业出版社,2005.
[10] 朱华,窦坤芳.市场营销案例.北京:中国社会出版社,2006.